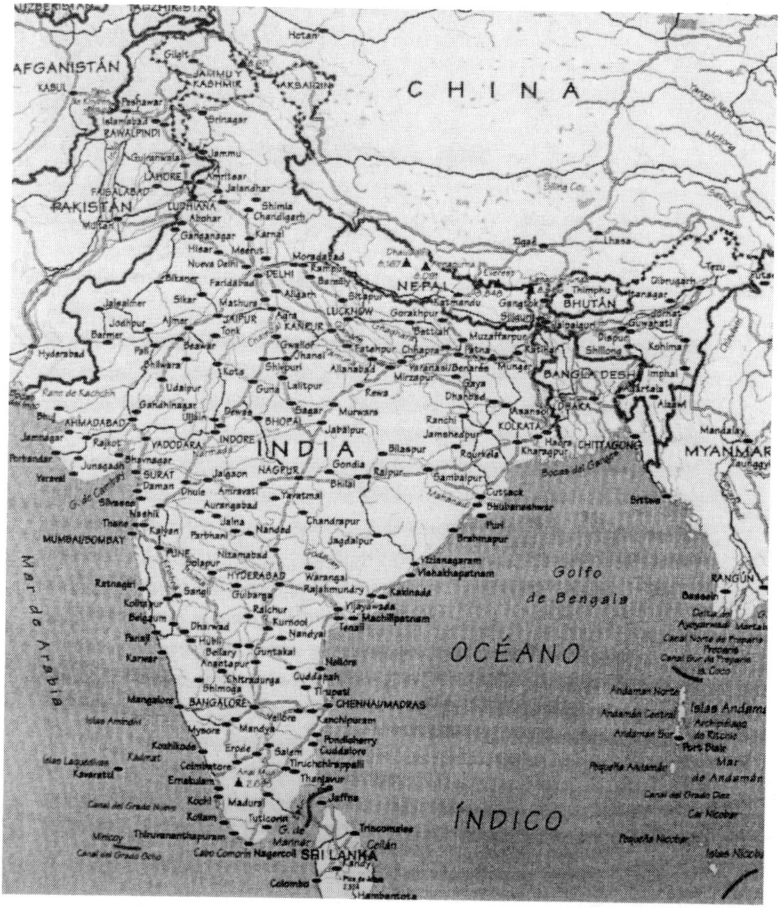

AFGANISTÁN
KABUL
CHINA
Hotan
Gilgit
JAMMU Y KASHMIR
AKSAI QIN
Peshawar
Islamabad
RAWALPINDI
Srinagar
Jammu
Gujranwala
LAHORE
Amritsar
FAISALABAD
Jalandhar
PAKISTÁN
LUDHIANA
Shimla
Chandigarh
Multan
Abohar
Ganganagar
Karnal
Hisar
Meerut
Nueva Delhi
Moradabad
DELHI
Rampur
Bareilly
Faridabad
Aligarh
Bikaner
Sikar
Jaisalmer
Mathura
JAIPUR
Agra
LUCKNOW
KANPUR
Jodhpur
Ajmer
Tonk
Barmer
Beawar
Gwalior
Pali
Jhansi
Fatehpur
Hyderabad
Bhilwara
Shivpuri
Allahabad
Kota
Udaipur
Guna
Lalitpur
Rewa
Mirzapur
Varanasi/Benarés
Gandhinagar
Sagar
Murwara
AHMADABAD
Ujjain
Dewas
BHOPAL
Jabalpur
Jamnagar
Rajkot
VADODARA
INDORE
INDIA
Bilaspur
Porbandar
Junagadh
Bhavnagar
Gondia
Veraval
SURAT
Jalgaon
NAGPUR
Raipur
Bhilai
Daman
Dhule
Amravati
Yavatmal
Silvassa
Nashik
Aurangabad
Chandrapur
Thane
Jalna
Nanded
MUMBAI/BOMBAY
Kalyan
Parbhani
Jagdalpur
PUNE
Nizamabad
Solapur
Mar de Arabia
Ratnagiri
HYDERABAD
Warangal
Sangli
Gulbarga
Rajahmundry
Kolhapur
Raichur
Vijayawada
Belgaum
Dharwad
Kurnool
Machilipatnam
Panaji
Hubli
Nandyal
Tenali
Bellary
Guntakal
Karwar
Anantapur
Nellore
Chitradurga
Cuddapah
Shimoga
Tirupati
Mangalore
BANGALORE
CHENNAI/MADRAS
Islas Amindivi
Vellore
Kanchipuram
Mysore
Mandya
Pondicherry
Kozhikode
Erode
Cuddalore
Salem
Islas Laquedivas
Coimbatore
Tiruchchirappalli
Kavaratti
Ernakulam
Thanjavur
Kochi
Madurai
Jaffna
Kollam
Tuticorin
Trincomalee
Thiruvananthapuram
Canal del Grado Ocho
Cabo Comorin
Nagercoil
SRI LANKA
Kandy
Colombo
Hambantota
NEPAL
Katmandú
Gorakhpur
Bettiah
Muzaffarpur
Patna
Chapra
Gaya
Dhanbad
Ranchi
Asansol
Jamshedpur
KOLKATA
Haora
Kharagpur
Rourkela
Sambalpur
Cuttack
Bhubaneshwar
Puri
Brahmapur
Vizianagaram
Vishakhapatnam
Kakinada
Golfo de Bengala
OCÉANO
ÍNDICO
Lhasa
Thimphu
BHUTÁN
Gangtok
Siliguri
Jalpaiguri
Guwahati
Dibrugarh
Tezu
Shillong
Kohima
Imphal
BANGLADESH
DHAKA
Agartala
Aizawl
CHITTAGONG
Bocas del Ganges
Mandalay
MYANMAR
Taunggyi
Sittwe
RANGÚN
Bassein
Islas Andamán
Andamán Norte
Andamán Central
Andamán Sur
Port Blair
Pequeña Andamán
Mar de Andamán
Car Nicobar
Pequeña Nicobar
Islas Nicobar

Ramiro Calle

100 viajes al corazón de la India

BIBLIOTECA
RAMIRO CALLE

© Mandala Ediciones, 2017
Treviño 9, Bajo Izquierda
28003 Madrid - España
Tel. +34 917 553 877
E-mail: info@mandalaediciones.com
www.mandalaediciones.com

Imagen de portada: © Jeremy Richards/123RF
Hombre en coloridos turbante
en la feria anual de camello en Pushkar

I.S.B.N.: 978-84-16765-81-2
Depósito Legal: B34582-2005

Imprime Ulzama Digital

Impreso en España – *Printed in Spain*

Para mi buen amigo, al que tanto quiero y con el que tanto tengo que compartir, persona de cualidades excepcionales: José Miguel Juárez.

Agradecimientos

Siempre estoy muy agradecido a Jesús Fonseca, mi amigo del alma y excelente periodista y poeta, que ha tenido la generosidad de prologar esta obra y con el que realicé uno de mis viajes más inspiradores por la India, tras las huellas de Buda. Siempre siento mucha gratitud hacia esa persona bondadosa y que sabe magistralmente combinar la lucidez con la compasión y que es Joaquín Tamames, con el que he sido coautor de dos obras. Mi profundo reconocimiento a Pablo Olmeda, que durante muchos años me ayudó en mis incursiones por la India, con su siempre proverbial generosidad y cariño. Mi sentido agradecimiento para José Miguel Juárez y César Vega, muy buenos compañeros de fatigas por la India y mejores amigos aún. Expreso también mi gratitud para mis entrañables amigos Antonio García Martínez y Paulino Monje, que comparten conmigo el entusiasmo por la espiritualidad de la India y el yoga.

Sumario

La soledad sonora de Ramiro Calle

Me preguntaba yo si tanta belleza sería real. Estábamos juntos. Teníamos tiempo. Caminábamos muy despacio por aquel enjambre de callejuelas. Las calles viejas de Benarés. Cerca del santuario más popular de esta ciudad de peregrinos y buscadores, el del mono dios Hanuman, una mujer grita alborozada: «¡Ramiro! ¡Ramiro!». No lo puedo creer. «Sí —le digo yo—: es él.» En carne mortal, como vino la Virgen del Pilar a Zaragoza. Ríe ella, ríe su hija, dichosas las dos con tan feliz encuentro. La escena se repetirá en los días que nos aguardan en otros lugares de la India. En la antigua y en la más moderna. En la secreta, en la turística y en la más populosa. En aeropuertos, trenes, hoteles y fondas camineras. Lo reconocen españoles e indios. Se vuelcan todos en cariño y atenciones y le recuerdan vivencias, lugares, experiencias. Comparten con él aventuras y desventuras. Ramiro siempre en disposición de dar y de darse, escucha atentamente a todos. Es el viaje número 100 que hace Ramiro Calle a esa India infinita que tantas enseñanzas y tanto gozo le ha proporcionado. Y yo tengo la suerte de acompañarle junto a Luisa.

Traigo aquí este episodio, repetido cuando uno viaja con él o le acompaña a cualquier lugar, porque resume muy bien algo esencial de Ramiro Calle: su universalidad. Así no lo hayas buscado ni te guste, Ramiro de mi alma, te has convertido en un guía espiritual y terrenal para muchos. Para tantos, que resulta imposible hacer el cálculo. Lo he dicho otras veces y lo repito ahora: Ramiro Calle es, sobre todo, un buscador que levanta la vida con palabras de carne. Que lleva toda una vida dedicado a ayudarnos a vivir de una forma más pura y generosa. Más saludable. Que nos despeja el camino del bienestar personal. Algo que hace con tesón ejemplar.

Pero Ramiro es, sobre todo, un caminante convencido de que el peregrino no exige, agradece. Prueba de lo que digo son sus más de doscientos libros. Es el único autor que conozco que los comienza siempre con un larga lista de agradecimientos, como si se lo debiera todo a los demás y nada fuera mérito suyo. Pero peregrino lo es, muy especialmente, en las páginas que siguen, que son el más hermoso y sabio libro de viajes. En ellas iremos, junto a él, recorriendo los caminos de esa India apasionante y vivísima que Ramiro ama y nos ha enseñado a amar, en un viaje que es, más que hacia fuera, hacia los adentros. Sin darnos cuenta, iremos buceando, una vez más, dentro de nosotros mismos.

No hay como viajar con él para darse cuenta de que nuestro yogui es un ser entregado a los demás. Un hombre de una inmensa riqueza espiritual y emocional, además de un cazador de otros hombres santos. Algunos de ellos aparecen en las páginas que siguen. Baba Sibananda, por ejemplo, quien me enseñó que Dios no es un objetivo que alcanzar, sino una presencia que hay que tener muy en cuenta. Me parece estar oyéndolo a orillas del Ganges, en aquellos días dichosos que compartimos, aunque no exentos de dificultades y algunas amarguras y peligros:

«Lo más importante es el amor, pero desafortunadamente la flor del amor está en muy pocos jardines. ¡Es todo tan misterioso! Venimos a esta vida. Estamos algunos días y partimos. Lo único que vale la pena es hacer algo por los demás.»

No lo olvidaré nunca: meditábamos en Bodh Gaya, Ramiro, Luisa y yo, con mucho sentimiento, a la sombra del Árbol bajo el que se iluminó Buda, cuando le recordé algo que siempre dice: «Tu vida ganará en alegría al compartir la felicidad de todos como si fuera tuya». Me miró Ramiro y dijo: «El secreto es siempre el mismo: alegrarnos con la dicha ajena». Y sentí cómo aquellas gentes llegadas de todo el mundo eran como un manantial de felicidad y júbilo. ¿Por qué nos lleva tanto tiempo descubrir estas verdades tan sencillas?

Dice Miguel Ángel Calle (me gusta decir que Miguel Ángel es lo mejor que tiene Ramiro), el impulsor de la única tertulia humanística que se emite en la radio española desde hace casi un cuarto de siglo, que fue su hermano quien le enseñó a relacionarse con las letras y la cultura. Y, lo que es más importante, a pensar con claridad y discernimiento: «Ha sido mi bastón en la juventud y en la enfermedad, que me tuvo postrado durante mucho tiempo en clínicas y hospitales». ¿De cuántos miles y miles de mujeres y hombres habrá sido Ramiro Calle el insustituible bastón? Soy uno más de los muchos a los que Ramiro ha ayudado con sus libros, con su sabiduría, a eliminar la pesadez, tantas veces insufrible, de mis más negativos estados de ánimo que él sabe encauzar como nadie para transformarlos en positivos y aliados; para que pueda respirar cuando el aire falta en mis pulmones. Su enseñanza nos hace más lentos, más serenos. ¡Qué razón tiene Jesús Aguado cuando dice que te traspasa sin herirte y que, al hacerlo, se asienta en tu corazón sin herirlo! Efectivamente, es una bendición que experimentamos al acercarnos a él. Contar con Ramiro, ha escrito muy acertadamente Joaquín Tamames, es un privilegio del que yo creo que la sociedad española no es plenamente consciente.

No hace mucho pasé a una amiga —suelo hacerlo con frecuencia— los cincuenta antídotos de Ramiro Calle contra la infelicidad. Suelo tenerlos siempre a mano, al igual que *Las enseñanzas del Faquir*, para mí uno de sus libros más preciados.

A los pocos días me llamó Marieta y me dijo:

—¡Buena la hemos hecho, Jesús! Tengo más dudas que nunca.

—¡Hurra! —respondí. Y le conté la historia de aquel ermitaño amigo de Ramiro:

«Pregunta el joven al eremita:

—¿Cómo soy yo?

Y le responde el anciano:

—Como una vaca.

El joven se queda perplejo. La comparación le deja sin palabras.

—No te asombres —le dice el ermitaño, al comprobar su asombro—. ¿Acaso no comes?

—Sí, lo hago.

—También una vaca. Y dime, ¿no duermes?

—Sí, duermo.

—Como una vaca. ¿Y no defecas?

—Lo hago, claro. Caga el rey, caga el papa, de cagar nadie se escapa.

—Como una vaca. O sea, que eres como una vaca.

Visiblemente contrariado, el muchacho replica:

—No lo creo.

—Ésa es la diferencia —responde entonces el ermitaño—: que tú dudas y la vaca no. Si tu duda te sacude y te ayuda a buscar la verdad, vas bien. Sólo entonces dejarás de ser como una vaca. De otro modo, amigo mío, tú y la vaca sois iguales.»

La duda. He aquí una de las grandes lecciones de Ramiro Calle: sólo la duda bien medida ayuda a crecer en hondura. A desarrollar la confianza en las propias capacidades y recursos. A fortalecer la mente en la verdad y abrir el corazón. Es la filosofía de la duda, que aparece desde *La ciencia de la felicidad* o *La claridad interior* hasta *Ingeniería emocional*, el libro que con tanta veneración le prologó recientemente Rodrigo Rato. Certezas, las justas. Una práctica que tiene mucho que ver con ese gran deseo de libertad que caracteriza a este yogui de Occidente, junto a ese gozo de amar que ha marcado su vida. Como fray Juan de la Cruz, también él podría afirmar: «Ya no guardo ganado, ni tengo otro oficio, que ya sólo amar es mi ejercicio».

Duda él y hace dudar a todo bicho viviente, desde el convencimiento de que no nacemos ya hechos, de que tenemos que hacernos: «Dudar es bueno. Obliga a pensar. A mantener la mente vigilante. A tomar decisiones. El progreso es hijo de la duda», frases que se repiten a lo largo de su obra. También en *100 viajes al corazón de la India*, un esclarecedor, denso y entregado «me fío más de los que dudan que de quienes lo tienen todo claro». La duda, como el recogimiento, es una prioridad para Ramiro Calle: «Es preciso establecer la prioridad de estar en paz». ¡Cuántas veces se lo he escuchado!

100 viajes al corazón de la India, ¡Qué suerte la nuestra! De nuevo la palabra fértil de Ramiro Calle, que nos permite tocar vida y más vida. Un libro repleto de humanidad, de sinceridad. Envuelto en las enseñanzas que proporciona el viaje. Envuelto en la dulzura que brota de un corazón compasivo. Pero las páginas que siguen desbordan, sobre todo, generosidad; una virtud de la que andamos escasos en esta hora del mundo. No podía ser de otra forma. Para empezar, la India es una cultura dadivosa. Nos lo regala todo. Lo único que nos pide a cambio es olvidarnos de nosotros mismos. Justamente lo que ha hecho Ramiro Calle a lo largo de toda su vida: olvidarse de él. Entregarse a la tarea de proporcionarnos herramientas para conocernos mejor a nosotros mismos, sin intentar convencernos de nada. Absolutamente de nada. Nada busques. Nada esperes. Como alguna vez le escribí, en una de esas coplillas que tanto le gustan, recordando a nuestro «frailecillo de risa», que es como llamaban los calzados despectivamente a san Juan de la Cruz, el estrecho camino que a Ramiro tanto le agrada es la senda de la nada. Pues eso: que «como no hay deseos en la casa de la nada, nunca el alma está penada».

Jesús Fonseca Escartín

Introducción

Desde que era niño, la India era, en cierto modo, como una voz que se repetía incansablemente en el trasfondo de mi mente. Hasta que comencé a viajar por este colosal país no podía ni siquiera sospechar cuánto habría de gozar y de sufrir con sus contradicciones, y cómo se pondrían al descubierto, a veces muy hirientemente, mis propias contradicciones. Para mí la India se convertiría en un vehículo para viajar al fondo de mí mismo, como para otros buscadores puede ser el viaje a otra o a ninguna parte. Pero no es fácil salvar el espacio entre la India soñada y la India tal cual es en la actualidad, ni conciliar los sentimientos entre la India anhelada y la India que se vive como una experiencia directa. Pero aun así, la India habría de convertirse para mí en el mapa que constelara mi propia búsqueda interior, mi viaje hacia lo interno y, a la vez, un descomunal laberinto donde buscar, para muchas veces hallar, y otras, desencontrar.

Mis anhelos espirituales me condujeron a la India, como a otras personas los habrán conducido a tomar otras direcciones, hacia fuera o hacia adentro. Desde la insatisfacción profunda que despierta el no lograr comprender el misterioso fenómeno de la vida y de la muerte; desde ese inmenso descontento existencial que deriva del no poder resolver interrogantes existenciales que nos asaltan una y otra vez, viajé a la India con la esperanza de poder hallar orientaciones para seguir la senda hacia lo que más apreciaba y añoraba: la paz interior. Sin paz interior, nada me resultaba deleitable ni disfrutable y, por supuesto, vivía de espaldas a mi ángulo de sosiego, debatiéndome entre dudas de todo tipo, sintiéndome apesadumbrado al no poder comprender con el solo instrumento del pensamiento aquello que está más allá del pensamiento.

Siendo yo un adolescente, se celebraban en la casa de mis padres innumerables reuniones en las que se debatían todo tipo de cuestiones metafísicas, filosóficas y espirituales. A menudo nos reuníamos personas de distintas edades cuyo espacio común y compartido era que todos anhelábamos hallar el signo más allá del signo. Barajábamos enseñanzas milenarias, doctrinas de todo tipo, instrucciones místicas y esotéricas, cuestiones espirituales. Nombres como Lao-Tsé, Buda, Jesús, Mahavira, Tagore, Ramana Maharshi o Ramakrishna me eran más familiares y cercanos que mi propia respiración. Leíamos los textos de los grandes maestros y los comentábamos. Y, de vez en cuando, en alguna libería de libros antiguos conseguía yo, con indecible alborozo, algún libro de los viajeros de principios del siglo XX a la India. ¿Cómo no vibrar con Hermann Hesse, Jung, Twain, Blasco Ibáñez, Pierre Loti o Alexandra

David-Néel? ¡La India! Todavía faltaban muchos años para que yo pudiera de primera mano vivirla, sufrila, gozarla, deleitarla kilómetro a kilómetro por su inmenso territorio. Todavía quedaban muchos años para seguir viviendo la India ensoñada, la India romántica, la que se recreaba en mi fantasía, y que eran bien diferentes a la India real.

Han sido un centenar de viajes a la India. Las primeras incursiones en dicho país tenían por objeto la búsqueda espiritual. Pero una búsqueda en la India es una búsqueda de uno mismo. También puede ser desencuentro y extravío, desconsuelo e incertidumbre. El viaje exterior se vuelve viaje hacia dentro y a menudo, interna y externamente, surgen no pocas dificultades, que eran mucho mayores cuando comencé a viajar por la India hace casi cuatro décadas.

El buscador espiritual viaja a la India en busca de la India milenaria. Uno se desplaza hasta ese colosal y multivariado país para lograr penetrar por el laberinto y llegar a su núcleo, a esa cámara secreta que custodia claves místicas, mapas espirituales, métodos y pautas para el crecimiento interior y el desenvolvimiento de la conciencia. Uno viene a dar con su cuerpo en el país más sorprendente del mundo, para poder así perseguir mensajes místicos y prescripciones iniciáticas que vienen perpetuándose desde la noche de los tiempos. Pero el laberinto se resiste, es infinitamente más intrincado de lo que podría suponerse. Hay en sus tortuosos corredores muchos que se denominan maestros y liberados, pero sólo muy pocas personas han alcanzado umbrales iluminados de conciencia.

La India es portadora de la más angitua sabiduría mística del mundo. Desde tiempos inmemoriales ha sabido mantener viva la auténtica espiritualidad, que se ha ido transmitiendo, de modo directo, de maestro a discípulo y así hasta nuestros días. Aún hoy en día, a pesar de la desertización espiritual de este inmenso país, el sentido de trascendencia lo impregna todo. Pero no se puede negar que espiritualmente la India se ha vuelto, en muchos sentidos, híbrida, babélica y difusa. Ha sido desde hace milenios el país en la vanguardia de la búsqueda mística, de la pesquisa espiritual, de la exploración de dimensiones altas de la conciencia, de la concepción de métodos espirituales para acceder al ámbito de lo Inefable. Sin embargo, espiritualmente vive de talentos pasados, de pretéritas rentas místicas, pero ha dispuesto de un caudal tan colosal de Sabiduría que todavía, como en ningún otro país, sobrevive parte de la misma. Los *ashrams* y comunidades espirituales suman un gran número, aunque sólo una minoría promueve una enseñanza y disciplina que merezcan la pena.

La India milenaria es la patria del yoga... y también del ajedrez. Representa el eje espiritual de todo Oriente y los métodos del yoga están tan vivos y son tan válidos y fiables hoy en día como antaño. La herencia artística, cultural, mística y científica de la India es insuperable. La India nos ha obsequiado con una literatura espritual de alto nivel, como los *Vedas*, las epopeyas, el *Bhagavad Gita*, el *Dhammapada*, el *Udana*, los *Upanishads* y otros textos de gran belleza literaria y fabuloso contenido místico. Toda la India está salpicada de monasterios, cuevas fabulosas, recintos sagrados e innumerables templos. La India misma es como un colosal mandala.

No es de extrañar el entusiasmo y fascinación que despertó la India y su apabullante herencia cultural entre los pensadores occidentales de siglos pasados. Por su estupendo legado se sintieron cautivados Schopenhauer, Victor Hugo, Keyserling, Lamartine, Maeterlinck, Carlyle, Emerson, Jung, Hesse, Rolland e infinidad de otros muchos notables cerebros. Tieck llegaría a afirmar: «Todo, sí, sin excepción, tiene su origen en la India». Jung confesó: «Me dejó huellas que me llevarían de una infinitud a otra». La India ha influido desde muy antaño con su pensamiento filosófico y místico en el pensamiento de Occidente, debido a los contactos entre indios y griegos. Ya Alejandro Magno se sintió fascinado por dicho país y tuvo su propio instructor espiritual, el yogui Kalano, y se sintió conmovido por las proezas psicosomáticas de los que llamaron gimnosofistas, que eran yoguis, *sadhus* y eremitas.

La India dispone de un raro y misterioso poder para abrir las espitas del subconsciente del que emerja, a veces compulsivamente, mucho material psicológico almacenado. Hay una supuración inconsciente continuada. El sentido del tiempo interno se desestructura y a menudo la percepción se modifica. Como a nadie puede dejar la India indiferente, influye anímicamente en sus visitantes. A veces de modo cataclismático; a veces como un estupendo tónico para sacar lo mejor de uno mismo; a veces generando innumerables contradicciones internas en el país más contradictorio y extremado del mundo. Es difícil no dejarse atrapar por el ambiguo hechizo del caos, al que se suman con no poca frecuencia el entusiasmo o la exasperación, la alegría desbordada y desbordante o una inmensa tristeza y una aversión insuperables. ¡Tiene tantos rostros la India, tantas faces!: unas amargas y otras consoladoras; unas ácidas y otras más dulces que el jugo de la caña de azúcar.

En la India siempre hay lugar para la sorpresa. Se producen coincidencias realmente asombrosas. Se suceden las sorpresas más gratas y también las más ingratas. En un país tan insólito como éste, siempre se dan acontecimientos igualmente insólitos. Es, para bien y para mal, un país mágico y que invita a una dimensión mágica del pensamiento, a pesar de que esté en la vanguardia de la hipertécnica y el sotfware, y aunque sea un país emergente..., y tiene también muchos aspectos sumergentes. Encanta, desencanta y vuelve a encantar. Hay muchas personas indioadictas, sí, y otras que se han jurado a sí mismas no volver nunca más..., aunque muchas vuelven. Se mezclan lo más hermoso y lo más horrendo. Es un verdadero rompecabezas donde todo es posible y donde los contrastes son desmesuradamente intensos. Siempre he aseverado que la India, con su toque de caos, incide sobre el propio núcleo de caos del visitante y hace que florezcan sus vivencias más íntimas, dispares, sus alegrías y temores, sus anhelos y miedos, sus afanes e impotencias. ¿Quién puede realmente comprender la India? Florecimiento y degradación caminan codo con codo. Lo más noble y lo más perverso lo hacen hombro con hombro. La belleza y la fealdad se dan la mano. Pero no hay dos Indias, ni cien, como reza el título de esta obra, sino infinitas de ellas. No se puede resolver un *koan zen* intelectualmente y tampoco comprender sólo racionalmente la India. Quizá ningún país, pero menos aún la India.

Cien viajes a la India (uno desde la ensoñación y noventa y nueve in situ) dan para mucho. Pero no para tanto. La India sigue siendo para mí inagotable, aun habiendo recorrido casi todas sus áreas, incluso las más remotas. Muchos amantes de la India buscan en ella, cuando a ella por fin viajan, la India milenaria, la portadora de un colosal arte místico y de una formidable mística convertida en actitud de vida, también en arte y, sobre todo, senda hacia lo Otro. Pero la India ensoñada, insisto en ello, no es la India real. Incluso Romain Rolland, por su exceso de romanticismo al respecto, vio muy defraudadas sus expectativas. La India milenaria siempre está ahí y con su gran cultura mística y su formidable legado es siempre una referencia para el amante de la India y el buscador de las vías de autorrealización que allí surgieron. Ni siquiera haría falta ir a la India, habita en nuestro corazón.

Desbordado por el romanticismo espiritual y esperando hallar ilusamente un Sangri-La poblado de yoguis y meditadores, viajé por primera vez a la India en 1971. El impacto fue tremendo. Yo había recreado la India en mi ensoñación leyendo *Kim* o las biografías de grande yoguis, como Ramakrishna o Vivekananda, o dejándome prender por los relatos de los viajeros que impregan con todo su romanticimso las páginas de sus libros sobre este «misterioso», «insólito», «fascinante», «arrebatador» país.

Pero la India ensoñada nada tiene que ver místicamente con la India real. Muchos buscadores espirituales se han encontrado a sí mismos en la India, pero muchos otros se han perdido a sí mismos y no han ganado ninguna paz interior; unos han recobrado el gran significado de sus vidas, pero muchos se han precipitado en el abismo del escepticismo y la esterilidad anímica. No hay que adentrarse en la India, en este sentido, con expectativas infantiles. También yo lo hice tras soñar la India durante quince años; un primer viaje en la imaginación, en la desbordante fantasía, a lo largo de quince años, por ese anhelado país, que luego habría de recorrer sin tregua a lo largo de noventa y nueve viajes. Hay mucho que explorar, sondear e indagar en estas tierras, y cada templo, cada lugar sagrado, cada santuario tienen su significación mística, pero hay también mucho que descartar, mucha superstición, mucha religión mecánica y degradada y muchos falsarios y mistagogos.

A muchos de los buscadores de otras realidades, desde niños, la India nos ha hecho soñar y ensoñar, ha alimentado nuestro romanticimo espiritual, nuestro anhelo de lo trascendente, nuestro sentido de lo suprarracional. A nosotros han llegado esos relatos cargados de exuberante fantasía y novelería de una India misteriosa e iniciática y hemos contemplado, con los ojos de una fértil imaginación, escenas arrobadoras donde lo místico y lo mágico se matrimoniaban. Pero no es fácil reconciliarse con la India ni conciliarla dentro de uno mismo, aunque la sintamos como nuestro hogar interior. La primera vez que viajamos allí, el impacto puede resultar sorbecogedor para el que se aparta de los circuitos turísticos manidos. No hemos llegado a Sambhala, un reino de armonía y felicidad. En nuestras fantasías de peregrinos, todos hemos soñado tal vez con llegar a contar, como el Kim de Kipling, con nuestro lama o mentor espiritual. Pero Buda, con su equilibrado pragmatismo, declaró: «Los Grandes señalan la Ruta, pero uno mismo debe recorrerla».

En esta obra reflejo mis vivencias y experiencias profundas de la India; algunos de mis recorridos y andanzas; esas indelebles impresiones que con gran viveza continúan persistiendo en el escenario de mi mente y en la cámara íntima de mi corazón. Aunque hay referencias, ineludibles, a encuentros con gentes del espíritu, esos encuentros han sido recogidos de forma completa en otras obras mías y en ésta me extiendo sobre numerosos y muy diferentes aspectos de la Madre India. Sin poder, obviamente, dejar de lado lo sagrado, puesto que todo en la India adquiere ese matiz, me extiendo sobre los aspectos más variados al margen de esa sacralidad, si tal es posible. He evitado referencias cronológicas, siempre tediosas para el lector, y he ido recopilando variada información, así como un cúmulo de vivencias recogidas en todos esos viajes que se extienden desde 1972 a 2008.

La India es el país más interesante del mundo. Es un país para vivirlo con inusitada intensidad. Muchas personas me preguntan si me queda algo que ver después de tantos viajes y les respondo: «Algo que ver, sí, pero muchísimo más que sentir». Seguiré por eso viajando a la India, incursionando en ese mandala que me hace sentir vivo y en el que tengo que agudizar mi mente y sensibilizar mi corazón para poder descifrarlo.

RAMIRO CALLE

Nota: Si quire contactar con el autor, consulte su página web: <www.ramirocalle.com> o diríjase a su centro de yoga en la calle Ayala 10, de Madrid.

I

La ciudad de la muerte, la ciudad de la vida

Ella está ahí, en medio de una infecta callejuela. Tal vez fue bella, tal vez lo fuera. La gente pasa a su lado. No la miran. Las gentes de Benarés saben mucho de muerte; están acostumbradas a la dama que roba la vida. Las gentes de Varanasi se codean con la muerte con la misma familiaridad que el niño con sus juguetes. Ella lleva seguramente algunos días en esta callejuela próxima al río. No era mayor. Debía estar al filo de la treintena de años. Tiene los ojos semiabiertos, ojos de vidrio seco, mirada de una nada insondable. La boca está abierta y una nube de moscas entra y sale de ella. Un cuerpo famélico; una carne de violeta largamente marchitada. Yo sí la miro. A mí me impresiona, me desgarra el alma, me trastorna el sentido y las entrañas. Ella produce sentimientos contradictorios dentro de este occidental. Repulsión y compasión, rechazo a ese cuerpo hediendo y una pena infinita hacia esa joven muerta. Me pregunto por esta mujer, tan desconocida como esa dama implacable y caprichosa que es la muerte. Ha vivido seguramente sola y sola ha penetrado en el umbral de la muerte.

Cerca de ella, juguetean, siempre incansables, los monos. Saltan, se mordisquean, exhiben con descaro esa arrolladora fuerza llamada vida que le ha sido sustraída a esta mujer de carnes agarradas a los huesos, ojos desencajados en un infinito impenetrable y la rigidez, fea e insensible, en todos sus miembros.

Aquí estoy, en la ciudad más santa de la India: Benarés, también conocida por Varanasi, y por Banaras, y por Kashi. La ciudad más peregrinada de la India: Benarés. La ciudad en la que la gran mayoría de los hindúes anhelan ser incinerados: Benarés. Como un pueblo inmenso, con más de un millón de habitantes, esta ciudad del estado norteño del Uttar Pradesh, se encuentra a casi una equidistante distancia entre las fuentes del Ganges (Gangotri) y la desembocadura del gran río en Bengala. Es, por excelencia, la ciudad de Shiva, lo que no quiere decir que la única ciudad de Shiva de la India, porque hay numerosas en este país que se arrogan el toque del yogui de los yoguis. Es la ciudad de las cremaciones, pero en todas las ciudades que se abren al Ganges las cremaciones adquieren relevancia, ya que así las cenizas pueden arrojarse al río más sacro de la India; es la ciudad de los templos, pero claro, en el subcontiente más místico, más religioso y hasta más supersticioso del mundo hasta el villorrio más minúsculo tiene sus templos y santuarios.

Poblaciones prearias, mil quinientos años antes de nuestra era, ya se establecieron en Benarés, donde los ríos Varuna y Asi confluyen; es una ciudad que a nadie deja indiferente, que despierta pasiones de fervor y toda suerte de resistencias psicológicas, que fascina y agrede al turista, cautiva y repele. Benarés: mil rostros cambiantes; comercio sacro, religión comercializada y degradada, ritualismo vacío y repetitivo hasta el hastío; entusiasmo místico; tierra de *sadhus* y santones, pícaros y embaucadores. La siempre entrañable, multivariada, bulliciosa Benarés. Hata aquí viajó Mark Twain para asombrarse; hasta aquí viajó Blasco Ibáñez para saturarse de estímulos e impresiones; hasta aquí viajó Pierre Loti en busca del Sentido; hasta aquí viajó Jung para desconcertarse; hasta aquí viajó mi compañero del alma y formidable Jesús Fonseca para depositar en las aguas del Ganges las cenizas de su amada esposa Esther, muerta prematuramente y que dejó una herida sin cierre en su ser. Y hasta aquí viajó mi madre, conmigo, en uno de los primeros viajes y al amanecer, cuando el gentío era impresionante y había gran número de cadáveres y cenizas y perros husmeantes y caras famélicas y lisiados y leprosos; me dijo: «Estoy visitando el infierno de Dante».

Es como una bofetada cósmica, Benarés, y también como una caricia, y también como un removedor y purificador electroshock. Es como una bailarina que gira y gira sin cesar y te ofrece rostros de vida y muerte, de refinada espiritualidad y burda superstición, de grandeza y de miseria, de encanto y de horror. Es como una alucinación y, a veces, como una pesadilla, y a veces como un sueño fraternal y entrañable. Y todo ello, y mucho más, es Varanasi, cargada de historia y que, a finales del siglo XII, conocería el implacable, violento, destructivo fanatismo de los musulmanes, que habrían de arrasar más de mil templos en la ciudad.

Bazares más coloristas de cuanto pueda decirse. Callejuelas ensortijadas donde se exhiben los más primorosos brocados, toda suerte de adornos para muejres, bronces, saris, perfumes. Hay un mensaje en cada perfume de la India, hay un toque para la evocación, hay una fragancia para el recuerdo. El sándalo es el néctar de los dioses, resultado de la valiosa madera del mismo nombre. Su aroma es muy especial, inconfundible e incomparable, persistente, más místico que mundano. Especial para los ritos religiosos. El aceite de sándalo es excelente para el cabello. El olor del sándalo recoge la mente, por eso muchos meditadores optan por los inciensos de sándalo. El jazmín es otra cosa; es muy caliente, pasional, expansivo, invita a la caricia y a la fiesta, hace soñar con un bello rostro de mujer, lo asociamos a tierra cálidas y apasionadas. El sándalo es un perfume para Shiva, diría yo, pero el jazmín lo es para la Diosa. El pachuli es informal, muy denso, pero informal, claro que no puede pasar desapercibido, hay a quien encanta y hay a quien repele; por algo es el perfume más indio. El rosa siempre me hace pensar en un atardecer luminoso y apacible. El opium es enigmático, cortés, muy femenino, muy sutil, muy embriagante, como una bruma que satura y arroba la conciencia. ¿Y qué decir del almizcle, el musk? Es el perfume del yoga sexual por excelencia; es el perfume de la relación amorosa tantra; es el perfume de la libido para ir más allá de la libido. Envuelve, extasía, arroba. El verdadero almizcle es muy caro, incluso en la India. Es el almizcle animal, aquel que proviene de la glándula sexual del ciervo almizclero. Pero es difícil de conseguir. La mayoría de los perfumistas indios venden el musk vegetal, mucho más barato, mucho más asequible, menos dulzón, menos atrapante. El musk y la luz morada forman parte del ritual tántrico místico-sexual, del *maithuna*. Estimulan la conciencia, la dislocan para colocarla, al menos eso es lo que dicen los tántricos de mano izquierda, los practicantes de la ceremonial sexual.

Excelentes artesanos, los de la ciudad de Shiva. Multitud de comerciantes, hábiles vendedores de objetos e ilusiones. Muy bien elaborados los instrumentos musicales, como la *table*, el *sitar*, el *shahnai* y el *sarangani*. Y claro, curanderos, muchos curanderos, astrólogos, muchos astrólogos, penitentes, faquires, encantadores de serpientes y *sadhus*. Que no falten los monos, y no faltan. Plaga de apacibles vacas. Arrebatadores amaneceres en el río sacro.

El sol va avanzando lentamente por el cielo brumoso de esa sacrosanta ciudad de la India. Enjambre de calles y callejuelas, algunas estrechas hasta tal punto que cuando la vaca viene de frente a uno, tiene que aplastarse contra la pared para dejarla pasar. Y todo pasa con su lento discurrir. No se inmutan, jamás se inmutan las vacas de la India. Se saben poderosas en su resistencia pasiva, en su sólida resistencia gandhiana. Huele a basura y huele a almizcle. Huele a excrementos y huele a sándalo. Huele a alimentos podridos y huele a jazmín. Son éstas callejuelas sinuosas, estrechas y largas. A menudo umbrías, con frecuencia fecales, pero hermosas, laberínticas y apasionantes. El visitante se pierde con frecuencia en esas alambicadas callejuelas salpicadas de templos, templetes y santuarios de todo tipo. Alrededor del Manikarnika Ghat, hay un apabullante dédalo de callejuelas sin fin, tanto más difíciles de poner mentalmente en orden cuando anochece, y uno va de aquí para allá incursionando en este casco medieval, caótico, casi onírico. Pequeñas y modestas viviendas, niños desnudos inventando sus propios juegos, perros husmeantes y algún cuervo caprichoso que pica aquí y allá, a su antojo. Vacas y cuervos se dejan ver en todo el inmenso territorio de la India. Vacas y cuervos y monos. Y *sadhus*. El *sadhu* tiene algo de vaca, de cuervo y de mono. Es resistente y quieto, también sabe ser ladino y hábil, pero tampoco deja de ser inquieto y móvil, sobre todo el *sadhu* errante. Hay cientos de miles de *sadhus* errantes. Van y vienen, vienen y van, están aquí para irse allá y los ves allá para venir aquí. La ley del *sadhu* errante es que no debe permanecer más de tres noches en el mismo lugar. Así no hay apego; así hay desarraigo. Pero el *sadhu* es su propia ley. Él hace su norma. Él sigue el camino sin camino, la senda fuera de la senda o más allá de la senda. Por ello los hay que no respetan esa regla y son *sadhus* errantes a su modo y *sadhus* establecidos a su manera; *sadhus* nómadas a su conveniencia y *sadhus* sedentarios a su preferencia.

Benarés sin *sadhus* no sería Benarés. Tampoco lo sería sin cadáveres, sin incineraciones y, sobre todo, sin templos. ¿Cuántos templos hay en esta ciudad de Shiva? ¿Cuántos? Mil quinientos, dos mil, cualquiera sabe, cualquiera se pone a visitarlos todos. Templos y templetes, santuarios y minisantuarios. En la callejuela aparece un santuario minúsculo, pero no por ello incapaz de despertar el fervor más entusiasta de los devotos. ¡La avidez de santidad!, que dijera Michaux. Y hacen ofrendas y *pujas* (ceremonias) sin fin. El hindú gusta de ofrendar al divino, en todas sus formas y en todas sus múltiples manifestaciones y representaciones. El hindú ofrenda y ofrenda, y lo hace sin prisas, recreándose, voluptuosamente, hasta con una minuciosidad que suele estar bien ausente en sus labores o trabajos cotidianos, porque en muchas cosas el hindú es un chapucero, por mucho software que domine. No existe el tiempo cuando se penetra en lo intemporal, en la caverna sin espacio del Divino. Manteca clarificada, flores, alimentos, fuego... Todo ello y mucho más se ofrenda al divino y detrás... el corazón del devoto. A veces estas ofrendas reúnen a cientos y cientos de personas. Se muestran anhelantes de ofrendar, ansiosas de darse al Divino. Si uno mira estos rostros, sorprende hasta qué punto se vuelven entonces expresivos, voraces de la deidad, febriles. Podrían ser los rostros de empedernidos jugadores frente a la ruleta. En realidad, la ofrenda y la puja son los más apasionantes juegos del hindú. Se apuesta para ganar. Para ganar el fervor de la Diosa, para ganar seguridad, bienestar, una forma de existencia más fácil o una reencarnación más afortunada. Las fichas con las que se apuesta son el ritual, la ofrenda, el fuego sacrificial, la salmodia y el encantamiento, el *yantra* (diagrama esotérico) y la plegaria. Meditar, medita muy poco el hindú común. No quiere hacer el esfuerzo y prefiere que lo haga su dios.

En Benarés, al amanecer y al atardecer, hay un gran trasiego de cadáveres. Sobre todo al anochecer, cuando llegan los trenes procedentes de grandes ciudades. Cadáveres para ser cremados junto a las aguas del Ganges, en el seno de Shiva, el Señor del Tercer Ojo y Amo de las Bestias. Los cadáveres son traídos y llevados por las callejuelas de la ciudad, sobre parihuelas, a hombros de familiares y deudos. También son llevados sobre la baca de automóviles o autobuses, o en una bicicleta o en una *motorickshaw*. He aquí que un día tengo la oportunidad de ver un *ciclorickshaw* al borde del camino. Un cadáver enfundado está sentado en el asiento del *ciclorickshaw*. Todo está en orden, todo, excepto que el conductor no aparece por ninguna parte. Ahí ha dejado el *ciclorickshaw*; ahí ha abandonado el cadáver, pero él ha partido por un tiempo, pues al menos sabe que la mercancía no se moverá. Un tiempo, y nadie sabe en la India, nadie, cuánto es «por un tiempo». Seguramente ha ido a hacer sus necesidades o a charlar con algún amigo o conocido o a tomarse un edulcorado *chai* que le reporte fuerzas para llegar hasta cerca del *ghat* o a comprar y mascar una dosis de *betel* y luego soltar un escupitajo rojo sobre el suelo.

Ves un cadáver sobre un *ciclorickshaw* al borde del camino, a mediodía, y no te sorprende, apenas te llama la atención, si es que acaso te la llama. Ves una vaca arremetiendo contra un puesto de frutas, peleando contra el airado vendedor y no te sorprende, no te asombra, porque incluso la ves apaciblemente echada dentro de una tienda de tejidos. Ves un mono robándole un bolso a una señora o una cámara a un ingenuo turista que se queda boquiabierto, y no te soprende, no te extraña. De tanto haberse uno sorprendido ya nada puede asombrarte. Todo se torna natural, común, corriente, cotidiano. Todo se incorpora a este modo de vivir y de malvivir y de sobrevivir, donde el tiempo es otro tiempo y la lógica es otra lógica, y la razón es a la vez irracional y «arracional».

La gente vive en la calle. En realidad, son muchos los que nacen, viven y mueren en la calle. Y la gente se sienta en la calle. Miles y miles de personas en cuclillas, piernas como alambres, pero resistentes, horas en esa posición, niños y ancianos. No parecen tener articulaciones en las piernas, sino que es como si tuvieran goma maleable en todos los sentidos. Hacen corros, charlan; también permanecen ausentes, en prolongados silencios en medio del implacable bullicio de las calles. Los ancianos son los más hermosos; los verdaderamente hermosos. En muchos ancianos indios hay como un toque de infinitud, de trascendencia. Algunos de estos ancianos son como pajaritos enclenques, pero de ojos cuajados de ternura; otros son venerables, luengas barbas blancas, actitud profética; otros son tan parsimoniosos que contagian su profunda aceptación de una vida toda ella vivida en la aceptación. No hay aceptación como la del indio, y sobre todo la del hindú. No es resignación; es aceptación. Sabe cuándo dejar de ser aceptación y convertirse en intrepidez, en osadía. Pero cuando hay ocasión u oportunidad para ello, sólo entonces. Demasiado difícil es la vida de una buena parte de la población india como para encima malgastar fuerzas psicológicas y emocionales, incluso físicas. Se hace lo justo, pero no más; se siente lo preciso, pero no más; se ejecuta lo imprescindible, pero no más. Es ya un mecanismo inconsciente de ahorrar fuerzas en un país en el que tanto se necesitan y que por dolorosos avatares tanto pueden llegar a escasear. Se alarga el brazo lo justo, nunca más de ese punto, o se sonríe lo necesario, pero sin sobrepasar el límite de la sonrisa que se convierte en risa. El encargado de la limpieza limpia, pero no en exceso. El camarero atiende a su cliente, pero economizando fuerzas. Hasta el policía es avaro con su energía. Basta ver a los policías en el aeropuerto. Basta verlos para saber que están funcionando a un veinte por ciento, quizá menos, de su capacidad. Ni siquiera las computadoras los vuelven más ágiles. Hay que mirar el pasaporte del turista con lentitud, quietamente, en diez minutos mejor que en dos. Leer y releer su nombre, apaciblemente, sin premura.

Fue en Benarés. Solicitando un billete de tren en la estación. Pero no hay prisa por parte del vendedor de billetes. Se toma su tiempo y cómo se lo toma. Llega el tren y se detiene en la estación, pero el buen hombre no suelta el billete. Y el tren parte. Uno inevitablemente indignado grita: «¿No ve que se está marchando el tren?». Al final despega los labios y no es para disculparse, no es para dar ninguna explicación, sino para comentar: «¿Por qué se inquieta? Mañana viene otro».

Muchas librerías en Benarés, fabulosas librerías con excepcionales libros religiosos, de yoga, budismo tantra, vedismo, incluidas las dos librerías, preciosas, de mi buen amigo Álvaro Enterría, llamadas Indica Books. Cantidades de *ciclorickshaw* haciendo sonar sus timbres sin descanso y lanzándose inclementemente sobre el peatón si éste no se aparta. Olor a fritangas. Bullicio. El *sadhu* sobre una cornisa, como una gallina, la mirada ensimismada. Peregrinos y peregrinos que no cesan de llegar por miles a la ciudad más santa de la India. Vendedores de todo y de nada. Vendedores de semillas sagradas, rosarios (*malas*), pinturas de los más vivos colores, flores, estampas. Mendigos, legión de mendigos, muchos deformes, muchos leprosos, muchos con alguna mutilación. Una de las calles que bajan hasta el río presenta un espectáculo dantesco. A uno y otro lado de la calle, decenas de mendigos, compitiendo a ver quién sufre más y está más sucio y harapiento, con una escudilla junto a ellos, reclamando una limosna.

Anochece en el Ganges. Hay algo mágico, mistérico, entrañable. Hay algo cósmico, transpersonal, incognoscible. Hay un hombre en la postura del loto, perdida la mirada en el sol de sangre y luz que se proyecta sobre las aguas. Tiene el cráneo pelado. Es un cráneo digno, hermoso. Mantiene la columna vertebral tan erguida como si quisiera rozar el cielo con la cima de la cabeza, pero a la vez permanece firme y sólido sobre la tierra. Es como un puente de carne prieta entre lo cósmico y lo telúrico. Recita mantras. Tal vez el *Om Namah Shivaia* o el *Om Namo Narayan*. El mantra se desgrana en sus labios. El mantra empapa su mente y su corazón. El mantra se torna llave para abrir la puerta a lo insondable; candela para recorrer el negro pasillo hacia el Gran Desconocido.

La noche cae como un paraguas inmenso sobre Benarés. Escucho plegarias susurrantes de un grupo de mujeres ancianas junto a las aguas. Escucho el aullido de un perro cuyo amo ha sido incinerado y se desgarra en su soledad de criatura viviente abandonada. Siento yo también la inmensa soledad de los que han muerto; la desenfrenada soledad de los que viven. A veces le toma a uno el desamparo por la puerta de detrás del corazón. Siento a este pueblo de más de mil millones de personas, juguetes en las manos de la Madre Diosa, pensamientos en la mente del Divino.

Es un espectáculo cotidiano. Llegan montones de cadáveres al *ghat* funerario y se suceden las piras y las incineraciones. Fogatas enormes que tiñen el Ganges de rojo y el cielo de un naranja intenso. El crujir perceptible de la leña y la osamenta. Montones de cenizas que se arrojan a espuertas a las aguas. Residuos para Shiva; restos para el Yogui de los yoguis, el Señor que en su danza recrea los vastos universos. Los cremadores trabajan sin cesar. Cuerpos secos y resecos; cuerpos oscuros y renegridos; brazos como alambres poderosos que remueven los restos para que terminen de quemarse definitivamente. Sudan a raudales en la noche caliginosa de Benarés. Una vaca que se muere de anciana junto a las piras. Madrecita para Gandhi; madrecita para millones de hindúes. Ella es apacible; ella es símbolo de la tierra india; ella da su leche —cuando la tiene— y da sus excrementos, sus boñigas, para poder hacer fuego. Ella es el símbolo de la tierra en una Tierra donde hay más de seiscientos mil pueblos y donde el noventa por ciento de la población está en el campo. Ella tiene la sabiduría de lo más remoto y de lo más cercano; como si no mirara, mira, y como si no estuviera atenta, está alerta a todo lo que le rodea.

Nadie sabe su nombre, nadie lo sabe. Es un encantador más entre los muchos encantadores de serpientes de la India, sólo que él ha elegido esta ciudad en la que se puede prosperar con su oficio, porque a Benarés llegan muchos turistas y algunos gustarán de su número y le darán unas rupias por dejarse fotografiar. Yo no sé si es joven o no lo es, tan indefinida es su edad. Tiene los ojos hundidos en sus órbitas y el cansancio, más que el cansancio el tedio, se refleja en su rostro. La cesta con la cobra debajo del brazo, ofreciéndose incansablemente para hacer el número de la serpiente. Este hombre no sabe de metafísicas ni de místicas; no sabe de mantras ni de pranayamas. Este hombre hace sonar su flauta para que la cobra se yerga y el turista le deje algunas rupias para ir sobreviviendo. Este hombre de edad imprecisa y profundas huellas de extenuación en su rostro, de pies descalzos y cabello ensortijado y sucio, este hombre trabaja con la serpiente y quizá no ha oído nunca ninguna referencia a Kundalini, que, según los yoguis, es una potencia cósmica individuada en todo ser humano y que se puede desarrollar mediante la incesante práctica del yoga para procurarnos la sabiduría que se traduce en plena lucidez y compasión.

En la ciudad de la Luz Divina, en la siempre impactante Benarés, este *sadhu* que está ante mí, de ojos muy vivos y a la vez penetrantes y amorosos, quiere mirar el trasfondo de mi mente, descubrir las motivaciones de este occidental en su búsqueda por la India, en su incursión por el país más sorprendente del orbe. Me mira y le miro. Me escruta y le escruto. Ha hecho muchos años de penitencia y la penitencia ha dejado secuelas irreversibles en su cuerpo.

—Si quiere despertar a Kundalini —me dice— viva a través de ella, mímela, arrópela como a la mujer más deseada. No la olvide ni un momento. Recite el mantra y recuérdela. Despiértela con amor, sin brusquedad, sin recurrir a medios artificales.

Huele a *dhal* (lentejas) y jengibre. Hace un calor pastoso, que se agarra a la piel como una segunda piel.

—Dígale: «Madre, ¿por qué te ocultas? Enséñame tus manos para tomarlas entre las mías; enséñame tu rostro para cubirlo con mis besos. Ven a mí y hazme tu siervo, tu hermano, tu amante».

Kundalini espera a que le ayudemos a resurgir.

Pasan algunos transeúntes y nos miran. La curiosidad del indio es proverbial, endógena, celular. Quieren compartir toda conversación, sumarse a toda reunión.

Este hombre es sabio en largos y desenfrenados ayunos. Sólo hay que ver su escuálido cuerpo. Ha ayunado seguramente más tiempo del que ha comido. Desde antaño, los penitentes indios han gustado del ayuno. Ayuno de alimentos, ayuno de pensamientos en la mente, ayuno de codicia en el corazón, ayuno de contacto sexual. El ayuno aclara la mente, seda el ánimo, pero más allá de cierto límite la carne se come a sí misma y el hígado se consume. «Ten cuidado con el ayuno —me han dicho en la India—, purifica o mata, puede herirte de muerte, como la respiración mal controlada.»

Se hace un gran silencio entre nosotros. Siento paz.

¿Hay quien paga por un instante de quietud? Quizá es un regalo que me hace Kundalini, una caricia de calma profunda para la agitada mente de este occidental en el círculo de los círculos.

Al amanecer, el cielo ha descargado. Ya no llueve. El monzón se ha tomado un reposo al menos por unas horas. No estoy cansado. Me siento reconfortado con los primeros rayos del día, un día espléndido. Los amaneceres y los atardeceres son de lo mejor de la India. Todo debería ser un amanecer; todo un atardecer. Las horas más densas, más compactas, son las del mediodía. Al amanecer hay alegría, mucha vitalidad; el atardecer es mágico, es noltágico, es cercano y a la vez lejano, tiñe de encantamiento el alma.

Sé que me ha pedido varias rupias de más, lo sé, pero hago como si no lo supiera. El hombre que lleva el *ciclo-rickshaw* me parece tocado de muerte, fuma *bhang*, tiene rotos los pulmones, jadea como un perro en la antesala de la muerte. No se siente uno cómodo sabiéndose transportado por él; piernas tan finas que parece que vayan a quebrarse a cada pedalada. Pero así se gana su vida, así quema su maldito karma, así cumple su amargo e inexorable destino. Este hombre trabaja con su cuerpo mucho más que cualquier deportista sobreprotegido de Occidente, que cualquier profesional del balón o de la raqueta, sólo que gana un euro por día, quizá menos a veces, quizá un poquito más en el mejor de los casos. «A veces —se queja un amigo mío indio— ¡cuán desequilibrado puede ser nuestro Dios!»

¡Qué espectáculo Benarés al amanecer! Gentes por todas partes, unos todavía profundamente dormidos (en los *charporis* o camastros de madera, en el suelo, en las cornisas), otros comenzando a emerger del sueño, desperezándose voluptuosamente; otros remojándose la frente o deleitándose con una humeante taza de té (el té se echa de la taza al plato y se bebe del plato) o haciendo algunos torpes movimientos gimnásticos, porque el indio no ha nacido, salvo excepciones, para la gimnasia, que es demasiado brusca, demasiado estridente, demasiado impulsiva. Vacas que dormitan; perros que hacen sus necesidades matutinas; monos que emprenden sus exasperantes juegos, sus diabluras alienadas; mujeres dignas, un sari para diez o quince años, pero ¡qué dignas, qué enjutas, qué galanura la suya! La mujer es el alma de la India. Mujeres de muy escasos recursos, carnes prietas, mirada de resistencia, porque la mujer rica se torna gruesa y mofletuda, de carnes sueltas, carente de encanto, ausente de gracia. Niños desnudos; brahmanes que estiran sus vestimentas y las componen cuidadosamente.

Avanza el día; trepa el sol por el firmamento. Un día más en la antiquísima Varanasi, la ciudad de los templetes y los *lingams*, de las callejuelas más pintorescas y sucias del mundo, más sinuosas. Libreros y perfumistas, echadores de cartas, decidores de fortuna, peregrinos de todos los rincones de la India, gastando sus ahorros de toda una vida. Hay algo de santo en esta ciudad; también algo de desacralizador abriéndose paso entre lo sagrado; algo de dulce y algo de amargo. Hay comercio, tráfico de lo más sagrado, sacerdotes que se descomponen en su larga descomposición interior. Hay esperanza y desesperanza. La santidad camina codo con codo con la desfachatez; la avidez de Dios con la avidez de las rupias. Aquí vienen muchos a matar su ego; otros lo inflan y lo apuntalan. Unos vienen aquí a desnudarse y saborear la pureza; otros aquí se sirven de la ingenuidad de muchos hindúes y les esquilman.

Hay en Benarés, desde tiempos muy remotos, un foco muy poderoso de cultura y paciencia, y también uno de supina estupidez y necedad. Grandeza y miseria juegan sus fichas en el ajedrez de la vida en Varanasi. Y si Kashi es luz, también esta luz proyecta una larga sombra de superstición. Hay mucha caridad, también mucha rapiña. ¡Qué estruendo en el centro de la ciudad! Un abigarramiento efervescente hasta lo inimaginable, como un antídoto ante tanta muerte junto a las riberas del Ganges. Una ciudad de locura, de pesadilla y de gloria, que te repele y te fascina, te abruma y te arrebata, india hasta la propia médula de su médula, donde mujeres y hombres de Occidente se derrumban psicológicamente e incluso estallan en sollozos o ansían volverse lo antes posible a su país de origen. Un Benarés que golpea y que fascina, que rompe, que rasga y que a la vez te construye y te rehace. Por algo es la ciudad de Shiva. Shiva destruye para construir, mata iniciáticamente para iniciáticamente provocar que uno espiritualmente renazca.

Todo sigue su curso en Benarés desde hace siglos, desde hace milenios. El tiempo cuenta y no cuenta. Se dan cita los *sadhus* más piadosos y puros, los *sadhus* más corruptos y grotescos. Se contemplan los sacerdotes más ladinos, más abuitrados. Acuden los *sannyasins* (renunciantes) más elevados espiritualmente, la túnica anaranjada —signo de renuncia— como atavío, el cráneo rapado, la inocencia en la mirada. Lo más horrendo puede contemplarse en Benarés; también lo más hermoso. ¡Qué ancianos! Parecen haber emergido de las páginas de maravillosos cuentos, de espléndidas historias. Son venerables, tienen mensaje y carisma, exhalan una sabiduría que se cuece en la India con los años. Legión de mendigos; multitud de personas deformes. Comerciantes ávidos entre los ávidos, combinando la vida espiritual con la profesional, rezan a su imagen con gran fe y, segundos después, se las arreglan para conseguir unas rupias más sobre las rupias, incorporan el espíritu a la cotidianidad y la cotidianidad al espíritu, porque ¿acaso el Divino no juega, no se divierte, no crea y recrea los vastos universos? Pues así también uno puede jugar, deleitarse y, si hay ocasión, ganar un poco más de dinero, aunque sea mediante la trampa, el ardid, el engaño. El negocio es negocio y es juego; es negocio y diversión. ¡Cómo se divierten los comerciantes indios! Sólo hay que verlos. La tienda es una habitación pequeña, a veces minúscula, más parca que la celda de un monje. Allí se sientan, se apoltronan, se extienden holgazanamente en el suelo, pero la mente está siempre alerta y diligente para vender, comerciar, no permitir un regateo excesivo del comprador. Se ve que gozan.

Trabajan y gozan. Por eso el comerciante indio tiene por lo general un excelente humor. Trata de engañarte, no faltaba más, pero con gracia, con amabilidad, casi con ternura. Dispone de una espontánea simpatía y aunque no haga negocio, sigue mostrando su afabilidad, su cordialidad, jamás se irrita, jamás se enfada, es paciente, tal vez lleva cien vidas vendiendo y seguirá vendiendo un centenar de reencarnaciones más, ¿por qué impacientarse, pues? Si hay beneficio, mejor; si no lo hay, puede seguir holgazaneando, comiendo golosinas o deleitándose con un *bidis* tras otro o mascando la hoja del *betel*... Mientras el *betel* no falte...

En Benarés hay templos a raudales, a borbotones. Un rincón, un templo; una callejuela, un santuario; un sombrío callejón, un templete. Templos grandes, como el de Durga o el de Shiva, templos pequeños otros, diminutos, familiares, domésticos, dedicados a las distintas representaciones del Divino, a las distintas manifestaciones de la diosa. ¿No somos juguetes, títeres, marionetas en manos de uno y en manos de la otra? Visito el templo de la diosa que te ayuda a superar los obstáculos y de la diosa de la viruela y de la diosa de la riqueza y la prosperidad y de la diosa de las artes... La *shakti* o energía femenina primordial en sus manifestaciones más diversas, sin olvidar a la aguerrida y todopoderosa Kali, enguirnaldada de rayos, portaestandarte, armada con la espada, la rueda, el arco, devoradora, sustentadora Kali, noche de destrucción al final del mundo, practicante de austeridades, maga, paria, inmortal y eterna. Ella es la omnipotente, la que da muerte a los demonios, la que mata el ego y nos conduce de su tenebrosa mano hacia la luz del Ser. Estoy en la puerta de un templo, de uno de tantos y tantos templos, que no hay quien pueda visitarlos todos, y la atronadora voz de un *sadhu* me obliga a volverme y encontrarme con sus ojos de fuego. Me dice: «Extranjero, busca dentro de ti, deja de ir de aquí para allá y busca dentro de ti. En ti mismo vive el poder supremo». Si lo que trataba era de impresionarme, lo ha logrado. Nos miramos, nada digo, ¡qué decir! Y sigo mi ruta de templos y, de los templos, a los bazares y de los bazares a los templos. Visito algunos *ashrams* y voy de librerías. Luego paseo por el congestionado y bullicioso Chowk, el centro comercial de la ciudad, animado, colorista, casi intransitable, con sus calles y callejuelas atestadas de comercios, una riada humana, el caos, el número descomunal de *ciclorickshaw* que se me echan encima, haciendo sonar sus timbres hirientes al oído. Hay olores dulces, olores fecales, tenderetes de comistrajos, vendedores de limonada o de jugo de caña de azúcar, de especias, de semillas sagradas, de flores; olor penetrante a curry, a masala, a jengibre, a clavo, a cardamomo; algún adivino, algún faquir venido a menos, algún masajista de aceite, algún que otro médico ayurvédico con sus ungüentos y semillas, destartalados dispensarios médicos, los limpiadores de oídos, los sacamuelas callejeros, los barberos que utilzan con destreza incomparable la anticuada navaja. Esta es la ciudad del gran poeta y místico Kabir, el tejedor musulmán que declaró: «Miradme a mí; soy un esclavo de mi intensidad». Abruman los estímulos, agotan, extenúan, producen como un estado alterado de conciencia.

Al pronto tomo un *ciclorickshaw* y parto del centro de la ciudad. El hombre pedalea, las venas de sus piernas son como ríos de sangre violeta en sus piernas famélicas, jadea bajo el implacable sol de la mañana. ¿Dónde ir? ¿Qué hacer? Quema el calor en la garganta y el polvo cosquillea en la nariz. Se pegan las gotas de sudor a la carne. Dejo el *ciclorickshaw* en el Instituto de Estudios Tibetanos. Hay un hombre ante mí con la cara alargada y el cráneo pelado, un poco venusiano, los ojos bondadosos, la mirada diligente. Es el lama que dirige el Instituto. Parsimonioso, pero no lento; comedido, pero suelto; sonriente, pero no en exceso. Un lama entre los miles de lamas que van y vienen por la India. Un lama tibetano, de los huidos del Techo del Mundo cuando fue tomado, sometido, masacrado, esquilmado por las tropas chinas. Más que hablar casi murmura; más que mirarme, son sus ojos como el espejo y reflejo de mi mirada, «aquellos ojos que me miran los ojos que te ven». Con el *mala* (rosario) en su muñeca, dice:

—La mente es la fuente de la felicidad y del sufrimiento. A menos que no encontremos la causa auténtica de la satisfacción interna, el bienestar interior y la iluminación, no habrá forma de encontrar la paz y la liberación. El mundo de hoy necesita forzosa y urgentemente una revolución que se lleve a cabo dentro de nuestra propia mente. Salvo que nos demos cuenta del verdadero significado de nuestro estado mental interior, no podremos superar todos los problemas a los que nos enfrentamos en la actualidad.

Así habla, así se expresa. Un destello de tristeza en su

mirada; un toque de gemido en sus palabras. No me extraña. Sólo basta mirar cómo va el mundo. Sus manos en las mías; mis manos en las suyas. Mi energía y su energía se intercambian. Él se encarna en mí y yo me encarno en él. Es el lama Sogyal Rirpoché. Mira el mundo tal cual es. No se espanta porque es ecuánime. A mí a veces me espanta, porque soy menos ecuánime que él.

Y agrega:

—Todo es una creación de nuestra propia mente. Una vez que se ha pacificado, todo comienza a percibirse con la luz adecuada.

Quizá nunca volvamos a vernos. Hemos compartido un instante entre los millones y millones de instantes de un universo que surge y se desvanece, surge y se desvanece...

Ha comenzado a amanecer. En realidad, ni siquiera ha comenzado a clarear el día y ya estoy haciendo algunas posiciones de yoga para estirarme y recomponerme, porque la cama era más penosa que un camastro de púas para un faquir. Cierta claridad muy difusa sombrea el firmamento a las cuatro y media de la madrugada. Varanasi comienza a despertar. En breve, el sol comenzará a despuntar. Me encaramo a una *motorickshaw* y luego a un *ciclorickshaw* y, al final, camino deprisa por una callejuela entre multitud de mendigos que forman hilera a uno y otro lado de la misma. «*One rupie, one rupie, one rupie...*», gimen, susurran, claman, gritan, suplican, exigen o simplemente solicitan esos mendigos, lisiados y leprosos con vez trémula.

La población comienza a disponerse para el nuevo día. Peregrinos, peregrinos, más y más peregrinos. Un yogui hace sus *asanas* en un soportal; un luchador, sus ejercicios de calentamiento, y se ayuda con una maza a modo de pesas, mientras que un mono junto a él se esfuerza en imitarlo, pero cuando ve que es más fácil imitar al yogui, se coloca a su lado y trata de hacerlo, sin que éste le preste la menor atención, pues toda su energía está hacia dentro, hacia el ser.

Sorteando vacas, entre calles y callejuelas que uno recorre sin saber si está soñando o las está viviendo realmente, entre excrementos y viandantes que chocan con uno de tan estrechas que son algunas callejuelas, uno se va aproximando a los *ghats*, las escalinatas que conducen al río más sagrado del planeta, al más ansiado y por los cuerpos y espíritus penetrado. Estas escalinatas, gastadas por tantos pies desnudos que sobre ellas han caminado desde hace milenios, permiten el acceso a esas aguas densas, turbias, contaminadas hasta tal grado que bromeando, con su humor agridulce, Mark Twain dijo: «No son peligrosas, porque están tan contaminadas que ni las amebas pueden sobrevivir en ellas»... Hay numerosos *ghats* que se suceden unos a otros, el Manikarnika Ghat, o de las cremaciones (es el principal, pues hay otro mucho más modesto, sucio y miserable), el del dios-mono Hanuman, el de Shivala o el de Tulsidas y demás. Los *ghats* no faltan y los he recorrido uno a uno decenas de veces, en ocasiones bajo un sol de justicia, abrasador, y otras bajo una cortina de agua monzónica. Pero lo mejor no está en los *ghats*, sino en lo que hay detrás de ellos, sus callejuelas, tabernillas, templetes y casitas medievales. Si las aguas del monzón no anegan estas escalinatas, se pueden recorrer los *ghats* a pie, cumpliendo así un paseo insólito donde los haya, por las orillas del Ganges, pues se puede ir pasando de unos a otros y cada uno tiene su historia y su leyenda, su gente y sus anécdotas.

Entre el *ghat* Lalita y el *ghat* Kedar se encuentra el *ghat* principal y más concurrido, el Dasaswamedh. Y ahí empieza el gran espectáculo del mundo, el más sorprendente e inimaginable, la función más increíble todavía, la aventura de la carne y del espíritu, la entrega al Divino que se manifiesta como la diosa Gaga, que encuentra su origen en la cabellera del dios Shiva. ¿Podrá creer el lector que ha habido devotos que se han suicidado místicamente en estas aguas, sagradas sí, pero inmundas? ¿Podrá creer el lector que hasta los grandes monarcas, como el mogol Akbar, bebían de esta agua o se la llevaban a otras partes de la India como valiosa reliquia? ¿Podrá creer el lector que este río amado, ansiado vorazmente, anhelado hasta el delirio, este río santo entre los santos, haya obsesionado a reyes y plebeyos, brahmines y parias, eruditos y analfabetos? Y así desde hace siglos, milenios. ¿Qué poder ejercerá sobre las gentes de la India? La sacralidad de un Éufrates, un Tigris o un Nilo se queda en mantillas ante la de este río tan obsesionadamente deseado.

En el Dasaswamedh Ghat se forma la gran muchedumbre, la apiñada multitud, el compacto abigarramiento. Allí todos los cuerpos forman una gran masa de carne que palpita, que se enfervorece, que se arrebata. Grandes parasoles y brahmanes bajo ellos leyendo los textos sacros o recitando los mantras (entre ellos el mantra al Sol, el *gayatri*, para iluminar la mente, para abrir el corazón).

Amanece con lentitud. Hay un color azulado-violeta que envuelve toda la atmósfera. Hay una vibración de religiosidad profunda, y mercadería y animación y entrega. Los barberos emprenden su labor con renovado ánimo. Los vendedores de objetos religiosos son insistentes a la manera india, ¡y cómo es la insistencia a la manera india! Contumaz, recalcitrante, gandhiana. Una mujer —vaya dignidad la de la mujer india del campo—, carnes prietas, ojos de eternidad, deja un maravilloso nenúfar sobre las aguas del río. Para Shiva. Para el Ser que todo lo penetra. Un *sadhu* joven, de mirada alienada, embadurna su cuerpo con cenizas funerarias. Proyecta el sol sus primeros rayos sobre la inmensidad del río. Se oyen salmodias, mantras, plegarias en un hilo de esperanza. Centenares de cuerpos, de todas las edades, de todas las castas, de todas las partes del subcontinente, hacen abluciones en el río más sagrado de la India, el río que nace en Gangotri y que con sus aguas va regando buena parte de la zona norte de la India, pasando por Allahabad, Benarés, Patna y desembocando en Bengala. Es Shiva haciéndose agua y fluyendo por su patria, dejándose tomar y tomando, dejándose penetrar y penetrando. Un anciano, que apenas puede mantener su cuerpo en pie y se tambalea y cae y se levanta, a punto está de dar al traste con su vida ahogándose en las benditas aguas. Una anciana, semidesnuda, está a la espera de desencarnar para ser cremada. Transcurren los días, el acontecimiento final que no llega, apenas tiene ya para ir sobreviviendo adquiriendo un puñado de arroz por día, tal vez muera de hambre y no de ancianidad. Un hombre grueso, faldón rojo, cejas espesas y canosas, la piedad en el rostro, collar de semillas sagradas *rudraksa* al cuello, las manos juntas por las palmas, invoca, se llena de todo, se vacía de todo, el agua a la cintura, inmóvil, a la espera de que las abluciones le purifiquen. Unos meditan y otros hacen ejercicios respiratorios. Otros leen y hay sacerdotes que durante semanas realizan ceremonias por los espíritus desencarnados, a un coste elevado, a un coste que arruina irremisiblemente a las familias no demasiado pudientes. Es cara la incineración, las ceremonias *post mortem*, las *pujas*. Mujeres con sus saris multicolores se dejan lamer por las aguas de Shiva, que hacen el amor con Shiva. Unos se quedan quietos como pinos hieráticos, otros se chapuzan; los hay que se lavan minuciosamente los dientes con una ramita del arbol *neen*, y los que hacen gárgaras u oran. Hay un anciano abismado en una meditación profunda, en la quietud más quieta, erguido como si fuera la columna vertebral del mundo, lentes gruesas, inmovilidad indestructible. Algunos frotan enérgicamente sus cuerpos con jabón, lo lavan, lo aclaran, lo vuelven a enjabonar y así varias veces, no hay prisa, no hay tiempo fijo, no hay urgencia cuando se trata de relacionarse con Shiva. Las barcazas llenas de turistas y de peregrinos recorren los *ghats* por el río, de arriba abajo y de abajo arriba. Uno se desliza lentamente, contemplando un espectáculo casi increíble. ¡Lo he visto tantas veces y siempre me asombra! Palacios deteriorados, mansiones venidas a menos, templos, todos ellos como testigos mudos en la ribera del río, así como la mezquita de Aurangzeb. Piras y piras en el *ghat* Manikarnika. Santos y pícaros, verdaderos maestros, embaucadores, místicos y mistagogos, hombres de Dios y sacerdotes corrompidos, profetas y charlatanes, quiromantes, astrólogos, renunciantes, *sadhus*... Hay niñas hermosas, ancianas decrépitas, mujeres de todas las condiciones, y sobre las cornisas se ve algún meditador o practicante de yoga o filósofo leyendo versículos sagrados. Entre los numerosos templos, hay alguno singular, curioso, como el de la diosa de la viruela. En la mansión de las viudas, las pobres mujeres se purifican algunos días instaladas en esa casa de viudedad, con los saris blancos (el blanco es señal de luto en la India) colgados de las paredes y los llantos reprimidos por el dolor de saberse viuda en un país donde la condición de la viudez es cruel y calamitosa.

Se escucha la música sacra, los tambores, los *kirtans* al Divino. El cuerpo hinchado y fétido de un búfalo flota sobre las aguas y, de repente, veo que un hombre joven toma una barca. Lleva debajo del brazo un bulto. El barquero conduce la barca al centro del río. El hombre, lentamente, sumerge el bulto en las aguas. Es el cadáver de su hijo. Es costumbre que los cadáveres de los niños, si antes no llegaron a la iniciación de casta, no sean incinerados, sino enterrados o bien sumergidos en las aguas. Tampoco se creman las personas liberadas, sino que se entierran y sus tumbas se tornan monumentos de recuerdo y energía. El padre de la criatura estalla en sollozos tan hondos y prolongados que me parece que van a ser eternos y me siento muy entristecido. Cubre su rostro con las manos, gime. Tal vez acepta el karma implacable, pero no lo comprende. ¡Vaya usted a comprenderlo! ¿Quién puede conocer lo incognoscible, lo insondable, lo ultrasensible? Una legión de cuervos revolotea sobre los *ghats* y hay perros que se envician con los restos de los cremados y vacas que se comen las mortajas y monos que nunca encuentran un momento para el reposo. Este espectáculo es como una descarga eléctrica que hace saltar del hemisferio izquierdo del cerebro —la lógica, lo secuencial y racional— al hermisferio derecho —lo irracional, la lógica paradójica, lo místico—. Aquí uno se siente herido, vital, desarraigado y desvalido, confundido, asombrado, dinamitado en sus parámetros mentales, ávido de curiosidad. Aquí se saborea lo temporal y lo eterno, la superstición más burda y la mística más depurada, lo falso y lo genuino. Aquí se ven todos los rostros de la humanidad, todos los olores de la humanidad se huelen, todas las carnes de la humanidad se sienten como propias. Aquí uno se pierde y se encuentra, desvaría, se recentra. Shiva juega a ser un hábil ilusionista y permite vivenciar toda suerte de experiencias anímicas.

Para el hindú, es un obsequio poder ser incinerado en Benarés. Es un mérito que favorece el karma, que mejora la reencarnación sucesiva o incluso ayuda a aquellos que ya estaban al borde de la liberación a liberarse definitivamente.

Muchos creen que hay algo milagroso en estas aguas que no sólo impiden las infecciones, sino que ayudan a curar enfermedades. En Varanasi, el agua se torna panacea. El mismo emperador Akbar únicamente ingería agua del Ganges. Más drástico fue el comportamiento del monarca Dhanga Chandella, que, sin dejar de recitar mantras, se dejó arrastrar por el río y perdió la vida en su seno. Este tipo de suicidio místico se ha repetido. La Madre Ganga tiene un poder de fascinación que invita incluso a la propia inmolación. Morir en Benarés es morir menos. Morir en Benarés tiene algo de consolador.

He visto tanta muerte que ahora me complace ver la vida naciente en este pequeño, redondo, gracioso y simpático niño que tengo ante mí. Le están afeitando la cabeza, su cara se hace más luna, más redonda, más tierna. Le dejan sólo un mechoncito de cabello en la coronilla. Es tradición, es costumbre, es el modo hindú de relacionar al niño con lo sagrado, de darle un toque de renuncia, de supramundanidad. Él se deja hacer. Paso mi mano por su cabeza rapada, por su tibio cráneo lleno de vida. Quisiera guardar siempre para mí la sonrisa de satisfacción, y hasta de orgullo, de la madre del infante. Ella viene de un estado remoto de la India, ofrenda su hijo a Shiva en Benarés. Ella tiene la mirada india de nunca y de siempre. ¡La mujer india resulta tan cercana y tan lejana, tan próxima y tan abismal!

La noche me toma atracándome de anacardos crudos y zumo de lima. Cuando apoyo mi cabeza sobre la almohada y cierro los ojos, sólo veo cuerpos que, apretujándose, se sumergen en las aguas gangéticas. ¿No es éste —me pregunto— el país más inabordable e inagotable, insólito y desproporcionado del mundo? No es de extrañar que Mircea Eliade descubriese en él la religiosidad cósmica. Aquí hasta los *dacoits* (bandidos) son místicos y hasta los místicos pueden ser los más sagaces comerciantes y alimentar un toque de hábil mundanidad. Quizá por todo ello, y por lo que se ve y no se ve, por lo que se intuye y se adivina, porque tanto se sufre y se goza en esta tierra, quizá por todo ello, como dijera Hesse, se «guarda una nostalgia que al menor recuerdo o signo vuelve a reavivarse».

Ya en uno de esos desdibujados amaneceres de Benarés me digo que tengo que ir, necesariamente, a Gangotri, allí donde el Ganges encuentra su origen. Tengo que ir siguiendo su curso de abajo arriba, como si siguiera el curso de mis pensamientos para ir más allá de ellos, como si al perseguir las fuentes del Ganges fuera a encontrar mi propia fuente. Sí, Gangotri una y otra vez se presenta en mi mente, como un reclamo ya casi fastidioso por su insistencia, como un llamado subliminal que termina por convertirse en obsesión. Pero, de momento, sigo recibiendo la bofetada sacrosanta de Benarés en el alma, en la mente, en el corazón. A veces es caricia inspiradora y reveladora, pero otras es golpe seco, que utilizo como choque adicional para remover la conciencia. La bofetada le saca a uno del letargo, del sueño psicológico, de la modorra espiritual. Cada noche me siento en un rincón del Manikarnika Ghat y ahí están las fogatas tiñendo el firmamento de rojo, convirtiendo el Ganges en una enorme serpiente escarlata. El ritual de costumbre se celebra junto a la pira: las vueltas de rigor del primogénito, los mantras, el grupo del sacerdote haciendo las ceremonias *post mortem* y las familias que tras la cremación de uno de sus miembros no podrán reponerse económicamente en diez o veinte años. Han pagado por el transporte del cadáver; han pagado por la leña; han pagado por la ceremonia y, muchas veces, para ello han tenido que pedir un préstamo al usurero de la localidad.

Fue hace dos mil quinientos años. Hubo un hombre de mente adamantina, sagaz y clara. Hubo un hombre que se buscó sin tregua para compartir el resultado de su búsqueda interior con los otros. Hubo un hombre que abandonó los lujos con los que la existencia terrena le obsequiaba para abocarse a un peregrinaje hacia lo que está más allá de lo más allá. Porque despertó le llamaron Buda (iluminado, despierto). Porque propagó la enseñanza con pureza, le conocieron como el Bienaventurado. Gran yogui entre los más grandes yoguis, pocos buscadores espirituales han ido y llegado tan lejos como él. Con una conciencia altamente desarrollada, penetró hasta las moléculas de su cuerpo; vivencialmente descubrió las unidades subatómicas y los procesos incesantes y transitorios que nos forman. Diluyendo su ego, allende la máscara de la personalidad que tanto imita, se estableció en el proceso cósmico transpersonal. Era un príncipe llamado Siddharta y en mis viajes por la India he seguido sus huellas sin descanso, visitando y experimentando aquellos lugares más relevantes a lo largo de su vida. Y uno de ellos es Sarnath, a una decena de kilómetros de Benarés, donde el Bienaventurado pronunciara su primer sermón. Hasta allí llego en una *motorickshaw* y sopla una brisa agradable cuando me paseo entre las *stupas* y los templos y monasterios del recinto, valiosos restos arqueológicos. Los árboles están en flor y hay monjes budistas de los más variados países de Asia. Como señalara Bertrand Russell, el budismo es la única religión en el mundo en cuyo nombre no se ha derramado ni una sola gota de sangre. Me siento a meditar donde Buda lo hiciera y a mi mente vienen aquellas palabras suyas: «Tú eres tu propio refugio. ¿Qué otro refugio puede haber?».

No sé si le descubrí yo a él hace años o él me descubrió a mí, la verdad es que no lo sé. O tal vez fue el destino, o el karma, o la ley de la causalidad o la del accidente..., o nada de ello sino todo lo contrario, no lo sé. Pero lo cierto es que nos encontramos en este decorado de luces y de sombras que es la vida, lo cierto es que la casualidad o la causalidad quiso que para mi obra *El yogui* tomáramos al azar, o por destino, una foto de un desconocido que luego resultó ser la de él, la de Baba Sibananda, también conocido por Lal Baba ya que se arropa con una túnica roja. Y por una serie de coincidencias cargadas de sentido, que uno estaría tentado, sí, por sentir como mucho más que coincidencias si creyera en aquello de los encuentros kármicos, dhármicos o cósmicos, por esa serie de extrañas y misteriosas coincidencias, nos unimos en esta existencia de luces y de sombras, de incontrolados y enigmáticos arabescos, a pesar de que yo me había prometido no volver a Benarés, ya tantas veces visitado, tantas sufrido y gozado. Pero desde que decidí ir a su encuentro en la ciudad de la Luz, he vuelto numerosas veces a verle y a sentarme a su lado en las escalinatas que descienden al Ganges. Algunas palabras y muchos silencios, en comunión y no sólo comunicación. Y me dice:

—Lo más importante es el amor, pero desafortunadamente la flor del amor está en muy pocos jardines.

Hermosos ojos ambarinos, figura menuda embutida en la túnica anaranjada de los *sannyasins*, me dice:

—¡Es todo tan misterioso! Venimos a esta vida y nos vamos. La vida es corta y lo más hermoso es hacer algo por los demás.

Su luminosa sonrisa y a veces, también, su aspecto muy serio, circunspecto. Me dice:

—La meditación es el camino directo hacia el Ser. Yo no sé nada, pero Él lo sabe todo.

Desconfía de los gurús, de los sacerdotes mercenarios, de los «buitres» del supermercado espiritual, de las organizaciones e instituciones, de los *ashrams*. Y me dice:

—Hay que saber mirar y mantener la calma ante todo. Ecuanimidad. Todos somos como los dedos de una gran mano cósmica y tenemos que aprender a conectar con ella, de la que en realidad nunca hemos estado desconectados. Es muy útil en este sentido la meditación. El corazón de todas las criaturas es el mismo, pero desde niños nos han superpuesto códigos, esquemas y se ha ido configurando el ego, que se interpone entre uno y su ser real.

Ha habido muchos tés especiados tomados a su lado, muchos abrazos y mucho cariño. Me regala un librito que ha escrito para mí, una veintena de cuartillas con sus pensamientos. Y ya en el tren, leo: «La paz es lo más importante de la vida humana. Sin paz la vida no tiene sentido. La meditación es el mejor sendero de vida para todos. En este planeta estamos algunos días y partimos. Tenemos que servir a los otros y ganar la paz de la mente».

II

Incursionar en Delhi

Estoy en el corazón de la India, Delhi, y en el corazón de Delhi: Chandni Chowk. Quiero hacer una descripción detenida de este bulevar que seguramente es el más insólito del mundo y que, de algún modo, es en muchos sentidos el reflejo de la India misma.

Chandni Chowk es la avenida principal de la vieja Delhi. A lo largo del día fluye por ella una densa y abigarrada marea humana. A lo lejos se divisa el Fuerte Rojo. Desde las primeras horas de la mañana, cuando apenas el sol ha comenzado a despuntar, la muchedumbre va y viene por esta arteria siempre bulliciosa y congestionada, los cuerpos sudorosos se apretujan; huele a petróleo, a queroseno, a sudor, a inciensos de diferentes y penetrantes aromas. La variedad de gentes es apabullante. De golpe uno se ha trasladado a la India de hace siglos, aquella que, reflejada en las películas de aventuras, nos hacía soñar y anhelar un país de magia y de misterio. Nadie podría decir que nos hallamos en las postrimerías del siglo XX cuando se pasea por esta avenida y se extravía uno por sus tortuosas callejuelas adyacentes. Nadie podría siquiera imaginar ni sospechar este fabuloso e impactante espectáculo humano y vital que pone al descubierto una India ancestral que se engalana con sus tradicionales modos de vida.

Se nace, se vive, se sobrevive y se muere en Chandni Chowk. Este pintoresco bulevar, único en el mundo en cuanto a variedad de gentes y oficios, siempre ruidosos y de una explosiva vitalidad, sabio en dolor inmemorial y en desconsuelo, pero también en siempre renovada esperanza, es como un ventanal de continuo abierto al reto que representa la vida para millones de seres humanos, donde cada día el hecho de sobrevivir se torna una proeza y un desafío. Se trabaja duramente en la vieja Delhi y pasan por la avenida, constantemente, hombres de escuálido cuerpo, cargando como bestias, sin otro propósito que conseguir unas rupias para poder serguir malviviendo. No se mueren de hambre, sino de poco comer y de fatiga extrema y de amargura y de soledad sin límites.

Hacinamiento, suciedad, penosas condiciones de vida, febril actividad, sinfonía de toda suerte de ruidos, pestilentes chiringuitos, bicicletas y *motorickshaw* que sortean a los innumerables viandantes y *walahs* que pedalean hasta el extenuamiento para arrastrar con su bicicleta el carrito que transporta a dos o tres, o hasta cuatro, pasajeros. Sudan, boquean, los ojos desorbitados, las venas tan tensas que parece que en un momento fueran a saltar y quebrarse. Están aquellos que desarrollan una actividad frenética y los que se pasan el día tranquilamente en cuclillas, contemplativos e inalterados, como si el mundo se hubiera detenido o no les incumbiera. Están los que no dejan de hacer y los que nada hacen.

Millones de imágenes cambiantes que se suceden en una pantalla colosal para la que no cuenta el tiempo: Chandni Chowk, donde el escenario de la vida se presenta como un espectáculo a la vez fascinante y dantesco y ante el que ningún espectador occidental podrá permanecer indiferente. Hay algo de carnaval, de pesadilla, de irreal en la vieja Delhi y, a la vez, uno siente aquí la India con todo su poder, su multiformidad, su vitalidad de milenios, su contagiosa energía de supervivencia, su gloria y su decadencia, su alegría y su tristeza. Si bien Chandni Chowk es al principio un golpe brutal y desgarrador, como un violento e implacable *electroshock* que conmociona y desmantela las estructuras de la mente, pronto, si uno sabe abrirse y fluir, se torna un lugar para la sorpresa y el hechizo, para el encuentro con esa India que sabe vivir con su inquebrantable tesón, capaz de hacer concesiones a las costumbres de los tiempos, pero conservando sus tradiciones y peculiaridades.

La vida bulle y rebulle, anega y desborda en Chandni Chowk, así como en su enjambre de callejuelas saturadas de tienduchas donde se venden todo tipo de artículos. Caminar por los que son como tortuosos y débilmente iluminados pasadizos, que parten de Chandni Chowk, es una experiencia única e inolvidable. Hay una explosión de estímulos sensoriales de todo orden. El enfrentamiento con las numerosas faces de la vida, al desnudo y sin amortiguamientos, hace desfallecer a no pocos turistas. Es el libro abierto, sin componendas ni maquillajes, de la existencia humana, el dolor, las esperanzas, los afanes y frustraciones, las certidumbres y desvelos.

Como un testigo inexorable y silente, cerca de Chandni Chowk, está la Gran Mezquita. Paseando por toda esta intrincada urdimbre de calles y callejuelas, se produce un acercamiento íntimo y enriquecedor a las ancestrales maneras de vida de la Madre India. La vieja Delhi es multivariada y colorista, un caleidoscopio impresionante de gentes de todas las condiciones, credos y edades. Su arteria principal es Chandni Chowk. No es sencillo pasear por ella sin regatear y sortear a los indolentes que se apoltronan en sus aceras, los perros husmeantes y las imperturbables vacas, las carretas y los carromatos. Hay que estar alerta para no dejarse arrollar por los *ciclorickshaw* y las bicicletas, que efectúan asombrosas acrobacias. Si uno desea contemplar la gran representación humana, el mayor espectáculo del mundo, deberá situarse en el centro del bulevar, entre las dos calzadas. Es una posición privilegiada para contemplar, con algún sosiego, la profusión de imágenes, a cuál más sorprendente, que asalta nuestros ojos. Hay que levantar la vista y, minuciosamente, pasearla por las casas y casuchas de Chandni Chowk, muy antiguas, algunas desvencijadas, con grandes cartelones donde se anuncian toda clase de artículos. Tendrá uno ocasión de observar en los balcones a ancianos de insondables expresiones, niños semidesnudos y traviesos, mujeres que hacen esmeradamente sus labores domésticas. Hay algunas casas hermosas y sugerentes, que son pocas en contraste con las más sórdidas, que son muchas.

De repente, uno se encuentra, acuclillado en la acera, a un anciano de hermosas barbas blancas y mirada ausente, o al vendedor de caña de azúcar, o al quiromántico, o a una mendiga en la misma antesala de la muerte, o al limpiador de oídos, o al curandero que vende ungüentos malolientes y cuernos de rinoceronte y protectores anillos de armadillo. Cuerpos desnudos o semidesnudos, renegridos y fibrosos, arrastrando carretas con descomunales bidones; niños que se inventan sus propios y sencillos juguetes y corretean incansablemente entre los tenderetes; dignas mujeres con sus saris de un color vivo y llamativo, cabellos largos y azabachados, ojos de abismo, y un gran número de pulseras en la muñeca. Nadie como la mujer india ama tanto los adornos para su propio cuerpo; nadie como ella constela el eterno femenino, la energía cósmica que se hace mujer; el alma misma de la tierra india.

Aquí está todo el sabor y la enjundia de la India, en estos bazares y callejuelas de la vieja Delhi. El carisma de la India ancestral estalla en esta área de la ciudad, donde los olores más diversos nos embriagan o producen náuseas. Brocados, sedas, joyas, tapices, saris, objetos de latón... Tiendas y tenderetes, puestos y chiringuitos. Hay un curandero tibetano, semidesnudo, plácidamente sentado en el suelo, rodeado de pócimas y malolientes pomadas, profusión de amuletos, polvo de dentaduras de anfibios y reptiles, lagartos disecados y trocitos de ambos. Un grupo de limpiadores de oídos me agarran por el brazo, casi me zarandean, me hacen toda clase de ofertas, a cuál de ellas más económica, para higienizarme los oídos. Me muestran sus largas agujas faltas de la más elemental higiene y, aunque no cedo a su insistencia, me detengo a observar cómo limpian los oídos, deshollinándolos, manejando la aguja con soltura intimidante. Los barberos callejeros se emplean indolentemente en su oficio, charlan con unos y otros, y pareciera como si la navaja oxidada fuera a rebanar el pescuezo del cliente de un momento a otro. Hay un niño sin brazos, no llega a los cinco años de edad. Tiene los ojos hermosos, muy negros y brillantes. Hay un hombrecillo escuálido, exhibiendo las travesuras de un monito ágil y divertido, reclamando unas rupias por la exhibición. El calor es pegajoso y denso, y le hace a uno transpirar profusamente. Un adivino me asalta, me toma la mano y me pide que le diga mi signo astral. Me asegura que viviré un siglo y que moriré de un ataque al corazón. Tiene el cabello blanco, profundas arrugas surcan su ancha frente. Me exige cien rupias, pero se conforma con cinco. Me refugio unos minutos en la tienda de un perfumista. Me deleito oliendo los aromas más diversos. El mofletudo perfumista me mira detrás de sus lentes, sin impacientarse, pero tal vez ronda por su mente la pregunta sobre si me decidiré o no a adquirir cualquiera de esos perfumes.

Los peatones no cesan de pasar por este bulevar irrepetible, como tampoco las innumerables bicicletas y carretas. Huele a lentejas cocinadas, a mazorca asada, a desagüe y leña quemada. Estoy en el centro mismo de la vieja Delhi, donde los mogoles establecieron el Gran Bazar a mediados del siglo XVII. Seguramente, como en aquel entonces, la vida sigue desparramándose y palpitando en todas estas calles sucias y superpobladas.

La India siempre se empeña en sorprendernos; siempre está bien dispuesta a ello: una y mil veces, las que haga falta. Polimorfa, multivariada, escaparate inmenso de impúdicos contrastes, siempre se la ha calificado de insólita. Y lo es, creedme que lo es. No deja de asombrar que en medio del caos reinante en Chandni Chowk y sus alrededores, haya un hospital de aves, el único en el mundo como tal, regentado por jainas. Penetro en el recinto y asciendo por unas desvencijadas y desgastadas escaleras. En una de las plantas me encuentro con varias jaulas de grandes proporciones y en el interior de las mismas hay decenas de aves de todas las especies, todas ellas convalecientes. Las hay con una pata quebrada, o el ala rota, o el pico magullado. ¡Qué sinfonía ensordecedora de trinos y jorgeos! Charlo con el celador y me muestra todo el instrumental quirúrgico y también el quirófano. Hay un hermoso pavo real herido de muerte y al que difícilmente podrán salvarle la vida.

Cerca del hospital de aves se encuentra el Digambara Jain Mandir, un templo jaina de la secta digambara, los conocidos como «los vestidos por el viento», porque van desnudos, son muy austeros y observan hasta el límite las leyes de la no-violencia. En una de las celdas hay un anciano apergaminado y con los ojos velados por densas cataratas; está desnudo, como vino al mundo, como se irá a no mucho tardar de este mundo ilusorio. Uno de los votos jainistas es dejarse morir de hambre en las postrimerías de su vida. Este anciano está en ello y parece que lo lleva bien, pues hay mucha paz en su velada mirada.

Abriéndome paso entre la multitud, llego al templo hindú que hay al comienzo de Chandni Chowk. El espectáculo es formidable, casi increíble. Ningún pueblo en la tierra está tan sediento de santidad como el hindú, pero ningunto tampoco de conseguir los bienes —y cuanto más materiales mejor— de los dioses que el hindú. Ninguno tan inclinado al culto, a la adoración, al rito. Ningún pueblo, os lo aseguro, tan anhelante y codicioso de la Divinidad. En este templo, tal es la espesa multitud que amenaza con estallar sus muros, miles de manos se lanzan suplicantes hacia el fuego sacrificial y purificador. Huele a sándalo y a pétalos de flores, a sudor y manteca quemada. Se está celebrando la ceremonia, *puja*. Se ofrendan alimentos, flores, manteca clarificada y agua al Divino. El sacerdote encargado del rito, el *pujari*, hace girar la palmatoria de fuego alrededor de las imágenes sagradas y después ofrece la llama a las ansiosas manos de los devotos, que toman la energía divina y se la desparraman por la cabeza. Suena insistentemente una campana. Un gran número de hindúes de todas las edades desfila ante el sancta-sanctórum. Las mujeres llevan en sus manos cestitas con flores. Algunos, aun a riesgo de ser pisoteados, se sientan como pueden en el suelo y recitan salmodias, repiten mantras, se abocan a su interioridad y se abren a la Mente Única. También piden para que su hija encuentre un marido rico y con un buen estatus, para que la mujer se quede encinta de un varón y no de una niña, para que el negocio prospere o para que la persona enferma sane.

Hay miradas vibrantes, labios que suplican, ancianos que difícilmente pueden sostenerse sobre sus débiles piernas. Y ahí, junto al sanctasanctórum, estando pero como si no estuviera, mirando impávido e imperturbable, se encuentra el *sadhu*, con la túnica anaranjada bastante raída cubriendo su enjuto cuerpo, largas barbas, ojos intensos y casi intimidantes, muy erguido y a la vez suelto y relajado como un lirio, la semisonrisa en los labios, espectador sereno y ecuánime de los devotos que se apretujan en el santuario.

En contraste con la algarabía, el estruendo, el pandemónium, el agolpamiento y la desinhibición religiosa de los hindúes en su templo, los sijs, en el suyo (unos metros más allá, también en Chandni Chowk), guardan silencio, permanecen sentados rigurosamente y aquietados, serios, casi solemnes. Se trata de un templo llamado Durwara Sikh Ganj, que se halla allí desde que el último maestro sij fuera decapitado en 1675, por orden del emperador mogol Aurangzeb. Entro en la amplia sala. Se está leyendo el Gran Libro y se entonan hermosos cánticos sacros. Huele primorosamente. En las paredes hay pinturas con escenas de la vida de los distintos maestros de esta religión. Muchos sijs portan la espada, o la lanza o, cuando menos, el puñal distintivo de esta secta guerrera. Se me ofrece *parasad*, es decir, el alimento bendecido por Dios. Paseando por el interior del templo, de repente me topo con una báscula enorme y un buen número de sijs haciendo... ¿qué? Nada menos que pesando los kilos y kilos de rupias que el templo va recogiendo gracias a la generosidad de los devotos. Hay en la India templos que obtienen fabulosas sumas de dinero. Éste no parece quedarse atrás.

Continúo caminando hacia el final del bulevar. Visito la mezquita Sonehri y continúo apaciblemente, bajo un cielo encapotado que engendra un calor asfixiante, por Chandni Chowk, sorteando personas y vacas. Se me antoja un capricho. Me da por visitar los hotelillos, por no decir miserables y sórdidos hoteluchos, de la zona. Tal vez es deformación profesional como escritor de guías de la India. Ya me he alojado muchas veces en este tipo de malolientes y sórdidos recintos cuando no me ha quedado más remedio, o sea, un buen número de veces. Se requiere mucha ecuanimidad para no desesperar. Al calor insoportable se unen el olor de la orina, el catre desvencijado y las paredes desconchadas, un trapo renegrido que difícilmente puede ser concebido como la sábana, un ruido infernal y constante y los voraces mosquitos.

La bicicleta viene hacia mí, como un torpedo imparable. Doy un gran salto para escabullirme y choco contra un sonriente joven estudiante que se divierte con mi sobresalto. Me pregunta unas cuantas cosas y me habla de sus estudios, su familia, sus aspiraciones. Es un buen muchacho. Pasa una especie de jaula móvil, arrastrada a pedales, en cuyo interior son trasladados los escolares. El hombre que lleva el transporte es un anciano que a duras penas puede pedalear y tiene que bajarse al suelo y tirar como puede de la jaula, entre resbalones y caídas, desfalleciendo y volviendo a sacar fuerzas de flaqueza. Si ese día no cobra, nadie de su familia come; si cobra, su familia malcomerá y él tendrá unas rupias para adquirir *betel* con el que entonarse un poco.

Hermosa, sólida, desafiante y osada es la Jama Masjid o la Gran Mezquita, frente al Fuerte Rojo, que parece flotar en el aire cuando comienza a atardecer y los rayos del sol anaranjados reverberan en su soberbia arquitectura. Doy la vuelta alrededor de la mezquita. Me asaltan los guías espontáneos, los vendedores y los mendigos. Sí, los atardeceres en la vieja Delhi son de pura magia. Un sol enorme, ensangrentado, se va ocultando lentamente tras la Gran Mezquita, tiñendo de naranja toda esta zona de la ciudad mogol, Shabjanabad, con sus abigarrados bazares.

Amanece en Delhi, la capital de la India, un subcontienente con más de mil millones de seres humanos, desde las altas cumbres himalayas hasta el cabo de la Virgen, desde Maharashtra hasta la bahía de Bengala. Estoy en el país más diversificado del mundo, la gran abuela de Oriente a la que se refería Victor Hugo, la tierra de los yoguis, que es como un descomunal mandala en el que la búsqueda espiritual es difícil y donde es necesario alertar el discernimiento y la intuición. Se requiere mucha paciencia para introducirse místicamente en este gran mandala que es la Madre India y donde surgieron antaño grandes sabios, videntes, mahatmas, yoguis-alquimistas, los *dhyacholans* o señores de la Sabiduría perfecta, los *prajapatis* o custodios de la Verdad, los budas o grandes realizados, que han propagado el Dharma o Enseñanza, los *munimudras* o patriarcas del saber. Quiero captar, sondear, descubrir qué queda de todo este ancestral y elevadísimo conocimiento que se asegura es propio de la India. Quiero pulsar directamnte hasta qué punto se ha seguido perpetuando ese saber iniciático, esa sabiduría de lo Eterno. Y para eso, siempre que es posible, me entrevisto con un yogui, un eremita, un mentor, un sabio o un erudito. En Delhi he buscado, y mucho y, como he incluido en otros libros, he conseguido testimonios de gran valor.

He sosegado y afinado mi ente escuchando música sufí en la mezquita de Nizamudim. He reposado, abismado en mí mismo. Luego he comprobado cómo en un recinto varias mujeres locas trataban de ser sanadas por algunos oficiantes, supongo que mediante ritos e invocaciones. El aspecto de las mujeres era conmovedor, los ojos extraviados, los gritos lacerantes, los miembros rígidos como barras de hierro.

En innumerables ocasiones he visitado Delhi y en Delhi he entrevistado, como en casi todas las partes de la India, *sadhus*, eruditos, yoguis y mentores.

Hay más de cuatro millones de *sadhus* y renunciantes en este colosal país llamado India. ¡Más de cuatro millones! Muchos son nómadas o errantes otros permanecen en ermitas, junglas, desiertos o en las montañas. Una gran mayoría no tiene nada que enseñar y un elevado tanto por ciento de ellos son simples vagos, pordioseros, desocupados y vagabundean de aquí para allá viviendo de la caridad de los otros y divirtiéndose a su manera, asistiendo a ceremonias, grandes festivales y asambleas espirituales. Pero hay renunciantes serios y rigurosos, que han sido debidamente iniciados en una tradición o linaje espiritual, que se dedican a la meditación y el estudio, y que saben. Es imposible penetrar en el escenario de su conciencia y determinar la calidad de la misma, pero disponen de conocimientos fiables para la transformación interior. He perdido la cuenta de cuántos *sadhus*, *sannyasins* y monjes haya podido entrevistar para indagar en el Sentido, para explorar en lo que está más allá de las palabras.

Tomo una *motorickshaw*. El conductor es un hombre simpático donde los haya, con buen humor y alegría a raudales. Masculla palabras ininteligibles entre dientes coloreados vivamente por el *betel*, hace aspavientos infantiles y posee una habilidad extraordinaria para sortear todo tipo de obstáculos, desde un autobús a una vaca, desde un ciclista a una tambaleante anciana. No lo hace suavemente, sino con mucha brusquedad, pero con sagacidad, mientras mi incontrolado cuerpo va de un lado para otro, a punto de salir disparado del *motorickshaw*. Es como un juego y así hay que tomárselo para no desesperar. Como me ha dado un precio y no he tratado de regateárselo, quizá ésta sea su forma de mostrarme su alborozo y gratitud. Le he pedido que me traslade a la calle Sardar Patel. ¿Por qué? Porque allí se encuentra la sede de la más importante organización de *sadhus*. Sí, curioso, paradójico, casi absurdo. Una organización de *sadhus*, de los anárquicos, caóticos, ácratas y desgreñados *sadhus*, que siguen su propia ley y siempre han formado parte de lo que podríamos denominar la «contra-sociedad». Pero están organizados.

Un brusco frenazo hace chocar mi cuerpo contra el menudo conductor. Ríe de buena gana. Dejo las rupias en sus manos y, agradecido, me ofrece un *bidi* (cigarrillo indio). No comprende que pueda rechazarlo. Le doy una palmada en la espalda. Me encuentro en el 22 de Sardar Patel Marg, en el denominado Bharar Sadhu Samaj, un agradable edificio en una zona residencial de Nueva Delhi. Aquí, lejos de la bulliciosa vieja Delhi, me entrevisto con varios *sadhus* y monjes, pero el que más me llama la atención es *Swami* Chaitanyanand.

Es un hombre contradictorio, sí, lo es, no cabe duda. Me recuerda al señor Gurdjieff. Es abierto y expansivo, seguro de sí mismo, fortachón aunque no de elevada estatura. Ríe con facilidad, estalla en carcajadas con espontaneidad. Tiene ojillos vivaces, con un toque de perspicacia y picardía, y cabellos largos, frondosa barba encanecida, frente amplia, movimientos espontáneos y fluidos. No es afectado ni arrogante. Ciñe a su cuerpo las vestimentas anaranjadas propias de un *sannyasin*. Pertenece al linaje de los saraswati, ha conocido infinidad de *sadhus* y es monje desde hace muchos años. Me conduce a su habitación, tras haber tomado efusivamente mis manos entre las suyas. No es un santo: eso lo percibo al primer instante. Pero tiene muchos conocimientos. Le gusta el dinero, le atraen los bolígrafos elegantes, pero es un hombre desprendido, se ve que disfruta de la vida, que el carnaval existencial le divierte. Está distendido, no se contrae como otros monjes o maestros en su afán de fijar una imagen modélica ante el visitante. Está desbloqueado. Se sienta sobre su camastro y yo me siento en el suelo. A la primera de cambio mi grabadora se rompe y él estalla en sonoras carcajadas, como un niño. Me presta su grabadora y durante horas y horas le entrevisto. Dispone de vastos conocimientos sobre yoga, vedanta y tantra. Hace calor, un calor pegajoso, húmedo, casi insufrible.

Me dice:

—El yoga es práctico y yoga es la práctica. En eso estriba su belleza y su goce. Es el sutil goce del desapego de las cosas mundanas, con el corazón firmemente puesto en el yoga.

Le pregunto sobre el tercer ojo, el ojo de la intuición, y dice:

—El tercer ojo se abre cuando estamos totalmente absortos en la meditación y se hacen presentes tres factores: el estado sin tiempo, la ausencia de ego y la total ausencia de pensamientos. No hay ni pensamientos, ni ego, ni tiempo y, en ese estado en el que se dan estas tres ausencias y sorbeviene la visión penetrante, la intuición divina, se comprende el gran potencial que está latente, dormido en la conciencia.

Le pido que me hable del ego. Se expresa así:

—Según el vedanta podemos convertirnos en observadores del ego, ver lo que es y cuál es el verdadero Ser, el *atmán*, ver sus diferencias y distintas funciones. El *atmán* es no-nacido, autoluminoso, omniexistente, sin pensamiento, sin muerte. Permanece completamente separado. Hay que saturarse completamente del propio sí-mismo y así convertirse exactamente en un observador y entonces se ve muy claramente el ego y su funcionamiento. Permaneciendo en una actitud de desapego, se comprenden las diversas funciones de los procesos fenoménicos mentales y así ni perturban ni dañan. El vedanta dice que este mundo no te pertenece y que te desapegues de los sentidos para volver a ser el ser que siempre has sido, el *atmán* no-nacido. ¿Por qué te dejas perturbar por el ego, por el intelecto? ¿Por qué lo haces si tu verdadera naturaleza está separada de ellos en realidad? Deja de desarrollar el sentido del hacedor, el papel de actor. Actúa desapegadamente. Aunque el cuerpo y los sentidos están funcionando, delega, no estés allí. Sólo el Ser puro permanece. Cuando se comprende la futilidad del ego, de ese pequeño yo, entonces él no puede dañar. Es simplemente como un intermediario. El ego funciona como un intermediario entre la mente y el *atmán*, pero una vez que se logra estar completamente desapegado del intermediario, del ego, su función cesa y uno se satura completamente de su Ser, su *atmán*.

Nos sirven té una y otra vez. Graznan incesantemente los cuervos. Me habla de los *jivanmuktas* o liberados vivientes, de los más esenciales ejercicios para el gobierno de la mente, de la necesidad de superar la ignorancia mental y establecerse en la propia naturaleza real.

Nos despedimos con un abrazo y parto. Estoy otra vez en las concurridas calles de Delhi, ciudad que he llegado a conocer como la palma de mi mano. Cuando se me hace demasiado gravoso el gentío, el bullicio, el caos, paseo por los silentes Jardines de Lodi o por el Parque de Buda. En Delhi he conocido todos los estados de ánimo posibles. Me he exaltado, he gozado, he sentido vitalidad intensa y el mayor entusiasmo, me he desbordado de alegría y alborozo, me he sentido desenfrenadamente pletórico, ligero, con veinte años menos, saludable y muy consciente; en Delhi me he sentido confuso, atribulado, atacado por la soledad y la indecisión, hasta por la penumbra. En Delhi he ido de una a otra parte de la ciudad, he entrado en templos y mezquitas, santuarios y monasterios. He buscado, he sido como un sabueso en pos de la Sabiduría. Me han encontrado muchos anocheceres paseando por calles congestionadas o por avenidas vacías y he sentido a esa India que a veces duele, agrede. Cuando estamos enamorados de ella, pasamos por alto muchas cosas, muchas incomodidades, muchas estampas vitales desgarradoras e incluso el caos nos fascina y nos divierte, el desorden se torna aventura y el reto tonificante, experimentamos la desidia de los otros como una prueba que nos adiestra en la paciencia y en la ecuanimidad, pero cuando la energía del enamoramiento se atenúa por un momento, uno se siente fatigado, desbordado por un cansancio más anímico que fisiológico y en tales instantes, sí, hasta los enamorados de este país lo hemos sentido así, querríamos volver a casa e incluso una voz muy honda nos cuestiona: ¿por qué estoy otra vez aquí?

Un nuevo día. Me espera otro encuentro. De nuevo subo en la *motorickshaw*, pero me niego a limpiarme el rostro sudoroso con el trapo grasiento y maloliente que gentilmente me ofrece para ello el conductor. Y tampoco quiero beber de su botella de agua, por mucho que el buen hombre se empeñe y trate de convencerme. Y no quiero mujeres, ni hachís, ni cambiar moneda, ni ir a una tienda de uno de sus primos cuyos artículos son muy baratos. Quiero poder salir lo antes posible del atasco infernal en el que estamos metidos. No hay manera. Así que dejo el vehículo y sigo a pie. Se me acerca un hombre delgado y de piel muy oscura. Es masajista callejero. Trata de convencerme de que me vendría bien un masaje de aceite. Sólo veinte rupias; luego sólo diez; al final sólo cinco. Le regalo las cinco rupias, pero no quiero que me embadurne con un aceite negro, denso, pastoso y de un rancio aroma. No obstante, me agarra la mano y en su celo profesional comienza a darme un masaje en los dedos y en la muñeca. Y no suelta su presa, no la suelta. Tiro de la que es mi mano, pero él tira de ella como si le perteneciera más a él que a mí. Por fin viene otra *motorickshaw*, me encaramo a él y nos ponemos en marcha. Me dirijo hacia la sede de los llamados «Servidores de Dios», cuyo maestro se hace llamar Dadaji y fue el médico personal de Gandhi durante mucho tiempo.

Se va a celebrar un ágape sagrado. Allí estamos todos reunidos en una sala en la sede de los Servidores de Dios. *Chapatis*, lentejas, verduras..., todo bastante picante y especiado. Un ágape sagrado, sí, pero mi lengua se queja, mi estómago se rebela.

El que fuera médico personal de Gandhi ahora es un respetable gurú de avanzada edad. Entra en la sala, reverenciado por todos y por todos agasajado. Es alto, fortachón, prominente estómago, vestido con una túnica amarilla, el cabello canoso recogido en un moñete en lo alto, tez tostada, ojos vivaces a pesar de la edad. La barba es luenga y blanca como la espuma. Se le ve confiado en la capacidad de admiración, casi idolatría, que despierta entre sus seguidores. Tiene aspecto patriarcal y en cierto modo, aunque sea bien distinto, me recuerda a Lanza del Vasto en su ancianidad. Hablamos largamente, sobre la energía Kundalini, la evolución interior, la necesidad de la comida pura. Reina allí una atmósfera de catequesis, cierto aire entre sectario y dogmático, no me siento incómodo, en absoluto, la gente es amable y el hijo del gurú me da una foto de su padre cuando tenía veinte años menos. Exploramos enseñanzas sobre los estados de la mente. No puedo abandonar la sala sin hacerme una pregunta que ronda en mi cabeza.

—Usted conoció a Gandhi, fue su médico y su estrecho confidente. Desde el punto de vista de la evolución espiritual, ¿hasta dónde llegó?

Me mira, hace una pausa, y dice terminantemente:

—Era un gran hombre. Pero murió sin haber alcanzado la liberación.

III

Si hay un paraíso, es éste

Despuntaba el sol cuando yo estaba apaciblemente extendido en la *sikhara* (especie de góndola), deslizándome por las aguas asombrosamente tranquilas del lago Dhal, en Srinagar, en el estado de Cachemira. Era un amanecer hermoso y brillante, las montañas al frente y yo cruzándome con barcas cargadas de frutas, flores, tierra, mercancías. Daban comienzo los quehaceres cotidianos. A lo lejos, sobre la cima de una colina, estaba el templo del gran sabio Shankaracharya, como un testigo mudo, pero siempre alerta. Ya desde estas primeras horas de la mañana le abordan a uno los vendedores de todo tipo. Se enganchan con su *sikhara* a la de uno e insisten e insisten en venderte cualquier artículo. Son estas gentes muy dadas al cambio, al trueque, se entusiasman con todo lo occidental, pero se las apañan para nunca perder y siempre engañarte un poco y sacar beneficio. No hay cuidado de que pierdan, no. El canto del muecín avisa a la oración. En las orillas del lago, las mujeres se afanan en el lavado de las ropas y en la limpieza de su cuerpo. El pañuelo —los hay de todos los más vivos colores—

recoge su cabello a la manera cachemirita. Observo a las jóvenes de ojos profundos, más bellas que cuanto pueda decirse. Los patos cruzan impasibles ante la *sikhara*, fluyendo por el agua. Las aves remontan el vuelo. Este lago por el que me dejo llevar, escuchando la ensoñadora canción que brota de los labios de mi barquero, tiene cuarenta kilómetros cuadrados de extensión, recoge numerosas casas-botes (desde las más modestas hasta las más lujosas) y está enmarcado por atractivas montañas. Está próximo a Srinagar, la capital del estado y uno de sus extremos linda con otro lago: el Nagin. Miles de personas habitan en estos lagos. Muchas de ellas soportan una vida dificil, que era tranquila hasta que comenzaron hace años los problemas políticos y las reyertas bélicas y el terorismo. Disponen de una modesta casita y trabajan la tierra, día tras día, de padres a hijos y a nietos y a biznietos.

Me introduzco por los canales de vegetación frondosa, los rayos del sol se filtran entre los árboles, los pájaros salvajes, la risa de los niños. Una belleza extraordinaria. El barquero prepara un té y me ofrece una taza humeante. Saborea con voluptuosidad su pipa, me explica solícitamente la forma de vida de esas gentes y me habla de sí mismo: cincuenta años remando sin cesar, un poco fatigado, pero no desgraciado, sonríe como un niño y me ofrece otra taza de te, dulzón, empalagoso, especiado, como si fuera una sopa, e incluso me deja un sabor a azafrán y comino. ¿Será así? Insiste en que me tome una segunda taza y una tercera. No voy a defraudarle. Y se ríe mirándome de frente, como si sospechara que no me hace muy feliz ese caldo especiado.

Siempre se ha considerado Cachemira como un valle paradisiaco. Suena a tópico y se ha convertido en un tópico sin duda, pero es porque es una contundente realidad. Cachemira es un conjunto de lagos impresionantes, espesos bosques, sugerentes montañas. En las estribaciones del Himalaya, este estado de la India ha promovido toda clase de controversias y disputas. Indio para los indios, ansiado por los pakistaníes y anhelado como independiente por los cachemiritas. Por todo ello, se acantonan en Cachemira numerosos contingentes de fuerzas indias. Posee fértiles campos, fecundos y hermosos arrozales, noches de pura fantasia y más de diez millones de habitantes. Antaño fue tierra de sabios, eremitas y grandes místicos. Un gran río baña sus campos: el Jhelum. Y una historia densa y a veces alborotada, desconcertante y sangrienta, perfila el transcurso del tiempo en este valle que estuvo fuertemente influído por la cultura helénica y por el que mucho antes cruzaron los indoeuropeos, mezcla de razas y costumbres, cuna del más notable movimiento shivaíta.

Siri es uno de los nombres de la diosa de la belleza, Laksmi. Srinagar, la capital de verano de Cachemira, es una derivación de Siri. Construída, en parte, en las riberas del río Jhelum, rica en evocadores canales, con sus nueve puentes llenos de tradición, Srinagar es una ciudad muy especial, llena de colorido y vida, dinámica a pesar de los problemas y vicisitudes. Muy populosa (como casi todas las ciudades de la India), con población principalmente musulmana, dispone de bazares, callejuelas, mezquitas y costumbres que trasladan la fantasía a siglos pretéritos: casas antiguas de madera (¿cómo pueden milagrosamente algunas de ellas mantenerse en pie?), tortuosas calles, mujeres con el rostro cubierto, pero en las que se pueden otear unos ojos intensos y bellos, jóvenes muy atractivas asomadas a las ventanas y ventanucos, deficientes condiciones higiénicas, artesanos que trabajan con los medios de hace siglos; esos insuperables artesanos cachemiritas que trabajan como desde hace siglos el papel maché, la madera, las alfombras y los chales; bullicio, comerciantes que se empeñan en arrastrarte a su tienda, gentío entre el que destacan los que a sus espaldas transportan enormes fardos.

Paseo por las calles de Srinagar en busca de sus mezquitas, unas grandes y espaciosas, otras pequeñas y acogedoras. Si es viernes por la tarde, cientos de fieles musulmanes se reunirán a orientar sus corazones hacia la Divinidad. Mezquitas, sí, de los más variados tipos y estilos; cada una con su historia o su leyenda, su inspiración. Shah Hamadan, como una pagoda entre tártara y tibetana; Hazrat Bal, que conservaba como preciosa reliquia un cabello de Mahoma que fuera robado en 1964 en asombrosas e insospechadas circunstancias; Madani, con su estilo persa, orgulloso; Pathar Masjid, que por haber sido construída por una mujer provoca rechazo entre los musulmanes misóginos. Y Jama Masjid, con un gran patio central y una fuente, enormes salas para la oración, infinidad de columnas de madera. Hay una multitud de personas en su interior. Abandono el calzado y penetro en el patio. Han pasado años desde que visitara por primera vez Shah Hamadan. Quiero ahora ascender a su campanario, poder obtener una perspectiva de Srinagar desde la altura. Una escalera desvencijada, apenas iluminada, crujiente y complicada. Una paloma, sin descomponer la postura, parece dormir sobre los desgastados escalones. Reposa muerta. Desde el gran campanario, con la presencia de infinitas palomas, hay una vista excepcional sobre el patio, y luego Srinagar y, más allá, a un lado, la colina que se llama Hari Parbhat, coronada por un fuerte, y al otro lado, la colina con el templo de Shankaracharya. Srinagar aparece extraordinariamente bella, como de cuento, entre la vegetación y las montañas. Mi vista se pasea por el gran patio de la mezquita donde los hombres están a un lado y las mujeres al otro. Hay devotos en oración, ancianos de mirada ausente, rostro apergaminado, manos temblorosas. Las palomas remontan el vuelo, con soltura y elegancia indescriptibles, y quizá se dejen llevar por sus alas hasta cualquiera de los numerosos jardines de las afueras de la ciudad. Los jardines mogoles, ¿qué no sabrán ellos de amores furtivos, pequeñas historias, evocadoras leyendas?

Dejo que el atardecer discurra y me envuelva en el templo de Shankaracharya, sobre la cima de la colina. El espectáculo es excepcional alrededor de toda la colina, rodeando el templo, dejando que la vista se pierda en los lagos, los bosques, las montañas. Subo las escaleras de este templo de arquitectura medieval hindú, dedicado a Shiva y que lleva el nombre de Shankara en honor a este gran sabio. Los musulmanes, en la creencia de que el templo fue reconstruído por Salomón, lo denominan «el trono de Salomón». En su interior hay un gran *lingam* que varios jóvenes limpian minuciosamente. A la derecha del *lingam*, hay un tridente, que es simbolo de renuncia para los shivaítas, o sea de desapego, afán de trascendencia, desencadenamiento de todos los vinculos sociales. A la entrada del sancta sanctorum hay una gran campana que los fieles hacen sonar, como si quisieran así reclamar la atención de la divinidad del yoga. El gran Shiva, inmutable en su postura yóguica, fuerte, aguerrido e inquebrantable, la serpiente enroscada a su cuello, el tercer ojo en la frente, para ver más allá de las apariencias, de las contradicciones generadas por lo ilusorio, capaz de transformar el veneno en néctar.

Los peregrinos —muchos cubiertos con la túnica anaranjada, símbolo de renuncia— llegan esperanzados hasta el templo. Sopla una brisa suave, deliciosa. Un mendigo musulmán, ciego, suplica una limosna. A lo lejos se divisa una cometa en busca de la eternidad y parece como un gran pájaro de extrañas formas. Y me descubro a mí mismo repasando las enseñanzas de Shankara. La multiplicidad es la *maya*, la ilusión, el engaño, lo fenoménico. La Unidad es la última realidad, el rostro de la luz, la liberación.

Encuentro con un *sadhu* errante

Es un hombre alto y corpulento, cubierto exclusivamente con el *langoti* (especie de taparrabos), un prominente estómago, y el cabello, lacio y totalmente encanecido, que le cae sobre una amplia y fornida espalda. Su ancho rostro está adornado por una espesa barba, que casi le alcanza hasta los ojos. Imperturbable, en la postura del loto, un amuleto destaca entre el espeso bello de su potente tórax Con voz persuasiva dice:

—Aunque no nos demos cuenta de ello, hay muchos planos de existencia. Todos coincidimos en algunos planos debido a determinados aspectos de nuestro ser, pero en otros estamos considerablemente distanciados. La mente tiene sus grados o niveles, ¿sabe? Hay una mente universal e infinidad de mentes individuales. Tan sólo la mente universal se encuentra en un plano incondicionado. Las mentes individuales permanecen en planos relativos y sólo alcanzan el plano absoluto cuando, totalmente desarrolladas y purificadas, conquistan la mente universal.

Y hablamos y hablamos y hablamos: de la realización para integrar el yo individual en el Alma Cósmica, de la unidad primordial, del deseable silencio de la mente, del ser esencial que mora en todos nosotros y cuya voz desoímos por ignorancia y apego.

—La práctica del yoga es muy necesaria —asevera— pero cada persona debe saber encontrar su camino y, sobre todo, esa autoridad, ese instructor que todos llevamos dentro. Despertemos nuestros poderes internos, saltemos de la servidumbre a la libertad, abandonemos los objetos sensoriales para saber de la luz que hay en nuestra naturaleza. Somos conciencia pura y lo sabremos cuando seamos dueños de nuestra mente, cuando hagamos de toda nuestra vida una experiencia expiritual en busca de la realidad, cuando trabajemos integralmente sobre nosotros mismos, ya sea peregrinando, como hago yo, ya sea en una ermita o en una gran ciudad. Dondequiera que estemos, la unidad está con nosotros, esa unidad es nuestra eterna unidad, motivo y meta de nuestra búsqueda, respuesta a nuestra llamada, impulso para encontrar la seenda que nos conduzca a la perenne libertad a la que todos tenemos derecho si somos honestos y amantes de la verdad.

Su cuello es fuerte y grueso como el de un búfalo, su voz convincente, pero no altiva. Me pareció un patriarca, manifestación de la India antigua. Me ofreció palabras de vida y consuelo y, cuando nos separamos, me percaté al instante de que ni siquiera le había preguntado su nombre, pero sus palabras estaban grabadas, ya, en lo más profundo de mi mente.

Entre praderas, bosques y valles

En los meses de las lluvias, del monzón, Cachemira es un verdadero vergel. Parto para Martand muy de mañana, casi al empezar a despuntar el día, después de haber ingerido un té muy cargado y dulzón. No me creo capaz de desayunar a la manera cachemirita: *parathas*, lentejas con yogur, y demás.

La carretera no es de las peores. Además, el paisaje es lo suficientemente atractivo como para no estar pendiente de la manera nada ortodoxa de conducir de mi joven y apuesto conductor, de llamativos ojos claros y perspicaces. Ojos elocuentes, sí; sonrisa afable y agradable carácter, mientras no deja de entonar románticas canciones de Cachemira; eso sí, el cuerpo ladeado, más mirando para atrás que para adelante, como si pretendiera escabullirse de repente por la ventanilla, siempre por en medio de la calzada hasta segundos antes de colisionar con el vehículo que viene de frente. Es habilidoso, pero siempre pende de un hilo. Cortaría la respiración a cualquier jovencita... y también a las menos jovencitas. Rie. La sonrisa está en sus labios con la misma naturalidad que el mirlo está en la rama de un árbol.

Los arrozales son soberbios y resultan sedantes. Las montañas se perfilan a la izquierda y luego aparecen al frente. Las mujeres caminan muy erguidas, una pesada carga sobre la cabeza. De vez en cuando adelantamos alguna *tonga* (tartana). Una serie de bidones pintados de blanco sirven de mojones en la carretera. Los niños venden manzanas de saludable aspecto. En el valle y en la falda de las montañas aparecen típicos poblados. En las charcas hay patos. Los agricultores trabajan en el campo desde las primeras horas de la mañana por un puñado de rupias como jornal; las lluvias, el frio, las cosechas que se malogran.

Me dirijo hacia Martand y de paso visito Awantipur, en ruinas, testimonio para los habitantes del lugar de que Alejandro Magno pasó por allí en su larga marcha hacia el interior. En el siglo IX, un rey llamado Avantivarman, hizo edificar una ciudad que denominó Awantipur. Poco queda de ella, pero las ruinas no carecen ni mucho menos de interés. Dos templos habían sido construídos: uno en honor de Shiva y otro en honor de Vishnú, ambos en el estilo típico de la arquitectura medieval hindú y ambos fueron expoliados por uno de los reyes musulmanes más crueles e intolerantes: Iskandar.

Gratificado por las bellas vistas y las susurrantes canciones del joven conductor, alcanzo Martand. Me había dejado una impresión muy especial años antes cuando durante horas conversé con un *sadhu* viejo, pero lleno de excelente humor, que había compartido sus *chapatis* conmigo. El recinto exterior del templo aparece muy concurrido. Multitud de militares que contrastan hasta donde no cabe imaginar con los numerosos *sadhus*. Uno de ellos, de edad imprecisa, grueso y sonriente, me llama desde su jergón.. Me insta a que me siente a su lado y me ofrece una manzana. Me sonríe, le sonrío, y no nos decimos palabra. Mueve la cabeza como el péndulo de un reloj. Le obsequio con un caramelo y con un bolígrafo. Mueve entonces la cabeza con más brío, debe ser su forma de agradecer mis obsequios, y me ofrece otra manzana y otra sonrisa y no deja de mover la cabeza, como sólo saben hacerlo los indios, acha, acha. Ese movimiento de cabeza, según su ímpetu, su vaivén, su desplazamiento, quiere decirlo todo para quien lo comprenda: descontento, agrado, agradecimeinto, ira, bueno, sí, no, ya veremos, déjalo... La expresión de los ojos también cuenta. Una cabeza que baila y unos ojos más o menos expresivos.

En las fuentes y estanques del templo hay centenares de peces. Se les ve gruesos, bien alimentados. Son tenidos por sagrados y están acostumbrados a recibir alimento de los devotos; le siguen a uno en cardumen cuando camina por el borde del estanque. Hay *sadhus* de todas las clases: apacibles, huraños, casi noños, con aspecto milenario por su ancianidad, de presencia noble, otros con expresión de pillos redomados. Uno de ellos me impresiona vívamente. ¿Qué edad puede tener? Nadie podría saberlo, pero seguramente es joven.Está muy demacrado y sus miembros son largos y enflaquecidos. De lacios cabellos rubios, ojos tiernos y de ausente mirada, es bello, sí, bello en su aspecto infantil, desaliñado. Se le ve entre seguro y desamparado. ¿Cuál es su nombre? No tiene. ¿De qué lugar es? Del mundo. Pertenece a la secta Rama-Sita. ¿Qué busca Nada, excepto a sí mismo. Le observo con detenimiento. Este *sadhu* no es un profesional, ni un bribón ni un embaucador. Tal vez un loco... de Dios. Como Ramakrishna, como los anacoretas de la Tebaida, de Nitria, de tantas partes, ávidos de trascendencia y de respuestas interiores. Se apoya sobre la muletilla clásica de los *sadhus*, aunque pocos disponen de ella. Les sirve para apoyarse durante la meditación, para abandonarse sin desplomarse. No habla, está sin estar. Los celadores del templo velan por él. Quiero fotografiarle, profanar su imagen con el objetivo, disponer de un recuerdo tangible de él. La negativa de los celadores es rotunda. ¡No, no y no! «Le daría unas rupias —me atrevo a decir. Quiero ayudarle materialemente». Uno de los que están a su lado dice: «¿Y para qué quiere él sus rupias?» Sólo vive de té. ¿Necesita siquiera una rupia?». Escuálido, murmurando mantras, no sabría describir la expresión de su rostro. Y le estoy mirando cuando uno de los sacerdotes del templo me engancha del brazo y empieza a pedirme la inevitable donación. Ni tan sólo pide sino que exige. Bajito, saltarín, impertinente y malencarado, pasa su factura, implacable, con su media docena de palabras en inglés.

Tomamos la carretera hacia Pehalgam. Otra lleva a Anantnag, ciudad que sigue en importancia a Srinagar, con sus baños de aguas sulfurosas denominados Serpiente Ananta o Serpiente de la Eternidad. Sobre una colina, llamativamente suspendido casi en el aire, hay un pueblo musulmán, que destaca a la derecha de la carretera, pintoresco, inolvidable. Es célebre su santuario, frecuentado por *sadhus* musulmanes, que también, aunque en menor número, los hay. Atravesamos el valle Lidder, entre abetos, una impresionante garganta y el clima más fresco y aun más puro el aire.

Pehalgam es uno de los lugares más bellos de Cachemira. Es una estación de reposo y recreo, de maravillosos bosques, el río fluyendo entre las montañas, hotelillos de distintas categorías, venidos a menos por las hostilidades bélicas, y un pequeño y atractivo pueblo lleno de tiendas y tenderetes, por el que pululan, entre sus habitantes, los *sadhus* y algunos hippies. Desde la mezquita, inmersa entre los bosques, cerca del río, surge el lamento del muecín, que se propaga entre las montañas. Hay decenas de poneys, y la insistencia india (¡Dios mío, qué insistencia!), para que el visitante, quiera o no, se sirva del simpático animal.

Pegalham y Gulmarg son el orgullo de los cachemiritas y lugares preferidos de vacaciones para muchos indios. Me encuentro con varios curanderos, que me ofrecen sus servicios. El turbante de color en la cabeza, el hatillo con las pócimas al hombro, sabedores de trucos, que ofrecen aceites, masajes, maravillosos perfumes.

En las afueras del pueblo diviso una multitud que está en corro. Estas multitudes no pueden sorprender en la India. Se forman con cualquier motivo, con el más insignificante de los pretextos. Me aproximo y contemplo el curioso espectáculo. Un hombre, con gran aparato teatral de gestos y muecas, exhibe sus facultades que consisten en clavar punzones en la carne de su vientre y en ingerir las rupias que le entregan, ayudándose de grandes sorbos de agua. Después, saca algunas serpientes de un gran tarro de cristal y se las pasa por el cuerpo. Por último, ante la sorpresa de todos y después de haber ingerido numerosos billetes de rupia, extrae otra serpiente del tarro de cristal y, mediante un movimiento lento y teatral, la ingiere. A continuación se exhibe ante la concurrencia, durante minutos, yendo de aquí para allá, pero siempre presionándose el lóbulo de la oreja izquierda con la mano izquierda y presionándose una zona del estómago con la derecha (¿una especie de digitopuntura o es que esa presión impide el paso al estómago de lo ingerido?). Finaliza el número, entre grotesco y asombroso, vomitando el agua, las rupias y la serpiente que previamente había ingerido. Este número para conseguir unas rupias era nuevo para mí, a pesar de los muchos de faquirismo o pseudofaquirismo que he tenido ocasión de observar en mis recorridos por la India y que pueden resultar a cuál más insólito.

Pehalgam es un centro de reunión de miles de *sadhus* en agosto. Los hay por todas partes, sobre todo en los alrededores del templo hindú. Se hallan todos de paso para Amasrnath (a una altitud de 3.895 metros), donde, en la garganta de un glaciar himalayo, se encuentra la cueva sagrada de Shiva, que conserva un gran *lingam* natural de hielo. *Sad-*

hus, peregrinos, penitentes y devotos peregrinan durante algunos días para poder alcanzar este fascinante lugar donde puede ser adorado el *lingam* de Shiva, la divinidad del yoga, la que destruye para construir, impávido y sereno, sin dejarse jamás implicar en los juegos de la Shakti, la ilusión. Él permaence. Él sabe estar, pasivo en su actividad, yogui perfecto, imperturbable sabio, pero a la vez lúbrico, frenético en su borrachera cósmica y en la danza que crea y recrea los vastos espacios siderales.

Hay una legión de *sadhus* de todas las sectas, de todas las clases, de todas las edades. Algunos, pintados como payasos de circo; otros, dignos y autoconscientes; muchos, grotescos, aspecto de pillos, burlones; los hay que meditan, que se funden con lo Inefable; los hay que fuman cantidad de hachís u otras sustancias, beben y se autodesacralizan. Y entre ellos, algunos jóvenes occidentales, tan descuidados y desgreñados como los mismos *sadhus*, sólo reconocibles por su tez más blanca, sus ojos claros o su cabello rubio. Y allí, cerca del templo, entre *sadhus* que no inspiran ninguna admiración, sino más bien rechazo (ebrios de *bhang*, obscenos, hasta desagradables), un español que vive desde hace muchos años en Alemania y que, según dice, viene todos los veranos a peregrinar junto a los *sadhus*. Ojos neblinosos, sonrisa congelada, expresión ausente. Se llama Miguel y le pregunto:

—Tú que tantos años llevas tratándoles y conviviendo con ellos, ¿cuántos *sadhus* hay honestos?

—¿Tú lo sabes? —me pregunta a su vez, con la voz casi en un susurro.

Mi respuesta es abrupta y categórica:

—No.

Y su conclusión es poco esclarecedora:

—Pues yo tampoco.

Y uno de los *sadhus*, desnudo, traza una postura yóguica de meditación y se estira como si quisiera alcanzar el cielo con la cima de la cabeza. Pero sus ojos, su sarcasmo, su expresión, me dicen que está más cerca del infierno.

IV

La ciudad de la noche espantosa

Calcuta, una ciudad que resiste y resiste en su larga, inmensa, desenfrenada agonía; que lucha denodadamente por sobrevivir; que es reflejo de dolor en todas sus formas; que tiene los problemas más graves que imaginarse pueda. Calcuta, una ciudad con veinte millones de habitantes y cuya población puede duplicarse en dos décadas, castigada por el hambre, las inundaciones y las epidemias a lo largo de su historia; la ciudad de la noche espantosa en palabras de Kipling, para muchos el agujero negro de la India, para otros la ciudad inevitable e invariablemente desahuciada. Y, sin embargo, Calcuta es una de las ciduades más importantes de la India, capital del país hasta 1911 y ahora la capital del estado de West Bengala, industrial y económicamente relevante, con un considerable historial político, frenéticamente activa, tierra de grandes intelectuales y místicos, artistas y reformadores. Una ciudad compleja, todo un mundo que hierve, que se agita. ¡Cuántas veces habré estado en ella! Y hay un yo en mí que la ama desde lo profundo y se comunica con ella, si bien otros yoes la rechazan por lo que tiene de crudo, doloroso y tal vez durante siglos irreparable. Pero es que el estado de Bengala ha sabido siempre, como ningún otro, de la miseria, el hambre y la adversidad. Baste recordar con dolor la ola de hambre que tuvo lugar en 1943 y que causó la muerte de más de cinco millones de personas. Las cosechas malogradas, la violencia de las inundaciones, las secuelas de la guerra y otras circunstancias adversas crearon la peor situación por la que haya pasado el estado bengalí. Los enfermos eran abandonados y algún padre llegó a sacrificar a su hijo para evitarle el terrible dolor de la muerte por hambre; se comían perros y gatos y decenas de personas cayeron muertas en plena calle. Los niños eran abandonados a la puerta de las casas más acomodadas. Hubo cadáveres que sirvieron de alimento a chacales, perros e incluso vacas. Sin casa, sin ropa, sin comida, con la ayuda insuficiente de las instituciones de caridad y las inundaciones provocadas por el monzón, la situación resultó insoportable y sobrevinieron millares de muertes por pulmonía, neumonía, cólera y malaria.

Y vuelvo a Calcuta una y otra vez. Y no dejo de hacerlo porque en ella todo es aprendizaje y porque además es una de las ciduades más singulares de la India, y del mundo, no por su fisonomía, sino por su variedad de gentes, de costumbres, por su colorido, por su ingente esfuerzo por sobrevivir, por sus contrastes de proporciones gigantescas. Calcuta es Calcuta, un foco de resistencia humana prodigioso, un escenario escalofriante de conflictos, vicisitudes y penurias; un ejemplo viviente de cómo millones de personas logran sobrevivir con una resistencia a toda prueba, encomiable y que a la vez le deja a uno más que perplejo. Pocas ciudades, muy pocas, constelan tantas dificultades para vivir y seguir viviendo. Por fortuna en algo ha mejorado desde que yo la visitara por primera vez en 1972, en pleno monzón desenfrenado, cuando las calles eran un vertedero de basura y había decenas de campamentos de los refugiados por los conflictos entre India y Pakistán. Aquella época terrible para la ciudad, donde mi amigo, el jesuita Pedro Ribas Espasa, atendía como podía a los refugiados y tenía a veces que meter en sacos los cadáveres de los niños. Es la ciudad de la congestión y el hacinamiento, tanto es así que un antiguo dicho reza: «Si ves pasar un avión del que va gente colgada, es que procede de Calcuta».

Esta ciudad por la que tanto he callejeado, hasta la extenuación, cuenta con quince mil *rickshaws* tirados a mano y cuyos *wallashs* se ven obligados a ingerir hachís para superar el enorme esfuerzo. Tras una década de atroz trabajo quedan heridos de muerte, con los pulmones desgarrados y el corazón roto. Hay varios millones de desempleados y todavía más de un cincuenta por ciento de analfabetismo, con cientos de miles de personas que tienen que trabajar dieciséis horas diarias y que viven a decenas de kilómetros de la urbe, y todo ello por un miserable sueldo. Cien hospitales con un déficit acongojante de camas y problemas sanitarios apabullantes, habitaciones donde se alojan una decena de personas, grandes montones de basura en los que husmean los perros y a los que se agarran los cuervos, que son recogidos por hombres semidesnudos y sudorosos, que se sirven de palas o de sus propias manos. Con una densa, espesa, comprimida, irresolube superpoblación, el tráfico se congestiona a determinadas horas de tal modo que no se avanza ni un centímetro y las multitudes en las calles principales son una verdadera riada humana, más compacta de lo que uno pueda imaginar. Los tranvías son como carruseles heridos de muerte, de los que cuelgan, en horas punta, los cuerpos tensos y que sudan a ríos. Gente, gente, gente. Grandes colas ante los cinematógrafos, ante las bocas del metro, ante los mercados y templos. Aquí el resto del mundo se detiene, se suspende, no existe. Es la gran urbe bengalí combatiendo denodadamente por sobrevivir a toda costa, como lo hiciera desde décadas atrás, sin tregua, sin descanso, sin pararse a pensar, en la acción inacabada de una extremadamente difícil supervivencia.

Se agolpa la multitud a la entrada de los templos para asistir al culto y abrir su corazón a Durga. El hacinamiento es endémico en Calcuta. No hay intimidad y decenas de miles de personas se ven obligadas diariamente a asearse en las fuentes callejeras. No hay más que un retrete por cada seis personas, quizá por cada veintena. Y la densa muchedumbre siempre está presente. Me he desplazado hasta el mercado de las flores y resulta imposible dar un paso. Cuerpo contra cuerpo, codazos y el arte de escabullirse entre la espesa masa. El colorido mercado de las flores se encuentra cerca del enorme puente que es el Howrah, que atraviesa el Ganges, y no lejos del mismo la miseria alcanza grados indescriptibles. Ya sea en tubos de uralita, en misérrimas chabolas o bajo un improvisado techado de periódicos o trapos sucios, habitan muchas personas en la más pavorosa indigencia. No lejos de allí, a la orilla del río Hooghly (que es el Ganges estrechado en Calcuta), me siento a conversar con un grupo de hombres, empedernidos fumadores de *bhang*, ojos vidriosos y de expresión vacía, rientes, intentando que yo también pruebe su mezcla. Y más allá, en las aguas del río, las mujeres lavan sus cuerpos y sus ropas. También cerca del río está uno de los crematorios de Calcuta. La leña es demasiado cara para muchas familias y el cadáver, por falta de combustible (hay que ahorrar forzosamente en la leña de la pira), no llega a consumirse por completo. Pero ¿qué importa ya eso? Es más fácil morir que vivir en Calcuta, a pesar de que en los últimos años las condiciones de vida, al menos en apariencia, parecen ser menos trágicas y, sin duda, la ciudad, en sus avenidas principales, se presenta algo más aseada. De todas formas, casi todas mis llegadas a Calcuta, y no han sido pocas, me han presentado abruptamente, como un golpe brutal, alguno de los rostros más amargos de esta caótica metrópolis, que sin embargo se hace amar. Nunca, claro, nada como aquel espectáculo dantesco que tuve ocasión de contemplar bajo un espantoso monzón: la Calcuta esquilmada por el conflicto indo-pakistaní. Las aguas, tras no dejar de llover ininterrumpidamente a lo largo de varios días, habían anegado las zonas bajas de la ciudad y llegaban hasta la cintura, mientras un tercio de la ciudad estaba totalmente semiderruido. Cientos de lisiados ya mendigos pululaban por las calles principales. Visité áreas donde viven los parias y hasta la palabra miseria se convierte en un eufemismo para describir la forma de vida (más vale decir de muerte) que miles de seres humanos se veían obligados a llevar. Recordé las palabras que días antes un bengalí me había dicho: «¿Cómo puede temer la muerte aquel que no hace otra cosa desde que nace?». Así, no es de extrañar los miles de suicidios que se producen de gente que, desesperada, salta desde el puente Howrah. Eso fue la primera vez que llegé a esta ciudad, en tanto que la segunda vez, un hombre joven, de apariencia noble, mirada digna, fuerte en su dolor, caminaba por una amplia avenida con su hijo de pocos años de edad muerto entre sus brazos. Impresionaba la imagen de aquel hombre confundiéndose entre la multitud, con su hijito inerte apretado contra su pecho, viviendo su propia tragedia dentro de la descomunal tragedia de Calcuta. Y minutos después, la contemplación de un cortejo fúnebre: cuatro hombres transportando sobre sus hombros, en unas rústicas parihuelas, el cadáver de una mujer cubierto con un lienzo sobre el que había flores. Caminaban despacio, con varias personas tras ellos, en dirección al crematorio. Y otra vez que llegué a la inmensa urbe bengalí, en plena calle, al mediodía, un hombre que estaba mendigando de repente cayó muerto como un muñeco de trapo. Murió solo, desamparado, entre miles de piernas que cruzaban a su lado.

Sucede que la gran ciudad atrae a muchas gentes del campo que equivocadamente piensan que allí vivirán mejor. ¡Si supieran lo que les espera! A las condiciones de vida, extremadamente difíciles, hay que añadir las implacables mafias y el desempleo y la falta de sanidad y las hambrunas. Mi amigo Sautimoy, un brahmín, me ofrece algunos datos: hay cuatro ratas por habitante que devoran el diez por ciento de los alimentos del Estado; miles y miles de personas que toda su vida vivirán en la calle, donde morirán. Buena parte de las viviendas carecen de agua corriente y un tanto por ciento enorme de habitantes de la ciudad comerá toda su vida *chapati*, arroz, sal y pimienta y, con un poco de suerte, también maíz hervido con agua y sal. La alimentación es a todas luces insuficiente. Y aunque las castas, como en toda la India, han sido afortunadamente abolidas, de hecho siguen existiendo. Mi buen amigo Santimoy se casó con una chica de casta inferior y después de la boda, su abuela, suplicante y sollozando, le rogó que enseguida la llevara hasta el río sagrado, para bañarse en él y purificarse. Después, jamás la anciana mujer habría de visitar la casa de su nieto, ni nunca llegó a perdonarle. Las castas siguen palpitando bien vivas y son una verdadera lacra en la sociedad india. Entre tanta miseria, hay familias de una riqueza incalculable, que viven en esplendorosas mansiones y acumulan joyas y piedras preciosas como quien colecciona cromos.

Sólo, aun hoy en día, un cinco por ciento de los matrimonios son por amor. La mayoría son de conveniencia, elegidos por los padres de los que se van a desposar. Como casar a una joven requiere mucho gasto, la inevitable dote y el tener así que endeudarse de por vida con el usurero, casi todas las familias prefieren hijos varones. La mayoría de las mujeres, y sus esposos, claro, están obsesionadas con quedarse encinta de varones que se ocupen de la familia. Hasta que la joven desposada no está embarazada, la madre no bebe agua en casa de su hija ni el padre come arroz; es una costumbre propia de este estado. Tener hijos se convierte en una prueba de hombría para el varón. Por todo ello cualquier intento de educación para el control de la natalidad ha fracasado en la India, pues sólo lo siguen las familias acomodadas, que son precisamente las que menos lo necesitan. Las mujeres piensan que cuantos más hijos tengan, más atado tendrán a su marido; los hombres piensan que a mayor número de hijos, más posibilidades de que alguno de ellos se haga cargo de él en la vejez.

Una de las veces que llegué a Calcuta había huelga general. La perspectiva de quedarme tres días en el aeropuerto era desoladora. Quería volver a ver a la madre Teresa, a quien no veía desde muchos años atrás. Por fortuna, pude meterme en un microautobús y rogarle que me llevara como fuera al centro de la ciudad. Así se hizo y a una velocidad verdaderamente endiablada, fuimos cruzando por las calles desiertas de la ciudad, hasta que fui depositado en la avenida principal, Chowringhee. Pasé después por toda la zona de las callejuelas adyacentes, visitando agunos hoteles misérrimos, y yendo finalmente a dar, en otro lado de la ciudad, a uno en Circular Road, enfrente de la sede de la madre Teresa. Trabajé un par de días en su dispensario y tuve constancia plena de que lo que una monja hacía con precisión formidable en su trabajo era lo que hacían una docena de voluntarios; o sea, que los voluntarios estaban allí, como ya dijera Teresa, no para ayudarla a ella, sino para ayudarse a sí mismos. El ambiente era muy cordial y entrañable, tanto con las eficientes monjas como con los voluntarios. Cada uno hacíamos una labor y la mía fue la de untar pomada en el esquelético cuerpo de un anciano encantador que tenía sarna y picores insufribles. Uno de esos anocheceres, volví a estrechar la mano de Teresa entre las mías, después del oficio de la misa, que ella vivió, como era frecuente en ella, arrebujada en un rincón de la capilla y sentada en el suelo. Me acompañaba mi gran amiga y profesora de yoga Isabel Morillo, y la madre Teresa experimentó una gran simpatía hacia ella desde el primer momento. Esos días, mi amigo Alberto me presentó al músico y formidable guitarrista Chema Vilchez, con quien habría de nacer una estrecha amistad. Él sería quien, inspirándose en mi relato espiritual *El Faquir*, haría un disco fantástico al respecto.

Siempre me ha gustado mucho callejear por todas las ciudades indias y Calcuta nunca ha sido una excepción. Chowringhee es una vía principal y parte de ella bordea el gran parque Maidam, el respiradero de la polucionada Calcuta. Si uno la sigue hacia abajo puede llegar hasta el Fuerte Williams y el río Hooghly y, si se sigue hacia arriba, se alcanza la plaza de Dalhousie y después la llamativa mezquita Nakhoda, con sus dos elevados minaretes y sus veinticinco sólidas columnas. Pues bien, paseo incansablemente por esta gran avenida y me introduzco en sus callejuelas adyacentes. Hay edificios coloniales en pobre estado de conservación y cines que exhiben enormes cartelones, y numerosísimas tiendas y tenderetes cuyos propietarios se abalanzan sobre uno para convencerle de que penetre en su tienda a mirar objetos. Los mendigos le siguen a uno con insistencia irreductible, durante horas, y se le cuelgan del brazo o se interponen en el propio camino. Debe de haber sin duda cierta mendicidad organizada y así, cuando unos mendigos te abandonan al llegar al límite de su distrito, otros implacablemente te asaltan enseguida. Hay calles y callejuelas, un olor denso, casi saboreable, mujeres lavando prendas en las fuentes públicas, carteles que aconsejan: «Ayúdenos a mantener limpia Calcuta». En ocasiones, se lee alguna consigna comunista sobre una pared. Hay coolies exhaustos, de paso veloz, el cuerpo hecho un charco de sudor. Un niño sin piernas y sin brazos sostiene la escudilla con los dientes, entre la muchedumbre, reclamando unas monedas. La gente duerme o vagabundea bajo los soportales. Con todas sus máscaras de dolor, risa, llanto, amargura, felicidad, la vida fluye, hierve, se desborda en las calles de Calcuta. Los taxis, similares a escarabajos de acero, renqueates, hechos un desastre, se agolpan en las calles y pitan sin cesar cuando están libres para llamar la atención de los transeúntes, invitándolos a subir.

Hay hombres que caminan cargados como bestias, tambaleándose, el rostro desencajado por una fatiga de muerte. Abundan los vendedores ambulantes. Unos ofrecen bellas ramitas con flores; otros, lunares artificiales para embellecer el rostro, frituras de todo tipo u objetos muy diversos. Con minuciosidad y hasta con amor, el limpiador de oídos, por pocas rupias, atiende a sus clientes en la acera, y en la acera, colocado en cuclillas, puede aparecer el encantador de serpientes para sorprender al turista, y los vendedores de limonada que vociferan ofreciendo la refrescante bebida. También hay vendedores de agua y los que tras una balanza, por un par de rupias, te pesan en plena calle, y los barberos callejeros.

Una anciana vende arroz cocinado y pude observar que los escasos granos que le caían al suelo eran recogidos, de entre los excrementos de animales, por un niño que los devoraba con frenesí. Una bella mujer, aunque sucia y desharrapada, era despiojada por dos niñas, seguramente sus hijas. Una abigarrada muchedumbre. En algunas arterias, el ruido es ensordecedor. Un niño te agarra familiarmente del brazo, sonríe deliciosamente y te pide unas monedas de tu país, sellos, un lápiz o cualquier otro recuerdo insignificante, pero valioso para él.

En la calle se practica la medicina popular y, en la calle, el sacamuelas ejerce su oficio, así como el masajista, el sanahuesos y el bordador. El curandero, sirviéndose de un cuenco, hace sangrías con minuciosidad, y el «preservador de males» hace sortilegios para que sus clientes no tengan que enfrentarse a la adversidad o puedan hacerlo con éxito.

Durante varios días tuve ocasión de ver a un niño de corta edad, desnudo y siempre dormido, bajo un soportal. Al lado de su cuerpo desnudo había una escudilla con algunas monedas. Un amigo indio me explicó que algunos de estos niños son drogados y que, como reclamo de mendicidad, pasan el día durmiendo allí donde los depositan.

Los *rickshaws* tirados a mano sortean con habilidad los automóviles. El *coolie* es todo un símbolo en el portento de la supervivencia. ¡Vaya proeza la suya! Cuerpos esqueléticos y nervudos, rostros marchitos, tórax jadeante que parece que pudiera estallar en cualquier momento.

Las vacas circulan con libertad. Los cuervos revolotean sobre los montones de basura. Hay feriantes con sus osos o traviesos monillos, ancianos en cuclillas, colas a la entrada de un minúsculo dispensario médico, hombres comiendo en la calle, numerosos guardias con sus pantalones cortos, un largo palo en la mano. De vez en cuando, como para no poder olvidar la India sagrada y eterna, aparece un *sadhu* enjuto con el rostro cubierto de pintura y el cabello trenzado cayéndole hasta la cintura, o los jóvenes de paso presto que llevan ofrendas a la diosa Kali a su concurrido santuario. Llega hasta mí el olor de las mazorcas que se asan en la calle. Los niños juguetean en las charcas formadas por las lluvias monzónicas. Ascética por fuerza, penitente y castigada, Calcuta se refleja en sus calles, dejando al descubierto su intimidad, sufriendo mudamente, resistente, testigo de dolor y de miseria, pero, renovadas las esperanzas, siempre dispuesta a reemprender la lucha por la supervivencia. Y como las condicioens de vida son difíciles, muy difíciles, y no sólo como sucede en la India, sino en tantos países que he visitado de Asia, el hombre tiene que activar su imaginación para encontrar la forma de sobrevivir día a día, para hallar el sustento necesario que le permita vivir hasta el día siguiente. Y en todo el mundo, desde que el hombre es hombre, son bien conocidos estos oficios del hambre a los que muchos se ven obligados a recurrir para no morir de inanición. Oficios más o menos insólitos, algunos sorprendentes e inesperados, otros incluidos en el código de la más antigua picaresca, la mayor parte de ellos inofensivos y poco perniciosos. Son tantos y tan variados estos oficios del hambre, que no se podría hacer referencia ni a una mínima parte de ellos. Y en Calcuta muchos de ellos se ejercen todavía, como algunos de los que ya hemos citado. Hay quienes exhiben su sensibilidad artística en la calle, pintando divinidades multicolores sobre las aceras; ancianos que arrancan primorosos sonidos sutiles a un sitar; bordadores exquisitos. Es común el guía espontáneo —sabe unas palabras de numerosos idiomas—, que trata así de obtener una propina, o el faquir (se está perdiendo ya este curioso personaje) que de verdad, o recurriendo al fraude, hace proezas para conseguir unas monedas. Oficio más cómodo y extendido es el del cuidador de zapatos a la entrada del templo o la persona que consigue donaciones por encargarse del cuidado de la vaca. Tiene sus riesgos el *toddy-man*, el hombre que trepa con habilidad y velocidad admirables a la parte alta de la palmera para obtener las hojas cuyo jugo fermentado da como resultado el licor llamado *toddy*. Implacable destino es el de esos eunucos travestidos que van de lugar en lugar, cantando y mostrándose intencionadamente soeces para presionar a los comerciantes y gentes en general y obtener unas rupias. Oficio terrible es el de quemador de cadáveres en las orillas del río, abrasado por las cenizas mortuorias y el sol implacable. Más cómodo es el oficio de quiromante, astrólogo, adivino o médium, y venido a menos el de acróbata, que va con su aprendiz mostrando sus números circenses. Y durante siglos se han perpetuado muchos de estos oficios del hambre en

Calcuta, donde también empieza a dispararse la delincuencia.

Pues amo Calcuta y la penetro hasta sus mismas entrañas. He visitado la Sociedad Asiática y me he entrevistado con su director, que me ha mostrado soberbios manuscritos. Y me he acercado hasta el puente Howrah, que atraviesa el río, y he visto cómo, bajo la lluvia, miles y miles de paraguas se dezlizan como si formaran un ballet. Desde este puente, se suicidaron seis mil personas en 1968, triste y amargo récord. Y después me he desplazado, a empujones, por el cercano Hogg: sus vendedores acuclillados como gallinas, niños que se ofrecen a llevarnos la compra adquirida, decenas de especias y exóticos alimentos que descubrir. Huele a canela, cardamomo, clavo, nuez moscada... Y ahíto de tanto gentío, de tanto bullicio y estruendo, de tanto empujón y vocerío, me refugio en el Jardin Botánico y, bajo un árbol, medito.

Estoy en una de las calles más principales, señoriales y visitadas por la gente pudiente. Se llama Regent Street y allí, en un rincón, tuve ocasión hace años de ver a un grupo de médicos occidentales que todos los días levantaban su tenderete médico y atendían gratuitamente a los que lo necesitaban. Amputaban dedos y hacían todo tipo de curas, vacunaban y ponían apósitos, y recetaban a tuberculosos, leprosos y enfermos de dengue. Ésos son los héroes anónimos, los que pasan desapercibidos y son «la sal de la tierra». A veces he estado horas observándolos.

He vivido un gran festival sij entre tantísimos festivales de todo tipo que he vivido en la India a lo largo de un centenar de viajes. Millares de altivos sijs, con sus turbantes de colores muy vivos, van subidos en caballos, camellos y elefantes. Por llamar la atención que no quede. Y luego me he ido a practicar algunos *asanas* y *pranayamas* al parque Maidam. Y allí hay un practicante que no es un yogui, es un contorsionista de goma que se retuerce como si careciera de huesos, pero no me humilla; al contrario, afectuoso y sincero me dice que cada uno hace lo que puede y con eso ya se beneficia uno mucho. ¡Vaya por Dios, eso me alivia! A su lado soy una barra de hierro. Pero en cambio los ejercicios de *pranayama* se me dan mejor que a él y al final, para compensar, tras él mostrarme la mejor manera de hacer la postura sobre la cabeza, yo le adiestro en la respiración del fuelle. Y luego abrazos, como si nos conociéramos desde siempre.

Al anochecer, me viene a la cabeza que ésta es tierra de grandes místicos, reformadores, literatos y relevantes intelectuales, así como de pintores, directores de cine y especialistas de muchas ramas artísticas y científicas. Es la ciudad en la que por primera vez se aprendió inglés y, curioso, sí, a través de la lectura de los libros ingleses, los indios aprendieron a combatir a sus invasores. Ni los arrogantes maharajás, ni los prepotentes británicos, hicieron nada por la India que no fuera humillarla y esquilmarla. Pero esta ciudad, con retretes o sin retretes, luchadora, próspera, que lentamente se modifica, está a la vanguardia de la intelectualidad y deja huella en el alma. Calcuta, amigo lector, es Calcuta.

Siempre que visito Calcuta, no olvido dejarme caer por el moritorio de la madre Teresa, por el templo de Ramakrishna y por Belur Math.

Ya estoy en los aledaños del moritorio de la madre Teresa. Para ello, después de que el taxi desvencijado se estropeara varias veces, he tenido que llegar al distrito de Bhowanipur, donde se alza el templo de la violenta, temida y sangrienta diosa Kali. He terminado por tomarle un poco de manía a este templo, y no es para menos, dada la gran matanza que se hace en el mismo de cabritillos para ofrecer su sangre a la diosa negra. En los alrededores, la legión de niños mendigos, y no tan niños, es colosal, y rodean de tal manera el coche, y a veces lo zarandean, que uno no puede salir. ¿Y qué tiene este templo para despertar tanto fervor, tanta avidez religiosa y supersticiosa, tanto afán? En realidad, como templo no vale nada, aunque tampoco sea fea la construcción, pero lo que atrae a multitudes es que Kali es la diosa protectora de Calcuta y no dejan de venir toda clase de devotos a pedir, solicitar, reclamar, suplicar.

Estaba el *sadhu* apoyado sobre el muro grisáceo. Ha mirado cómo me han rodeado niños y ancianas, mendigando, tirándome del *kurta*. Se me antojó un hombre que trataba desesperadamente de expiar su naturaleza animal. Me miró de pronto con mucha fijeza y no sé si lo hizo con cierta arrogancia en la que había un fondo de humildad o con cierta humildad no exenta de arrogancia. Y era su mirada apacible y, en cierta forma, hasta dulce. En sus manos sostenía el tridente distintivo de su secta, y una ensortijada barba hacía su rostro aún más anguloso y le confería un aspecto de aguerrido cíngaro. Sus ojos parecían perderse en la profundidad de sus cuencas y había una sonrisa indefinible en sus labios, o tal vez sólo se trataba de la mueca desprovista de todo apasionamiento, reflejo de renuncia. Le ofrecí unas rupias y, caso insólito, las rehusó con un pausado y elegante gesto de la mano. Él era pobre entre los pobres, desapegado tal vez, dueño quizá de una elevada sabiduría, peregrino de la Realidad y de la Trascendencia.

Penetro en el templo. El inevitable, molesto, enojoso, irreductible al desaliento, sacerdote, que se le pega a uno para dar explicaciones que no se desean y conseguir unas rupias (¡exigir!, habría que decir). En el jardincillo que rodea al templo, en la parte derecha, hay un árbol de la fecundidad, es decir, las mujeres atan hilitos a sus ramas para conseguir que sus vientres sean fecundados. En su mente, seguro, la súplica de tener varones y no hembras. Cerca del árbol hay una anciana cuyo rostro, víctima de la lepra, es como el de un payaso, más pintarrajeado si cabe. Su cuerpo, seco como una estaca. Da consejos a las mujeres y recibe su recompensa en rupias a cambio. Tiene una nariz aguileña, como un loro, y ojuelos maliciosos y huidizos. En el patio jardín, al lado del árbol de la fecundidad, hay dos pequeños patíbulos donde las cabritas son degolladas. Sangre y sangre para la diosa negra, insaciable, en un ritual desaconsejado y criticado por todos los yoguis y maestros. Pero la religión degradada es así: burda superstición sin el menor refinamiento ni mira espiritual. Hay cientos de devotos. En una amplia sala hay personas que rezan, meditan, leen o simplemente pasan el tiempo. De repente, una mujer emite pavorosos chillidos, se revuelca por el suelo ayudada por otra mujeruca, avanza entre el gentío mascullando palabras ininteligibles y con los labios llenos de espuma. Desgreñada, exaltada, los ojos fuera de sus órbitas, el cuerpo abatido por una especie de ataque epiléptico. Ayudada por su compañera, hace oráculos, profecías, premoniciones. La temible diosa Kali la ha poseído y Kali mueve su lengua y se expresa a través de ella.

Y al lado de este recinto que de verdaderamente sagrado tiene poco, pero sí mucho de mágico y chamánico, está el que se ha conocido siempre coloquialmente como el moritorio de la madre Teresa, aquella que hace años desencarnó, pero cuya labor sigue viva en las monjas que continúan su obra y en el recuerdo de miles de desvalidos atendidos y moribundos recogidos que se salvaron al final de las garras de la muerte. Hace muchísimos años ya, Teresa fundó este moritorio junto al templo de la diosa Kali. Con su inquebrantable autocontrol, se opuso a los brahmanes que se manifestaban hostiles contra ella. Eran un grupo de agresivos, arrogantes y reaccionarios brahmanes. Ella, enfrentándose a ellos, les dijo: «Si queréis matarme, hacedlo, pero no molestéis a los internos». Los brahmanes se disolvieron sin replicar. Tiempo después, un anciano sacerdote del templo acudió a visitar el moritorio. Quedó tan impresionado por la labor de la monja que se arrojó a sus pies y le dijo: «Durante muchos años he servido a la diosa y ahora la tengo frente a mí». Así siguió su gran labor Nirmal Hriday, y en el interior de la nave hay salas para mujeres y salas para hombres, asistidas por monjas y cooperantes. Un lugar digno para morir, pero también digno para revivir, porque parte de los moribundos recogidos en las miserables callejuelas de Calcuta se restablecen. Siempre que lo he visitado he comprobado que hay enfermos de todas las clases, en un recinto pobre, pero digno y muy limpio. En cuanto uno muere, su jergón se desocupa para que lo ocupe otro enfermo. Aquí se trabaja de lo lindo. Hay una estancia donde se lavan los cuerpos de los enfermos. Es increíble la cordialidad de los que en condiciones físicas lamentables están sobre los jergones. Cordiales, afectivos, deseando estrechar una mano o mirar unos ojos. La hospitalidad maravillosa de la India se pone de manifiesto incluso entre aquellos que bordean el precipicio de la muerte. Recuerdo las palabras de Teresa: «Mi comunidad son los pobres. Su seguridad es la mía. Su salud es mi salud. Mi casa es la casa de los pobres. No de los pobres a secas, sino de los que entre los pobres son más pobres, de aquellos a los cuales procura uno no acercarse por miedo al contagio o a la suciedad, porque están cubiertos de microbios o de gusanos, de los que ya no comen porque no tienen fuerzas para comer, de los que se derrumban por las calles, conscientes de que se van a morir y a cuyo lado transitan los vivos sin prestarles atención, de los que ya no lloran porque se les han agotado las lágrimas».

A veces me dejo caer por la casa, ahora museo, de Rabindranath Tagore y recuerdo su hermoso aforismo: «No dejes tu amor sobre el precipicio». Este hombre sensible, que decía comunicarse con Gandhi de corazón a corazón, que creó la universidad Santiniketan, «Morada de Paz», y del que Gandhi habría de decir que era «el embajador espiritual de Asia en Europa». ¡He leído media docena de veces su obrita teatral *El Sannyasin*! ¡Qué gran lección de vida, desapego y amor! Contemplando sus fotografías y sus emotivas cartas, me asalta otro de sus aforismos: «Como las gaviotas y las olas, nos encontramos y nos unimos. Se van las gaviotas, volando; se van, rodando, las olas, y nosotros también nos vamos».

Los atascos de Calcuta son para rendir la paciencia del mismo Job. Y en uno de esos atascos se mete uno cada vez que quiere visitar el templo de Ramakrishna, como ahora es mi objetivo. De adolescente ya hablaba yo con mi padre de Tagore, al que juntos leíamos, y de Ramakrishna, cuya vida comentábamos. Es muy de mañana y, tras visitar el hermosísimo templo jaina de Parasanth, ya estoy subido a este desvencijado taxi tratando de llegar alguna vez al templo de Ramakrishna, en un suburbio a las afueras de la ciudad. El templo es una hermosa edificación y se llama Nava Ratna o Nueve Alhajas, construido en un terreno en el que un siglo antes los nababs de Chipotre cazaban tigres. El santuario principal está rodeado por doce santuarios a Shiva y el terreno desciende hasta el río Hooghly, donde se hacen las abluciones sagradas. Ramakrishna ha sido santo de santos; se quedaba tres días suspendido en éxtasis, despertando el temor de sus devotos. Me siento a meditar en la que fuera su celda, pues fue muchos años sacerdote en este templo. Allí está su cama. Reina un silencio total. Huele a sándalo. Este hombre estuvo a punto de suicidarse porque la diosa no se le manifestaba. Él decía: «A lo que otros llaman Dios, yo prefiero llamarle Madre». Murió estoicamente de un cáncer en la garganta a la edad de cincuenta años y los dolores eran atroces, pero él decía no ser esa forma carnal que es como un vestido que hay que dejar. Mientras estoy pensando en Ramakrishna, una mujer gritando me saca de mis pensamientos. Da vueltas y vueltas sobre sí misma, cantado, gimiendo, rezando, exclamando, suplicando; vueltas y vueltas sobre su menudo cuerpo ataviado con un sari, sobre el sucio pavimento, cumpliendo una disciplina, tal vez un voto, quizá una severa penitencia.

Tuvo discípulos. El más sagaz y más activo fue Vivekananda, que fundó la Ramakrishna Mission, hacia la que, tras visitar el templo de Ramakrishna, me dirijo. Cruzo el puente de Zally. Junto al Hooghly, enfrente de la populosa, ruidosa, polucionada y hacinada Calcuta, se encuentra la sede principal de la Ramakrishna Mission, con unos primorosos jardines de magnífico césped que llega casi hasta las mismas aguas del río. Paz y silencio. ¡Qué sensación de bienestar! Una ligera brisa en un atardecer sofocante y caliginoso. El lugar se llama Belur Math y hay un templo construido en cuatro estilos religiosos, dando a entender la apertura espiritual de Vivekananda. Medito en la sala del santuario y luego me entrevisto con el presidente de la Mission, un monje muy anciano, que se lamenta cuando le digo que voy a ir a Rishikesh: «¡Oh, ya no es lo que era!».

Y luego entrevisto largamente para una de mis obras al secretario general, otro monje. Y cuando se va haciendo de noche y, mirando las luces de Calcuta a lo lejos, al otro lado del caudaloso río, me siento sobre la yerba húmeda y me quedo abstraído. ¡Nos queda a los seres humanos tanto por evolucionar!, experimento en lo más hondo de mí. Y con los ojos cerrados, escucho el rumor de los mantras a lo lejos, anhelando que aquieten mi espíritu.

V

Las ruedas de la divinidad

Me he recorrido todo el Himalaya indio, desde un extremo a otro, a veces tomando el avión, pero a menudo serpenteando por carreteras vertiginosas y alcanzando ciudades, pueblos y aldehuelas, entrando en contacto con ese impresionante y variado mosaico de razas, cultos, gentes tribales y animistas. ¡Los Himalayas! De Cachemira a Arunachal Pradesh, adentrándome por carretera, miles y miles de kilómetros, también por el Himalaya central de la India. Estos parajes son de una hermosura tal que dejan transida el alma. Amaneceres y atardeceres de pura fantasía y gentes pacíficas, sencillas, hospitalarias, que viven como hace cientos de años, en contacto con una naturaleza no siempre fácil, tratando de sacarle todos los frutos posibles a la madre tierra. La mayoría de las carreteras están en muy difícles condiciones, estrechas, peligrosamente serpenteantes.

Todo el Himalaya me gusta, me fascina, me imanta y me proporciona un toque especial de conciencia, pero sin duda uno de los lugares que más hondo me llega, donde más he conectado con mi esencia de ser y con la grandeza de la naturaleza, donde más vital me he sentido y más consciente he sido del cosmos del que formamos parte, ha sido Darjeeling y toda esa área del nordeste de la India.

Siliguri es una ciudad destartalada, fea y polvorienta a la que nunca hubiera ido de no ser porque cerca de ella está Bagdográ, a media hora en avión desde Calcuta y el aeropuerto más cercano a Darjeeling. Un aeropuerto pequeño, y a menudo congestionado, donde los retrasos son habituales y uno tiene que refugiarse en su restaurante para degustar una tortilla francesa o una taza del oloroso y sabroso té de Darjeeling o del no menos exquisito de Assam. Nada más llegar al aeropuerto se sorprende uno ante la variedad de razas con las que es posible toparse. Siempre me han sorprendido y emocionado las despedidas o recibimientos en los aeropuertos de la India por parte de los nativos cuando se reúnen las familias para despedirse o recibir a alguien. Las despedidas son muy sentidas, auténticas, y en ellas se pone el corazón y la sangre. Abrazos, besos, bendiciones, consejos de todo tipo, más abrazos, más besos, tiernas caricias... Son tantas las horas que he tenido la apesadumbrante necesidad de pasar en los aeropuertos de la India, que he podido contemplar toda clase de despedidas y recibimientos. Las despedidas más llamativas son las que tienen lugar con motivo de la partida a Occidente de un gurú o *swami*. Sus discípulos entonan cantos místicos, abrazan al maestro tras tocarle los pies en señal de pleitesía, adornan su cuello con guirnaldas de flores, besan sus manos o sus pies una y otra vez, lo miran con ojos embelesados y no ocultan las lágrimas de emoción o de dolor por la despedida. Es especialmente emocionante asistir a la despedida de un miembro de una familia tibetana en este pequeño aeropuerto de Bagdograá. Las mujeres, ataviadas con su inconfundible vestimenta (tan diferente del sari indio), y luciendo sus brazaletes, aros y otros adornos, evidencian una ternura inexpresable, el rostro blando por el sentimiento, la mirada húmeda, suplicantes los labios, las manos prestas a la caricia, el gesto amoroso; los hombres, dignos, serios, de aspecto primitivo, recios, insobornables. Todos se están despidiendo de uno de los jóvenes miembros de la familia. Durante años no tendrán ocasión de verle; parte para la universidad, a enfrentarse con una cultura muy diferente a la suya, con nuevas formas de vida, con gentes de otras tierras allende sus pequeños y apacibles pueblos montañeses.

Hay que dar el pasaporte a la policía para que ponga un sello de permiso para quince días. Entre la muchedumbre destacan los sijs, altos y fornidos muchos de ellos, militares altivos, el ineludible turbante en la cabeza, el aro en la muñeca, frondosa barba, orgullosos de su secta. Quieren siempre prosperar, les gusta la actividad y el trabajo, son disciplinados. Los niños hacen las veces de maleteros, van y vienen, a paso ligero, terriblemente cargados, ansiando conseguir unas rupias. Probablemente muchos de estos niños se vean obligados a alimentar a una familia entera. Poseen una habilidad sorprendente para organizarse y transportar maletas hasta uno y otro coche con el cuerpo cubierto de andrajos, sudorosos, jadeantes, las manos despellejadas.

La forma más rápida de alcanzar Darjeeling desde Bagdográ es en coche, y cojo un renqueante jeep de la época de la guerra, cansado y ruidoso, que emite tanto calor que es como un horno, conducido por un nepalí de fácil sonrisa, ojos rasgados, habilidoso conductor de montaña, presto a las vueltas y revueltas, a los frenazos y a sortear todo tipo de obstáculos. Aunque existen dos carreteras para alcanzar Darjeeling, voy a tomar la general, más fea, más transitada, pero más directa. Tampoco es gran cosa, estrecha, zigzagueante, surcada por las vías del minitren o «tren de juguete» que asciende en nueve horas de Siliguri a Darjeeling; con atascos frecuentes, desprendimientos y obras, cuyo acceso aún es más dificultoso durante los meses del monzón y de las espesas nieblas que obligan al conductor a sacar la cabeza por la ventanilla. El desplazamiento hasta Darjeeling es muy pintoresco y desde luego excepcionalmente bello y atractivo. El paisaje que tengo ocasión de disfrutar me hace olvidarme de las vueltas y revueltas, los volantazos y frenazos que de continuo tiene que acometer el renqueante jeep. A veces la carretera se estrecha de tal manera que cuando un vehículo viene de frente es necesario detenerse. Numerosos eslóganes, escritos en las rocas, previenen al conductor para que no sea imprudente. Uno de ellos reza: «Automovilista, si vas más deprisa llegarás al cielo antes que a tu destino». En los meses de verano, debido a las copiosas lluvias, numerosas cascadas descienden por las montañas y encharcan la carretera. A uno de los lados, impresionante, se abre el abismo. Hay valles paradisíacos entre altas montañas con árboles muy altos y que se estiran como si quisieran dejar su huella en el firmamento. Son árboles muy curiosos, expresivos, tristes, lánguidos, muy hermosos, con algo de fantasmal entre los jirones de nubes bajas. La sinuosa carretera una y otra vez es surcada por las estrechas vías del pequeño y simpático tren de cremallera, todo un prodigio de ingeniería que asciende a lo largo de ochenta kilómetros, con su ruido gutural, reptando entre la grandeza himalaya y ofreciendo una vista incomparable.

A mitad de camino entre Bagdograá y Darjeeling está Kurseong, pequeño pero activo y abigarrado pueblo que el rey de Sikkim cedió a los ingleses en 1835. Su nombre significa «lugar de las orquídeas blancas», y allí estuvo Teresa de Calcuta. Es un pueblo típico de las montañas, concurrido, animado, colorista, mosaico de razas. Hay muchos vendedores de comida al borde de la carretera y niños que me rodean ofreciéndome sabrosas naranjas de reducido tamaño, traviesos, sonrientes, festivos. El aire es puro, la vista se pierde en los verdes picos que nos rodean, en la estación el tren calienta los motores. Todo se reviste con un cierto pintoresquismo que atrapa y fascina los sentidos.

A veinte kilómetros de Darjeeling se halla otro pueblo, llamado Sonada. No tiene nada de especial, excepto que sobre un montículo, al borde de la carretera, está el monasterio en que viviera y diera instrucciones a lo largo de muchos años el que se consideraba un buda viviente, un lama altamente realizado, y que durante años y años meditó en cuevas. Me refiero a Kalu Rinpoché, a quien entrevisté varias veces, y quien, a pesar de su muy avanzada edad, mantenía incólume e impecable la posición erguida de meditación.

En una reducida habitación, al lado del santuario, justo en el centro y ocupando por completo la estancia minúscula, hay un gigantesco molinillo de oraciones, al lado del *gompa* (monasterio). Los novicios, siempre joviales y dispuestos a agradar, con sus túnicas rojas y sus cabezas rapadas, impulsan el gigantesco molino, que gira sobre su propio eje, y lo hacen danzar y danzar, esparciendo así bendiciones hacia todos los rincones del planeta. El santuario, recogido, silencioso y con luz tenue, invita a la meditación. Los novicios se sientan, en los lugares destinados para efectuar los rezos, la recitación de mantras y la meditación, sobre multicolores cojines. En sus amplias y traviesas sonrisas no puede adivinarse ninguna tristeza, ningún pesar, y, sin embargo, siempre me han inspirado cierta pena estos niños que son dejados a la edad de cinco años en el monasterio, obligados a distanciarse de sus familares. Pero todos ellos ríen, juegan, se adaptan a su nueva forma de vida a la sombra del monasterio y bajo el cielo puro y despejado.

Años atrás ascendí por una empinada pendiente, dejé el *gompa* a mis espaldas y alcancé la pequeña casa de Kalu Rinpoché. Penetré en la sala de meditación. Sobre una tarima, ligeramente elevada, en imperturbable actitud meditativa, sonriente, se hallaba el eminente lama, rodeado de varios jóvenes occidentales que escuchaban las enseñanzas y debatían con él. Le entrevisté. Me dijo entre otras muchas cosas que la vida es muy corta, hay que aprovechar las enseñanzas y métodos para liberarse y purificarse, que no hay que dejarse encadenar por un exceso de inútiles actividades y que el gran objetivo es esa Sabiduría que limpia la mente y elimina todas las corrupciones. Habla sobre la naturaleza de la mente y cuando le pregunto por la existencia de un ego, mirado, dice: «Búsquelo, búsquelo, a ver si puede encontrarlo». Hay que comprender la propia mente, cuestionarla, sondearla, indagar sobre ella, examinar sus estados. Aquí, en la reconfortante soledad himalaya, la mente es más libre, más joven, más ecuánime. Pero en el desacralizado, competitivo y brutal Occidente, la mente se deja atrapar por toda clase de grilletes, se apega, pone la vida incluso en lo más insignificante, en lo más mezquino. Observo a este hombre de edad muy avanzada, rostro apergaminado, noble compostura. Siento que su auditorio no está ni mucho menos a la altura de sus enseñanzas. Pero él las imparte, es su *dharma*, su deber espiritual, su misión, la forma de realizar su ayoidad y desplegar su saber más transformador. Le hago más preguntas. Respondo y aún realizo más cuestiones. Hablamos sobre la impermanencia, la ley de la transitoriedad, el sufrimiento y la yoidad imaginaria, pues el ego es provisional, insiste. Y al dejar la habitación y salir, me encuentro con uno de los novicios, acaricio su cabeza rapada, me deleito con su sonrisa pura. Mientras Kalu Rinpoché está cercano a abandonar su decrépito cuerpo, este niño comienza el sendero de la vida, entre mantras y *pujas*, más en lo trascendental que en lo mundano, en busca de la realidad superior. Cuando años después vuelvo a visitar el monasterio, este niño es un jovencito y en un altar, dentro del santuario, puedo contemplar la momia, en perfecto estado, de Kalu Rinpoché: su rostro enjuto, su mirada sagaz, su frente arrugada y sabia.

Continúo hacia Darjeeling. Si se tiene la fortuna de llegar cuando aún es de día y es una época de cielo despejado, desde unos kilómetros antes se tiene la ocasión de contemplar un espectáculo único, extraordinario, que abre la mente y alboroza el corazón. Ante nosotros se eleva el Kanchenjunga, segundo pico en altitud de la cadena himaláyica, que, con su grandeza y majestuosidad, le hace a uno sentirse insignificante y, a la vez, parte del cosmos, y se apodera de uno un estimulante, inspirador y revelador sentimiento oceánico. Los rayos del sol poniente tiñen de rojo esta cumbre sempiternamente nevada, esta mole de piedra y hielo que es más bella que cuanto pudiera expresar el escritor más descriptivo y cuyo rostro más hermoso se exhibe hacia Darjeeling. ¡Cuántas horas he pasado contemplándolo en distintos momentos del día, teñido de naranja al amanecer, de púrpura al mediodía, de sangre al descender el sol! Es como un testigo cuya presencia lo abarca todo. No es de extrañar que despierte la devoción y el fervor de los habitantes del lugar y se le dediquen festivales y ceremonias. Y tengo un recuerdo para Lawrence Durrell, que nació en Darjeeling, y para Henri Michaux, Mircea Eliade, John Blofeld, Talbot Mundy, Evans-Wentz y tantos y tantos buscadores de lo Inefable que surcaron estas tierras en busca de las enseñanzas sublimes.

Bordeado por Bhutan, Sikkim y Nepal, suspendido en las laderas de las montañas, frente al Kanchenjunga, se encuentra Darjeeling, una hermosa y apacible ciudad de unos cien mil habitantes y que con toda razón eligieron los ingleses como su lugar preferido de vacaciones, huyendo así de los rigores del pesado y agobiante clima de Calcuta en determinadas épocas del año. No se puede decir que Darjeeling sea el lugar más hermoso y apacible del norte de la India, pues también son de gran belleza Mussoorie, Simla y otros muchos, pero debo confesar que Darjeeling venía tocando mi corazón desde mucho antes de conocerlo y que desde el momento en que lo visité me fascinó. Pocos lugares debe de haber en el mundo que permitan unas vistas semejantes; pocos lugares tan serenos, con tal atmósfera de aquietamiento, lejos del mundanal ruido y el frenesí. No es de extrañar que aquí tuvieran sus mejores inspiraciones, vivencias y reflexiones numerosos e importantes orientalistas. Es comprensible, porque en este apartado rincón de la India se crea un sentimiento de cosmización y plenitud. Contemplando el macizo montañoso, los extensos y mullidos campos de té y los altísimos árboles que en los meses del monzón adquieren todo su aspecto más mágico asomando entre la espesa niebla, siente uno desde lo más profundo de sí mismo y se llena de toda esa grandeza, de todo esa inigualable hermosura. Desde niño había sentido yo Darjeeling como una vieja y querida amiga; la amiga irreemplazable que nos hace soñar, que nos invita a evocar. Y Darjeeling no puede defraudar. Es una ciudad sugerente. Una noche, desde sus miradores, en absoluto silencio, la cadena himaláyica oculta en la oscuridad, mi mirada se fue deteniendo en todas las casitas débilmente iluminadas en las faldas de las montañas y en los valles. Era entonces Darjeeling como un pueblo salido de un cuento y supe que jamás perdería la conciencia de aquel momento. Corrían los días de agosto y la niebla, a oleadas, cubría por un momento las casas y luego las ponía al descubierto. El reloj de la torre del cine señalaba las horas, pero el tiempo era como si se hubiera suspendido. Era una noche húmeda, pero de clima benigno. Y allí, en el techo del mundo, entre aquellos seres humanos de las más diferentes razas y procedencias, me sentí un testigo profundamente emocionado.

El nombre de Darjeeling viene del término *dorji*, pieza ritual que los tibetanos utilizan en sus ceremonias y que representa la conjunción de lo interno y lo externo, lo masculino y lo femenino, el poder cósmico y el poder cotidiano, el lado invisible y el lado visible, el todo y lo vacuo. ¡Y pensar que Darjeeling comenzó siendo cuatro chozas situadas a esa altitud de casi dos mil doscientos metros y cuya población originaria fueron los lepchas, para acabar convirtiéndose en un mosaico de razas, grupos tribales y cultos muy variados, que van del animismo al hinduismo y al budismo. Todo ello convierte a esta singular ciudad en un caleidoscopio de formas, colores, vivencias y costumbres y, al pasear por sus calles, uno se llena hasta desbordarse de sensaciones y sentimientos.

Suspendido en la ladera de una zona especialmente rica en flora, formando diferentes estratos, cada uno de ellos con sus propias características (la parte más elevada es la residencial y en la más baja se halla el mercado), con casas de muy diferentes estilos y empinadas callejuelas, entre ricos y extensos campos de té, Darjeeling dispone de hospitales, escuelas, numerosas tiendas de todo tipo y un buen número de hoteles de diferentes categorías, muchos de ellos situados en paradisíacos lugares de vistas inolvidables. Muchos de estos hoteles son coloniales, con su sabor decadente, que agrada y que nos remonta a épocas pasadas: habitaciones algo destartaladas, suelos crujientes, grandes salones, chimeneas que reconfortan durante los meses fríos, balconadas que miran a la cadena montañosa y a los campos de té. A la puerta de la habitación, ofreciéndome sus servicios insistentemente, firme y paciente, me espera el masajista y por la noche, cuando la niebla es tan densa que ni siquiera es posible divisar el gran árbol que se eleva frente a la ventana, el anciano decrépito que cuida la habitación, me trae, con su mejor sonrisa (¿lepcha, bhutia, nepalí, bengalí?), una botella de agua caliente para introducirla en la cama y combatir de alguna manera la humedad de las sábanas.

¡Cuántos paseos habré dado por Darjeeling! Es ésta tierra de *gompas* (santuarios del budismo tibetano), que a menudo se llenan de gente para celebrar prolongadas ceremonias a Buda o Padmasambhava. ¡Y cuántas veces habré penetrado en esos monasterios recoletos y silenciosos! Hay una gran imagen de Buda o de Padmasambhava al frente y, entre las cambiantes luces y sombras que producen las titilantes lamparillas de aceite, las paredes aparecen cubiertas de pinturas religiosas, las mesas llenas de ofrendas y hay grandes y polvorientos manuscritos con las más sublimes enseñanzas, fórmulas esotéricas, técnicas de fecunda introversión. Huele a aceite quemado, hay imágenes de grandes lamas e instrumentos del ritual: címbalos, trompetas, la campana, el *dorji*. Para identificarme con la espiritualdiad tibetana, he asistido a numerosas ceremonias (*pujas*), algunas muy largas, como si nunca fueran a concluir. Junto a las paredes, sobre unos cojines que sirven de asiento, frente a unas mesas bajas que parecen pupitres, se colocan los lamas y los novicios, unos junto a otros, para tender un puente hacia el misericordioso Buda y ganar méritos para otras reencarnaciones. Y comienzan los recitados, las salmodias, los guturales mantras. Murmurantes labios que dejan escapar un compacto torrente de ininteligibles vocablos. Estalla la música, gongs, címbalos, campanillas, trompetas, y el estruendo de tal variedad de instrumentos golpea los oídos y parece despertar nuestras más latentes y profundas energías. Los labios siguen murmurando plegarias y mantras y los sentidos se dejan atrapar por los monótonos, pero relajantes, cánticos que se convierten en una llamada a las fuerzas cósmicas, en una súplica a la energía universal. Me dejo envolver por el ambiente, emborrachar por él, sumiéndome en una receptiva interiorización, pero de vez en cuando no puedo dejar de abrir los ojos y observar a los jóvenes novicios y a los lamas. Me sonríen, les sonrío, se sienten orgullosos de que yo asista a sus ceremonias, incluso de que las grabe y las filme. Los hay tan ancianos, en contraste con novicios de muy corta edad, que sería imposible cifrar ni descifrar su edad; los hay que tienen un aspecto venerable; otros, con un aspecto tosco, primitivo, como rudimentarios campesinos. Las manos pasan las gastadas y amarillentas hojas de los textos sagrados. Irrumpe de vez en cuando la música y algún lama (¿dormido?) se sobresalta, da un respingo y me contempla con desvaída mirada y sonríe afectuosamente. El rosario da vueltas y vueltas en las cansadas manos de un lama muy anciano y tembloroso, grueso cuerpo, blanda y bondadosa expresión en el rostro. Evoco al delicioso lama del *Kim* de Kipling, evoco Sangri-La. El murmullo cadente, ininterrumpido, entre empalagoso y sutil, penetra hasta lo más hondo, salpica las células, corre por las arterias. Con solemnidad natural, el abad dirige la *puja*. Pero ¿en qué siglo me hallo? ¿En qué lugar del planeta? ¡Cuán lejos se encuentra mi mundo desacralizado, competitivo, frenético! Aquí es como si uno perdiera su propia identidad, mientras el rostro impávido de Buda me observa, recordándome su enseñanza sobre la universalidad del sufrimiento y la vía que conduce al Nirvana, o paz inefable, y que pone fin en la mente a la ofuscación, la avidez y el odio. He vivido ceremonias de este tipo en los más diversos monasterios de la zona: el Nepali Tamag, el Samten Choeling, el Aloobari, el Bhutia Busty y tantos otros. Todos ellos tienen un encanto especial, quizá porque dejan libre nuestra imaginación, porque nos permiten soñar y ensoñarnos con un mundo sin violencia ni codicia.

Caminar por Darjeeling proporciona todo un cúmulo de vivencias. En sus sugerentes calles se tiene la ocasión de contemplar a grupos de mujeres tibetanas, enfundadas en su amplio y multicolor chal, departiendo alegremente; ancianas de paso lento, frágil cuerpo en el umbral de la muerte, el molinillo de oraciones en la mano, el todopoderoso mantra en los labios; el *sadhu* descuidado y como ausente, largos y sucios cabellos, cuerpo famélico y curtido, el *ellangoti* (taparrabos) cubriendo su sexo, el tridente de Shiva en una mano, rostro inescrutable, edad imprecisa. Hay angostos restaurantes de todo tipo: tibetanos, hindúes, nepalíes, bhutaníes; tiendas minúsculas, bellos objetos de artesanía y un prolongado, insistente e inevitable regateo.

En la parte inferior de la ciudad se halla la estación del minitren, que pasa por las calles cargado de viajeros hasta lo más insólito, dejando una estela de humo negro. El mercado rebosa vida a media mañana. La abigarrada muchedumbre va y viene de puesto en puesto, de tenderete en tenderete, revolviendo la mercancía, buscando. Hay gentes tribales, sencillas, casi timoratas; bengalíes seguros de sí mismos; tibetanos de rostro simpático y conciliadora sonrisa. Hay en esta parte baja de la ciudad una concurrida mezquita y un bello templo hindú. Me traslado hasta otro templo hindú, caminando, y me pongo a charlar con su sacerdote, junto al *lingam*. Es el Dhir-Dan Mandir. El sacerdote, un brahmán obviamente, es un hombre joven, piel blanca, elocuentes manos. Me habla sobre el *lingam*. El *lingam*, u órgano reproductor de Shiva, es la fuerza, la energía cósmica, el principio de vida. Toda la India está salpicada de *lingams* y espermatizada por el poder de Shiva. También me habla sobre el Señor de los Tres Ojos, el destructor que construye, el sabio que protege a los que siguen el camino de la renuncia. Habla de la decadencia espiritual que se ha apoderado de todo el orbe, también de la India. Se muestra pesimista, sonríe con tristeza infantil, deja su mano en mi mano (como si yo no fuera un intocable, un impuro, y pudiera tocarme), su mirada en mi mirada evoca a los grandes *rishis* (videntes), a los mahatmas de antaño, ¡qué épocas aquellas!

Jawaharlal Nehru siempre la paseo media docena de veces al día, no sólo porque sea la calle principal, sino porque es un hervidero de gente, de tiendas, de barecillos. Se venden tibias humanas y cráneos y tamborcillos de parietales, todo ello humano, para los rituales y cultos; también piedras semipreciosas, como la de la Luna o la Estrella de la India, y fotografías *démodées*, con su característico color grisáceo, desgastadas. Y siguiendo por esa calle voy a dar a una plaza entre colosales montañas y valles, Chowrasta, donde hay una de las mejores librerías que conozco, con toda suerte de obras de budismo, religiones orientales, arte asiático y afines. Pero debo decirlo, mi debilidad, mi afición y adicción, es Observatory Hill, la Colina del Observatorio. Se trata de una colina, que es como un frondoso parque, frente a la cadena himalaya, con miradores hacia las colosales montañas y rústicos bancos en los que sentarse a arrobarse con la visión del Kanchenjunga, el Pandim, el Narsing y el Sinilochu. Allí he pasado, año tras año, parte de las mejores y más fecundas e inspiradoras horas de mi vida, dejando que la mente se absorba en esos gigantes de la naturaleza, de crestas nevadas y de formas muy caprichosas, que cada vez que uno las mira parecen cambiar. La brisa acaricia el cuerpo, la mente se abre, el corazón se libera de toda opresión.

En la cima de la colina, ascendiendo por una empinada

pendiente saturada de mendigos y lisiados que reclaman la generosidad del devoto o peregrino, hay varios santuarios, entre grandes banderolas que se mueven al viento himalayo. Reina, al amanecer, una atmósfera supramundana y que motiva a la trascendentalidad. Acuden muchos devotos tibetanos e hindúes. El sacerdote hindú efectúa rituales que consisten en plegarias y ofrendas y, de vez en cuando, una familia le contrata para hacer el *homa*, la ceremonia del fuego, que consiste en ir arrojando palitos al fuego sagrado y recitando mantras, durante horas, para recabar el favor de los dioses. Es este sacerdote un hombre delgado, altivo, distante, bien diferente en talante a los cordiales lamas que cada mañana se reúnen en el santuario tibetano a leer los textos sagrados, realizar *pujas* y departir con los devotos. Todas las mañanas acude al santuario el lama Tsering: circunspecto pero cordial; sencillo pero con un porte de dignidad, afectuoso. Siempre que he ido a Darjeeling he pasado con él horas dialogando o simplemente comunicándonos a través del silencio, el uno junto al otro, en fecunda comunión, hablando de corazón a corazón. Otro lama, risueño y rechoncho, me entrega una maravillosa *poinsetia* y para bendecirme deja caer un grueso manuscrito sagrado sobre mi cabeza. Unos metros más allá hay un hombre enjuto, de mirada brillante y con la expresión de un loco de Dios, que mueve los brazos impulsivamente y reclama mi atención. Piernas de alambre, cruzadas en la posición del loto, el mantra *Om* en sus labios alargándolo como un silbido, la piel amarillenta y apergaminada ríe al saberme a su lado y no vacila al decir: «Una rupia, sir». Me muestra un variado repertorio de estampas de Shiva, Parvati, Ganesha, Hanuman, Krishna, y tantos otros dioses del panteón hindú. «Rezaré por usted, sir». Una rupia, dos rupias, tres rupias... La oración a una rupia, pero ¿cuántas oraciones quiere rezar por mí este buen hombre? Se aproxima también un matrimonio de mendigos, al que llevo viendo año tras año. Buenas personas, agradecidas, muchas reverencias, algunos mantras quedos en los labios, difícilmente logro zafarme de los brazos de la anciana. Hay hambre en su mirada y dolor y desesperanza. Regreso junto al lama Tsering. El rosario en su mano, el mantra incesante en sus labios, la túnica roja envolviendo su vigoroso cuerpo, ojos sonrientes, orgulloso de tenerme junto a él, me da un mantra de felicidad y recuerdo las palabras del gran maestro Tilopa: «No analices, no reflexiones, no pienses; deja la mente en su estado natural». Tengo el cuerpo resentido por la humedad, pero la mente se me ha calmado. Unos minutos después me dejo bendecir por otro risueño lama y luego por otro, ¡vaya, pues no está mal, tanta santidad para este bárbaro occidental! El lama Tsering despega los labios para decirme: «Todo lo que se haga permanece inmerso en la Rueda de la Divinidad. Todo lo que deba ser hecho, será hecho». No hay fatalismo en sus palabras; hay convicción. ¿Aceptación de la inevitabilidad, desapasionamiento búdico, certidumbre en los designios de la Mente Universal? Me mira con complicidad y esboza una sonrisa muy leve.

Desde el Observatory Hill me desplazo a lo largo de unos tres kilómetros hasta el monasterio Bhutia Busty, que se recorta contra la cadena himalaya y parece flotar en el aire, entre las plantaciones de té. Hablo con los monjes, escucho música y después asisto al rito funerario de un joven tibetano que ha perdido a su hermano por accidente. ¡Qué dignidad la suya, qué coraje, qué entereza! Eso sí es la aceptación ecuánime de la inevitabilidad. ¿Y cómo no pensar entonces en las palabras de Buda, aquellas que nos advierten de que todo lo nacido está sometido a la decadencia y la muerte, de que todo lo constituido tiende a disgregarse?

Mi refugio, mi inspiración

Fue Mircea Eliade quien dijo que siempre le alentaba saber que le esperaba una cueva en los Himalayas a la que podría retirarse, aunque nunca lo hicera... y nunca lo hizo. Así yo tengo este pequeño monasterio, que es el Samten Choeling, como un refugio al que poder retirarme tal vez un día... aunque nunca lo haga. Pero desde hace treinta años visito este monasterio y he tenido así ocasión de ver cómo los que fueran novicios de cuatro o cinco años, ahora son monjes de treinta y cinco años, con los que sigo manteniendo una relación de gran cariño. Pero desde mi primera visita a este monasterio en 1973, nunca he dejado de seguir las huellas de su abad, y siempre querido y entrañable amigo, el médico y lama Lobsang Tashi, al que he perseguido allí donde fuera, cuando estuvo desplazado en Kalimpong y en Gangtok, en Sikkim, en mi afán por volver a abrazarle y por escuchar sus instrucciones. Él me ha impartido enseñanzas de visualiación en la diosa Tara, me ha procurado mantras, me ha hablado sobre la medicina tibetana y ha entrado en detalle en cómo se preparan los fármacos, y él me ha tomado varias veces el pulso para examinarme y diagnosticarme, y detectó mi lesión de rodilla (la rodilla del meditador) y me dio unos polvos amarillentos y eficaces cuando fue necesario cortarme una diarrea, y siempre he hallado en él al amigo que mantiene su apertura amorosa año tras año. Conocí a sus encantadores sobrinos cuando eran unos niñitos y ahora ya han formado su propia familia y tienen hijos y a saber si nietos.

Muy de mañana, cuando el Kanchenjunga es como el rostro de una mujer bella que se va descubriendo lentamente y adquiere tonalidades que van desde el amarillo al naranja, al púrpura y al blanco, me he subido al jeep y he estrechado la mano tosca del conductor, un tibetano que conduce con pericia extraordinaria y ya ha adquirido el hábito indio de tocar el claxon cuantas más veces mejor. Entre vueltas y revueltas, he recorrido unos cuantos kilómetros y he visitado algunos monasterios de la localidad de Ghoom, vecina de Darjeeling. Y cerca de Ghoom, en uno de los emplazamientos más bellos que puedan imaginarse, se encuentra el monasterio Samten Choeling, que desde la distancia parece suspendido en el aire, con todo su alegre y llamativo colorido y su techo amarillo vivo. Es una construcción cuadrangular y armónica. El lama Lobsang Tashi regenta este monasterio. Es más afectuoso que cuanto pueda decirse. Delgado, de pequeña estatura, imprecisa edad, tiene una gran vitalidad. Huyó del Tibet cuando tuvo lugar la invasión comunista, estuvo después en Dharamsala y llegó por último a este monasterio, para hacerse cargo del mismo. Hay numerosos novicios de corta edad y varios lamas. El lama Lobsang y yo nos abrazamos. Acompaño a todos mientras comen en el patio. Los novicios lo hacen con buen apetito, deprisa, mirándome a hurtadillas, siempre encantadores, con la alegría propia de los niños tibetanos.

A las dos de la tarde dará comienzo una ceremonia mensual y especial que se dedica a Buda. Durante toda la mañana se han preparado las ofrendas. Y allí estamos mientras todos, con el perolo de arroz y encurtidos entre las manos, sintiendo la brisa apacible; comentamos, reímos, hacemos bromas y hablamos del festival que tiene lugar en el nuevo año tibetano y con ocasión del cual los lamas efectúan ancestrales danzas. Todos los novicios tienen el cuerpo cubierto con la túnica azafranada, pero entre ellos hay un niño vestido con sus pantalones y su niqui. Cinco años de edad, cara redonda y que denota salud, silencioso, pero no huraño, traído y llevado por sus compañeros, entre sorprendido y divertido, este niño es huérfano y el lama Lobsang acaba de hacerse cargo de él. Le llaman cariñosamente «el recluta». Es verdaderamente un placer acariciar su cabeza recién rasurada, tibia, cariñosa. ¡Pobre muchachito!

El lama Lobsang me conduce a su modesta celda. Es un buen médico. Me muestra una gran caja con medicinas tibetanas naturales. Medicamentos para la indigestión, para el dolor de muelas, para la gripe, para la disentería... Son bolitas de diferentes tamaños, grageas, pastillas. No resultan fáciles de hacer, se requieren muchos conocimientos y unas condiciones especiales. Se hacen con raíces, plantas, hierbas. Medicina muy antigua, tradicional del Tibet.

Todo está preparado para la *puja*. Decenas de ofrendas. Una gran imagen de Buda y otra del gran reformador Tson Ka Pa. A la entrada del santuario, el molinillo de rezos con un millón de plegarias en su interior y un lama que continúa, incansable, preparando ofrendas. Se han hecho decenas de figurillas de manteca, que se llaman *tormas.*

En el interior del santuario hay una luz muy tenue que surge de decenas de lamparillas de aceite y la imagen del Tsong Ka Pa con el bonete amarillo, distintivo de la escuela gelugpa, que sigue al Dalai Lama. En el centro de la frente de la imagen de Buda brilla el tercer ojo, el de la sabiduría penetrativa. Es el ojo de la mente superior, la visión omnipenetrante que recupera la verdad perdida, la intuición que nos abre a un mundo de realidades más allá de lo impermanente. Comienza la ceremonia. El lama Lobsang está sentado en uno de los rincones. Me sonríe. Pocos hombres he conocido tan afables como éste. A su lado están los lamas y los novicios de las más diversas edades. Los novicios más jóvenes ríen, juguetean, recitan mecánicamente, se divierten a su modo. El lama Lobsang me dice que les hace asistir a la *puja* porque, aunque todavía no comprenden nada, deben ir acostumbrándose y disciplinándose hasta donde resulte posible. Me miran con ojos traviesos y cuando los fotografío, se ponen muy serios, simulan estar muy atentos y tan pronto como el flash ilumina sus rostros, comienzan las risas y sonrisas, los cuchicheos, bajo el gran Buda observante, en tanto los devotos —gentes sencillas de las montañas y localidades cercanas— dan vueltas alrededor de la mesa de ofrendas. El estruendo de los címbalos sobresalta a los que estaban medio adormecidos y continúan las salmodias, los cánticos, la lectura envolvente de los textos sagrados.

Tras la ceremonia, visito las celdas angostas y muy sencillas de los lamas, con un estrecho ventanuco, un jergón, una escudilla, un rosario y algunos textos sagrados. En una de las habitaciones, apartado del mundo, está este lama cuyas manos trémulas sostengo entre las mías. Tiene más de ochenta años. Como espesas telas de araña, las cataratas cubren sus ojos. También falla su órgano del oído. Me impresiona su dignidad. Enjuto de carnes, frágil como un pajarillo, desconectado casi por completo de este mundo de fenómenos y apariencias, sentado a la manera yóguica en su jergón, la túnica roja cubriendo su menguado cuerpo, me envía todo su afecto humano, su amor, a través de esas manos huesudas y temblorosas. Hay muchos manuscritos más ancianos que el anciano lama, la luz del atardecer filtrándose por el ventanuco, su rostro afilado, su aspecto bondadoso, por encima de todo bondadoso. Y mis manos agarradas a las suyas. Hay emoción en él y hay emoción en mí. A través del tacto nos comunicamos. Le abrazo y dibujan sus labios una sonrisa de afecto, de entrega. No habla, no ve, no oye, pero siente, y me hace sentir, y el lama Lobsang, médico de cuerpos y de mentes, nos mira con aprobación, mientras los cánticos de los monjes y lamas se elevan en el aire entre el estruendo de los címbalos, el tintineo de las campanillas y las risas entrecortadas de los novicios de caras redondas y cabezas rapadas.

Durante dos décadas visité periódicamante el monasterio. Los que eran niños se han hecho mayores y mantengo una gran y estrecha amistad con el monje Chodang, siempre cariñoso y sonriente. Pero había viajado tantas veces hasta la remota Darjeeling, que decidí no ir en mucho tiempo o incluso nunca más, pero ¿acaso, como me decían los lamas de Darjeeling, no está todo en la rueda divina? Pues lo cierto es que una agencia de viajes, llamada Nuba, contó conmigo como especialista en budismo para dirigir un grupo a la India y Bhutan, e impartirles enseñanzas. En India visitamos Darjeeling, pero todo resultó más que caótico, toda vez que los servicios de la agencia Nuba fueron pésimos y varias personas infiltradas en el grupo no tenían el menor interés espiritual y eran sumamente banales. Aunque así no fue posible disfrutar de Darjeeling, esa nueva incursión en esta sugestiva ciudad, me sirvió para alentarme a seguir visitándola. Preparé con el grupo, aun cuando muchos no se merecían ese regalo espiritual ni estaban formados para deleitarlo (evidente minoría de edad espiritual) una *puja* con el lama Lobsang y el monje Chodang y, a partir de ese momento, tomé la decisión de seguir viajando a Darjeeling. En unos meses ya estaba de nuevo en el Samten Choeling. El lama Lobsang había viajado a Suiza para impartir sus enseñanzas y ejercer como el formidable médico que es, y yo tuve ocasión de departir con Chodang, compartir enseñanzas y meditar a solas en la *gompa* (santuario). Estos años últimos, siempre que voy a Darjeeling, paso un buen tiempo en esa *gompa*, que siento como mía, meditando en el omniabarcante silencio himalayo y recitando luego, con Chodang, el mantra *Om Tare Tutare Ture Sohar*, que es una invoción a la Madre para que nos ayude a cruzar de la orilla de la oscuridad a la de la luz.

El mensaje de las cumbres

Federico Sopeña siempre me ha despertado un gran cariño y mucha admiración. Llegó a la India siendo un jovencito y la senectud le ha encontrado allí. ¡Cuánto ha trabajado a favor de los necesitados, en los suburbios de Mumbai! Es un hombre siempre afable y bondadoso, sacerdote jesuita de la Misión Bombay, catalán, de una enorme fortaleza interior, que no ha dejado de bregar entre los pobres para mejorar sus condiciones de vida. Durante años, cuando yo iba a la India, pasaba por Mumbai a visitarlo y hablábamos de meditación vipassana, pues él había hecho también un curso de esta disciplina tan ardua como transformadora. Y era Federico el que me decía: «Ahora puedes visitar Sandhakphu alcanzándolo en unas horas en jeep desde Darjeeling. Es maravilloso. Yo lo hice caminando, en varios días». Sandakphu. El nombre es bello, el lugar es impresionante, causa vértigo de libertad. Tiene algo de telúrico, de inmensidad feroz que disuelve el ego. Despersonaliza, procura un sentimiento oceánico que produce hasta cierta inquietud. Cinco horas en jeep para cubrir sesenta kilómetros, saltando de un lado para otro, reculando, maniobrando, pasando pequeños pueblos de pocas decenas de personas, deteniéndome a observar un paisaje que cambia cada pocos kilómetros y las cumbres nevadas, que remozan la mente, y los amplios valles que encienden la emoción y la esperanza. ¡Qué distinta esta India a la del sur! Ésta es más cósmica, más grandiosa en naturaleza, casi apabullante. La del sur es más tropical y asequible, más cercana, más humana. Esta India himalaya es descomunalmente espaciosa, solitaria, plena. Aquí uno se pierde, se diluye en el paisaje y no en la abigarrada multitud de la India de la planicie o de las grandes y descarnadas ciudades.

El jeep sigue una pista de barro, estrecha y sinuosa, peligrosa sin duda, con revueltas impresionantes y que cortan la respiración. ¡Diez kilómetros por hora! Pendientes sobrecogedoras, pueblecillos diminutos, bosques y luego montañas peladas, árboles enormes, cascadas, desprendimiento de rocas, para al final alcanzar Sandhakphu, el lugar desde el que se obtiene la mejor vista de todos los Himalayas y desde donde incluso se divisa el Everest. Para llegar he pasado por Negma y Tonglu, poblados en los que me he tomado un denso té y he visitado las casitas de madera, con una o dos habitaciones, que forman estos poblados diseminados, solitarios, lejos de la civilización. En algunas de estas rudimentarias casas llegan a vivir diez o quince personas, en condiciones muy primitivas. Hay numerosos y simpáticos perros himalayos y he dejado atrás una preciosa manada de yaks.

La altitud marea, fatiga, crea una sensación de dislocamiento psíquico. Pero la vista de esa inmensa cadena de colosales montañas es el mejor tónico para la mente y el lugar te enfrenta con la totalidad, con el silencio, con lo gigantesco e inesperado, con lo cósmico. Uno se funde con lo inmenso y así tuve la vivencia de lo que dijera Ramana Maharshi: «Y sentirás toda tu grandeza allí donde hayas dejado de existir».

VI

Las fuentes del Ganges

La ruta es larga, pero en kilómetros no representa nada para una mentalidad occidental. ¿Qué son mil kilómetros? Pero es que uno piensa en buenas carreteras despejadas. Mil kilómetros en la India es mucho, máxime si no voy a hacerme trasladar por un buen automóvil y más aún si voy a ir haciendo paradas en muchas de las localidades consideradas como las más sagradas de toda la India. El objetivo es Gangotri, aquellas tierras altas en las que nace este caudaloso río, que se convierte en tal porque va recogiendo, a lo largo de su serpenteante discurrir por los Himalayas, aguas de buen número de afluentes.

Será éste, una vez más, un viaje hacia fuera y un viaje hacia dentro; será, a su modo, un viaje iniciático; será «el viaje», porque todo desplazamiento por el inmenso territorio de la India lo siento, lo vivo, lo metabolizo como «el viaje». ¡Y vaya viaje que voy a hacer! El tiempo no es bueno, pues a veces diluvia: plena estación del monzón. Las carreteras están en pésimas condiciones, por tanto, y con numerosos desprendimientos. El coche no es un Toyota de los que tantos hay ahora por la India, sino el básico y superviviente Ambassador, más resistente que un camello, pero a menudo lento como una tortuga. Ya veremos con el conductor, si es de los que conduce de lado y parece que nunca mira hacia delante o no; si es de los que cuando a él le viene en gana te deja en una miserable *dhaba* a tomar un comistrajo o no; si es de los que se saltan por sistema lo que uno quiere visitar o no; si es de los que nunca llega puntual o desaparece y nadie sabe dónde ha ido o no; si es, y ésta es la peor alternativa, de los que se amilanan cuando hay un desprendimiento y se empeñan en volver al punto de origen. Ya lo de menos es si masca *betel* sin cesar o si pone la radio a un volumen infernal o si parece un carrusel con sus bruscos frenazos y volantazos. Aquí lo peor es que uno pase por toda suerte de penurias y al final no pueda llegar al objetivo.

Ya está contratado el Ambassador, que no parece en las mejores condiciones. Ya está hablado y bien hablado el conductor, que a todo dice que sí y luego hará lo que le venga en gana. Ya me he abastecido de un buen racimo de plátanos y de unos paquetes de galletas Britania, siempre pasadas e incluso rancias, pero que hacen su función de llenar el estómago. Y nos ponemos en marcha desde Delhi con un calor húmedo y sofocante y la oracioncilla del conductor a la estampa de una divinidad que cuelga de su espejo y mi mente puesta allí arriba, en los altos Himalayos, zona de santuarios sagrados, de peregrinos y *sadhus*. Me recuesto, entorno los ojos, que abro al pronto, angustiado, porque el conductor ha estado a punto de atropellar a un ciclista y ha dado un frenazo sobrecogedor. Bien empezamos. Ya sé un poco lo que me espera: pinchazos, el radiador echando humo como si fuera una locomotora, algún manguito roto... Pero, por fortuna, la mecánica de estos coches es simple y las averías se resuelven. Eso espero y al poder kármico me encomiendo.

Hardwar: la puerta de Dios

Una cosa es ser optimista y otra, iluso. Pensaba yo que nos demoraríamos cuatro horas en llegar a Hardwar, en la planicie, ya a la sombra de las montañas Sivalik, en ruta hacia los altos Himalayas. Pero han sido siete horas: ¡los imponderables! La India es toda ella una prueba de paciencia y la imprevisibilidad siempre se interpone.

¿Hay algún vocablo que pueda definir aunque sólo sea aproximadamente cómo es la conducción en la India? Yo no lo encuentro. ¿Ha visto usted un partido de rugby, unos lanzándose contra los otros, a la carrera desenfrenada, sin concesiones? Pues es algo parecido, pero a mayor velocidad obviamente. Es una conducción infernal, de pesadilla, pero tras haber cubierto yo decenas de miles de kilómetros por la India, me resulta tan familiar, y casi tan entrañable, que jamás logra alterarme ni un ápice. Ni en la ciudad ni en la carretera hay regla alguna que se respete. Aquí el indio proyecta toda su anarquía. Si la cosa funciona —es como si pensase— por qué perderse en normas y restricciones. A la pregunta de por dónde se conduce en la India, habrá que contestar que por el centro. Todos los vehículos van por el medio de la carretera (los más osados, muchos, también por el lado opuesto al suyo), al encuentro con el que viene, como en un intento por saber quién será el último en apartarse. Sólo se desvían en el último instante, eso sí, con precisión matemática. Y si falla la precisión, ya se sabe... No hay señalizaciones (¿para qué? Y cuando las hay no sirven para nada), ni normas ni requisitos. Haz como puedas: es la única ley. Camiones parados en cualquier lugar, coches detenidos en medio de la calzada, vacas, monos, perros, viandantes, carreteras deficitarias, todo ello hace la conducción más caótica si cabe. Si me pidieran mi opinión sobre el conductor indio, yo contestaría que es el mejor y el peor del mundo. El peor porque no respeta absolutamente ninguna señal; el mejor porque es capaz, como nadie, de conducir por la India y llegar a su destino.

Pero allí a lo lejos diviso Hardwar, a la que llaman la Puerta de Dios, ciudad santa, muy santa, a su modo casi tanto como Benarés, pero más febril si cabe, más caótica si eso es posible, más sucia y desperdigada, mucho más pequeña, sí, recogiendo un número récord de lisiados, pordioseros, mendigos y deformes. Ésta es la Puerta de Vishnú, cuando la llaman Hariwar, el dios amoroso, el consorte de la anhelada Laxmi. Ésta es la puerta de Shiva, el consorte de la amorosa Parvati, cuando la llaman Hardwar. Es decir que es la puerta de unos y otros dioses y al final de Brahma, el gran Señor.

No puede uno creérselo. Nada más entrar en la ciudad, la legión de mendigos, indigentes, pordioseros y vagos nos deja más y más que atónitos. Los hay a miles, de todas las edades, algunos tan envejecidos a sus cincuenta años que se ven como decrépitos ancianos, otros desharrapados, sucios, famélicos, muchos con enfermedades de la piel, o de los ojos o de los labios. Hay bullicio, gentío, plegarias y mugre en esta santísima ciudad que es casi como un pueblo de casas destartaladas, tiendas desvencijadas y comercio sacro. Aquí se vende todo aquello que sea un «talismán» para el alma. Y hay más y más indigentes y, a lo lejos, colinas, algunas coronadas por santuarios o templos. La parte principal de la ciudad, que es como un pueblo, se extiende cerca del río y, sobre todo, de una zona dispuesta para las abluciones sagradas.

Hay calles y callejuelas repletas de tienduchas de objetos religiosos y siempre muy concurridas y una marea humana, espesa, compacta. Hay peregrinos sin fin, *sadhus*, devotos a raudales. Hay familias enteras que se zambullen en el río, ancianas mujeres tambaleantes que se las ven y se las desean para no sucumbir a la corriente de las aguas, vacas que dormitan en cualquier parte y perros, famélicos, husmeantes, muchos sarnosos. ¡Qué mal se trata a los perros en la India, como a las viudas, vamos! Hay vendedores ambulantes, adivinadores y decidores de fortuna, todo tipo de penitentes y renunciantes. Hay más miseria que cuanto pueda decirse. Hay también comerciantes que hacen la gran fortuna vendiendo estampas, collares de semillas sagradas, tridentes, *lingams* y objetos sagrados de lo más diverso. Hay una densa, pastosa, impregnante humanidad. El río se remansa, se torna apacible y sumiso en el Hari-ka-

Charan, recinto preparado para los baños sagrados, estanque santo donde los cuerpos entran y salen para hallar los espíritus la purificación. Hay unas gradas o escalinatas dispuestas a tal fin, y un poco más allá, un buen número de templos y santuarios. Detrás, se extiende la vista de las montañas bajas, preámbulo de algunas de las más altas del planeta.

Salmodias que transportan la mente cuando empieza a amanecer; repetitivos mantras que unifican la mente; gestos rituales de las manos que son una invocación al poder infinito. El templo más sagrado es el Gandwara. A lo largo del río, por un buen trecho, numerosos quiosquillos para meditar o hacer rituales, orar, dormitar o simple y llanamente lo que tanto le gusta al indio: charlar, cotillear. Largas colas de mendigos esperan para recibir el alimento que alguna persona acomodada ofrece de vez en cuando con motivo de una promesa. Deformes que exhiben impúdicamente su deformidad, a veces la más espantosa que uno pueda imaginar, para obtener unas rupias. Olor a comida; olor a incienso; olor a suciedad, a cloaca, a ranciedad, a miseria. Y hay muchos *ashrams* en la zona. Y hay *maths* (monasterios). Y hay monjes que de tales no tienen nada, y otros que son verdaderos renunciantes y sabuesos en busca de la Realidad Suprema.

Hardwar, con Ujjain, Allahabad y Nasik, es una de las cuatro ciudades en las que se celebra cada doce años un festival religioso de colosales dimensiones, al que acuden millones de personas, hasta tal punto que es la mayor concentración humana que tiene lugar. En una ocasión tal —y he vivido varias— se reúnen decenas de miles de devotos, peregrinos, *sadhus*, anacoretas que dejan temporalmente su retiro, *nagas* (*sadhus* guerreros, que caminan desnudos), renunciantes, todos ellos ansiosos de sumergirse en el agua sagrada, anhelantes de fundirse con lo eterno a través del líquido precioso. El baño ritual no sólo purifica el cuerpo, sino también las energías, y se convierte en trampolín hacia lo infinito, catapulta hacia lo más sublime. Entonces aparecen también charlatanes, embaucadores, astrólogos dementes que predicen el inminente fin del mundo, mistagogos apocalípticos, quiromantes y adivinos. El gran festival, el Maha Kumbha Mela, reúne tanta gente que el gran riesgo está en las estampidas, que a veces han acabado provocando decenas de muertos. Miles de personas forman como una tosca piña invadiendo las aguas gangéticas. Los *sadhus* acuden de todas las partes del subcontinente, pertenecen a las más variadas sectas, incluso a la de los *kapalikas* o hacedores de rituales en los cementerios y que gustan de embadurnarse con las cenizas mortuorias. Kilómetros y kilómetros alrededor de Hardwar se pueblan de gentes venidas de todos los estados para no perderse el festival. Los *sadhus* forman campamentos. La policía prepara puestos en las carreteras de acceso para controlar la vacunación de la viruela. Todo se organiza con cierta precisión, si tal es posible en la India, de la que se ha dicho que es un caos organizado, al igual que se dice de Occidente que es una organización caotizada. Precisión, pues, hasta donde los indios puedan ser precisos. Pero, a pesar de todos los cuidados, siempre hay incidentes y accidentes y alguien sucumbe en las aguas aprisionado por miles de cuerpos humanos. De todos modos, uno se sorprende de que tal aglomeración humana, tan impresionante, no origine mayores problemas. El indio es indolente, tranquilo, pero tiene su disciplina particular. Es una disciplina propia, a su modo, sin fatigarse, pero que se pone en práctica sin inútiles autocoacciones. No es una disciplina rígida ni estricta. Yo creo que ésa no existe prácticamente en ningún estrato del país. Las cosas ruedan y todo va fluyendo. Cómo fluya es otra cosa. Los servicios, por ejemplo, son exasperantes y ¡ay de uno como tenga que esperar al servicio del agua, el teléfono, la electricidad, porque haya habido una avería!

Uno teme que en estos descomunales festivales ocurra una tragedia impresionante. Todo está más o menos controlado. Paseando entre los *sadhus*, por sus extensos campamentos, apenas podía yo creer lo que estaba viendo: esta fascinante, desbordante, inimaginable asamblea espiritual que iba a contar con millones de personas, a la sombra de los montes Siwalik, en la sacrosanta Puerta del Ganges, la antiquísima, sucia, destartalada y muy sacrosanta Hardwar.

Supuestos santos, santos y santones. Todos, profetas y seudoprofetas, se dan cita en Hardwar. Todos se reparten el público de Hardwar. El negocio espiritual, que no se queda a la zaga viene funcionando desde hace milenios, ininterrumpidamente y con buenos dividendos. Por cada mil gurús falsos, uno verdadero. Por cada mil gurús con un ego de rascacielos (como Sai Baba, Osho, Mahrishi Mahesh Yogui, Visnudevananda y Maharaj Ji) y con una cara dura a prueba de bala, uno humilde, uno con real sabiduría, con la dicha del Ser. Por cada mil gurús que son como gramófonos repitiendo las enseñanzas, uno que ha hecho realmente de ellas la experiencia. Gurú es un término que quiere decir «el que quita la oscuridad», pero la mayoría de los gurús, falsos, sólo ponen velos de confusión en las mentes de sus discípulos. ¡Siempre lo he pensado: que me llamen de todo menos gurú! La opinión de Ramakrishna sobre ellos no era mejor, en absoluto. No es fácil hallar al gurú verdadero, sobre todo entre los hindués. Ellos, que han hallado, custodiado y perpetuado una mística muy refinada, son también los que mejor se las han apañado para crear la superstición más impúdica y tosca. Muchos gurús hindúes son recalcitrantes ególatras, inaccesibles, medio déspotas, divinidades de carne y hueso, huecos de mente y de corazón. Los maestros budistas y jainas pueden ser más o menos realizados, pero no tienen jamás las ínfulas propias de muchos gurús hindúes. El gurú hindú es la divinidad; claro, la divinidad puede humillar, denigrar, explotar y manipular, porque para eso es la divinidad y en su juego puede maniobrar de esa manera. El gurú hindú falso es el más falso de todos porque, puesto a ser materialista, el indio no tiene igual, como puesto a ser hospitalario y cooperante, tampoco. El gurú hindú es el más hábil y sagaz para dar el alimento espiritual corrupto como si fuera el mismo néctar de los dioses. Hasta el *sadhu* más insignificante y pícaro es espiritualmente superior a él. Pero como la suma de gurús en la India es enorme, los hay de todas las tradiciones, enseñanzas, técnicas, comportamientos y actitudes. De ahí que se diga: «Cada discípulo tiene el maestro que se merece y el discípulo indigno encontrará maestros indignos».

Yo había buscado a Ananda Ma en su *ashram* de Benarés, pero estaba ausente. La busqué en su *ashram* de Delhi, pero estaba igualmente ausente. La busqué en su *ashram* de Hardwar y la encontré. Esta vez el karma había sido favorable. Y ¿por qué llevaba yo años queriendo hallarla y verme con ella cara a cara? ¿Por qué quería yo estar frente a esta mujer y que hablaran nuestros corazones? Por una simple razón: porque para cientos de miles de hindúes, y un buen puñado de occidentales, es un alma liberada, una verdadera *jivanmukti*. *Swami* Chaitanyanand me había dicho: «Ella está más allá de toda dimensión. Ni siquiera nosotros la comprendemos». Yo no aspiraba, pues, a comprenderla, sino a sentirla. Había visto fotos de ella cuando era joven y era una de las mujeres más hermosas, sutiles y a la vez distantes o frías que jamás nadie pueda imaginarse. De haber nacido en América tal vez hubiera sido una de las más admiradas y deseadas actrices de Hollywood. Tenía la expresión de una ninfa y esos ojos de abismo que sólo tienen las mujeres con el toque de la diosa. Pero la intuía, por esas mismas fotos, gélida, demasiado lejos, excesivamente ausente. Por eso la había buscado a lo largo de varios viajes y finalmente ahora el destino parecía dispuesto a permitir el encuentro entre la diosa y el bárbaro occidental.

Nadie adora, cuando adora, como el hindú. Nadie, os lo aseguro. Adora a su madre como nadie y como nadie adora a sus hijos. Adora a sus dioses y a sus gurús. Adora su casta y sus tradiciones. Pero cuando, en reacción, se torna desacralizante, nadie es tan escéptico y desacralizador como él y cuando le sale la vena materialsita, nadie consigue serlo tanto, os lo aseguro. Pero las personas que se apiñaban en el *ashram* de Ananda Ma eran en su mayoría de las que gustaban de la adoración, sólo bastaba con contemplar la expresión de sus rostros. Estaban al borde de la embriaguez religiosa, borrachos del *soma* de la santidad.

Era un *ashram* típicamente indio, pero los hay muy sucios y abandonados y los hay impecablemente cuidados e inmaculados. Éste era de los segundos. Largas colas se habían formado en espera de que la Madre comenzase a recibir sus innumerables devotos. Un hombre de mediana edad, aséptico y cortésmente distante, informado de que yo quería encontrarme con la mujer más santa de la India en esos años, vino a buscarme y musitó:

—Podrá ver a la Madre, enseguida.

Por fin podría conocer a Ananda Ma. Había leído mucho de ella y sobre ella. Durante varias décadas, desde que fuera joven, muchos la habían reconocido como una verdadera *shakti* viviente. Ella se permitía ser distante, ausentarse para ir hacia sus adentros, guardar prolongados silencios, permanecer como desconectada de sus admiradores, ser incluso un poquito déspota, dejarse querer, cuidar y adorar; ella se permitía todo esto, pero ¿acaso no puede permitírselo una diosa?

Huele a flores. Estoy en una habitación donde se venden las obras de la Madre y donde hay fotografías de ella de muy distintas épocas de su vida. ¡Cuán hermosa y fascinante era a los veinte años! También hermosa a los treinta, a los cuarenta, a los cincuenta, aunque la vida vaya dejando huellas profundas en su rostro de mujer santa. Me conducen por un pasillo abigarrado de personas a una habitación contigua, vacía. Hay una especie de estrato con unos cojines encima. Vestida de blanco, firme en el caminar a sus ochenta años, con un porte digno, tronco erguido, expresión apacible en la faz, aparece Ananda Ma y se sienta, sin perder la compostura, sobre uno de los cojines. Se yergue más si cabe, alisa los pliegues de su túnica inmaculadamente blanca, esboza una semisonrisa que casi no llega a tal, me mira como si estuviera lejos, infinitamente lejos: ella, que no yo. Se acicala, se preocupa por su aspecto. ¡También la diosa es coqueta, extraordinariamente coqueta! Hace un leve movimiento de cabeza y el hombre que ha venido a buscarme me pregunta qué quiero de la Madre. «Hace años que quería conocerla —contesto—, visitarla, sentir su presencia.» Me pregunta a qué me dedico, él, claro, no ella, pues ella quiere saber de mí, dice el hombre, pero ella sigue como estando sin estar, preocupada de su apariencia, muy relajada, atusándose de vez en cuando, muy calma. Explica a la Madre —si es que me oye desde su estadio de supraconciencia— cuál es mi labor, por qué derroteros me ha conducido el karma, cuáles son mis empeños. La Madre asiente con la cabeza —¿de verdad me escucha?—. Yo sigo hablándole de mi búsqueda, de mi trabajo como escritor y profesor, de que, como un sabueso, no dejo de perseguir la presa espiritual..., muchos años buscando, muchos años en esa incertidumbre, en ese alambre por el que trato de caminar como un torpe funámbulo. La Madre hace un gesto para que el interlocutor se acerque a ella. El hombre obedece al pronto y pega su oreja a la boca de la sacrosanta Madre, que susurra algunas palabras. El hombre se vuelve hacia mí y dice:

—La Madre se siente complacida con su trabajo y le desea mucha suerte en el mismo. Prosiga, no deje de hacerlo. Le da sus bendiciones.

Pido permiso para fotografiarla. La madre accede. Se yergue más, se atusa más, hace un poco más amplia y tierna su semisonrisa, se torna coqueta e infantil, dulce y encantadora, sus ojillos se hacen más dulces y su mirada, por primera vez desde que estoy en la sala, más humana. Ahora es una niña con ochenta años o una anciana con siete años de vida. Una, dos, tres fotografías... El flash tiñe de luz el luminoso rostro de la Madre. Sonríe más, abiertamente. Mueve la cabeza pausadamente, en señal de despedida. Deben comenzar a desfilar ante ella los innumerables devotos. El extranjero debe partir. La diosa debe permanecer. Me sorprende cómo mantiene su postura, impecable, ni una crispación en su cuerpo, relajada como una fluida ola en alta mar. ¿Qué hay detrás de esa mirada, qué conserva el corazón de esta mujer? Nadie podrá saberlo jamás, tal vez ni siquiera ella misma. Dejo el *ashram*, dejo a la Madre a mis espaldas, diosa viviente que durante décadas ha sido venerada, adorada, admirada y custodiada. Y de nuevo vienen a mi mente las palabras de *Swami* Chaitanyanand: «Ella está en otro nivel. Ni siquiera nosotros podemos comprenderla».

Paseo por las calles y callejuelas de Hardwar, una y otra vez. Una multitud abigarrada, devotos locos de Dios, pordioseros, lucha por sobrevivir. Hurgo en los tenderuchos, compro rosarios de la semilla sagrada *rudraksa*, adquiero un *Bhagavad Gita* en sánscrito, muy tosco y por ello muy entrañable, me siento junto al río, contemplo a familias enteras sumergiendo sus cuerpos en las aguas. Veo a los *pandas* con sus enormes libros llevando los registros de familias enteras que van registrando desde antaño. Hay un vendedor de flores con una gran canasta. Hay un barbero. Afeita al que lo solicita o le rasura la cabeza y se la deja como una bola de billar. Maneja la navaja con destreza sorprendente, sin necesidad casi de mirar por dónde desliza su hoja. Hay miles y miles de estos barberos y a veces forman un grupo, en cualquier lugar de la calle, a cualquier hora. Hay una mona con sus dos minúsculas crías aferradas a su pecho. Hay olor a curry y a *bhang*. Más que caminar, transita lenta y apaciblemente una vaca: una vaca vieja, que casi se cae a trozos, sabia en salmodias y en dolor, la mirada inocente a pesar de su ancianidad, el cuerpo lleno de ronchas. Hay un hombre hermoso, cubierto sólo con un taparrabos, un cuerpo crístico, recitando mantras. El mantra hace fuerte al hindú, le protege, le aproxima a su base cósmica, le ayuda a robarle el poder a Shiva. Sí, hay que tomar el cielo por asalto. No lo ofrecen gratuitamente; hay que tomarlo. Decía un maestro que conocí: «Tómame la fuerza, róbamela. Si no lo haces, es tu problema». El hindú requiere esa fuerza cósmica, tal vez porque es más indolente que otras razas, tal vez porque valora esa fuerza que le hace posible el proceso cósmico. Cuando hay sacrificios, es para ganar esa fuerza; cuando adora, adora en realidad su propia potencia cosmogónica. Al adorar a la divinidad hay que volverse la divinidad misma. Los mantras son llaves para abrir la mente al poder. ¿Acaso la energía no es poder? ¿Acaso el mantra no es energía?

Aquí estoy yo junto al Ganges y me vuelvo como los que aquí están, sin prisas, dejando pasar la jornada, contemplando y dejando contemplar, permitiendo que los olores y ruidos me envuelvan. Viene un joven y me pregunta el precio que tiene la camisa que llevo y yo respondo. Viene un anciano y me pregunta si me gusta Hardwar y yo respondo. Viene un grupo de peregrinos y me preguntan si estoy de peregrinación y yo respondo. Viene un *sadhu* y se interesa por mi *Bhagavad Gita* y lo toma entre sus manos y yo le dejo. El indio asalta, inquiere, pregunta hasta por tu ropa interior. Es así de curioso y encuentra en el contacto con el extranjero una forma de diversión, pero lo hace siempre con buena fe, jamás agresivo o hiriente.

Me espera un *acharya*, un sabio, al menos eso dicen de él sus discípulos. En la India el discípulo siempre considera que su maestro es único, el mejor. Como el maestro es Dios, su maestro es el más Dios.

De tez muy oscura, ojos penetrantes, alto, movimientos muy lentos, manos huesudas y expresivas, voz cadente, no me impresiona, en absoluto. Está considerado un gran erudito, un *pandit*. No llega hasta mi corazón, no lo siento. Viste de blanco, es depositario de extraordinarios conocimientos de metafísica y psicología indias, pero no me transmite. Habla y habla, pero no me alcanza. Charlamos sobre la reencarnación, el liberado viviente, el ego y el Ser. Otros no hablan, pero me tocan el corazón. Es inteligente, tiene muchos conocimientos, pero no siento su sabiduría. Creo que tiene más información que experiencia interior. Se llama Acharya Sharma. Muchos maestros y gurús de la India seguro que piensan: «Que mediten los otros; para algo soy yo el gurú». Y se les nota que no han meditado. No, no quiero datos, anhelo sabiduría. Pero a pesar de todo, la conversación es casi interminable. Es interesante, sus labios arrojan conocimientos, pero ¿dan luz? Hay flores vistosas, pero no tienen aroma. Hay flores ya marchitándose, pero que, sin embargo, son tan aromáticas, tan generosas en su fragancia... Hablamos sobre el mundo de aprender a morir. Siento que brilla con la mente, pero no tanto con el corazón. Le pregunto a Acharya Sharma sobre la reencarnación, y me dice:

—La filosofía de la reencarnación entra de lleno en la concepción que tenemos y seguimos de que el ser esencial no se pierde. Según la filosofía hindú, el ser esencial o espíritu no se pierde. Al vivir, el cuerpo es como un vestido que nos pusiéramos y luego nos quitáramos, pero lo que vive en ese cuerpo es eterno y va tomando otros cuerpos. Cuando finalizamos con este cuerpo, podemos tomar otros cuerpos. Los impulsos y latencias del subconsciente son también transferidos en la reencarnación. Algunas antiguas filosofías indican que el hombre debe pasar por distintas existencias animales, pero yo pienso que cuando uno alcanza el grado de hombre, no puede degradar, ya no puede tomar el cuerpo de animal.

Le pregunto:

—¿Se puede aprender a morir?

Me contesta:

—De la misma forma que hemos aprendido a vivir, es necesario aprender a morir, a que muera nuestro cuerpo. Nuestra personalidad o individualidad es una mezcla de cuerpo y espíritu. El espíritu goza de su propio camino y el cuerpo tiene sus propias necesidades. Si constantemente nos adiestramos y aprendemos la práctica de separar ambos —«siento que este cuerpo es diferente del espíritu»—, si realizamos esta técnica como es preciso, cuando vemos o hacemos algo, experimentamos con exactitud que hay en nosotros dos cosas diferentes que están haciendo algo únicamente en conjunto, y seremos capaces de tomar conciencia de que son dos cosas diferentes y así entenderemos que, en realidad, el cuerpo es como un vestido que usamos y después es algo muy diferente del cuerpo, que no es perecedero. Se dice en el *Bhagavad Gita*: «No puede ser cocinado por la sal; no puede ser quemado por el fuego; no puede ser erosionado por la atmósfera». Él es eterno. Hay, por cierto, una práctica que podemos realizar cuando nos vayamos a dormir. Al ir a dormirnos, sintamos como si fuéramos a morir y experimentemos que el cuerpo yace ahí, pero que el ser esencial, el espíritu, marcha hacia la amada Divinidad. Si realizamos esta práctica asiduamente, aprenderemos a morir. A lo largo del día debemos cumplir todas nuestras responsabilidades y por la noche, al realizar la práctica mencionada, decir: «Señor, he cumplido con todas mis responsabilidades como es debido y ahora pongo en tus manos de nuevo todos los instrumentos que me diste y voy a morir». De esta manera podemos practicar la muerte todas las noches. Ésta es una práctica, una *sadhana*, un ejercicio que nos imponemos. Y así aprenderemos a saber que no somos el cuerpo, sino un ser esencial, o espíritu, que vive en un cuerpo que el Divino nos ha dado. Practicando de esta manera, aprenderemos a morir.

Me he sentado, tras la entrevista con el *acharya*, con los *sadhus*. No me he puesto a juzgarlos, simplemente me he sentado con ellos. Estaban preparando la cena, sobre un fogón improvisado, cocinando algunos de ellos. Me han pedido un cigarrillo, pero yo no fumo. Algunos se cubren la cabeza con harapos y se disponen a dormir. Hay muchas habilidades que tiene el indio y una es la de poder hacerse un ovillo en cualquier parte y entrar en el sueño más hondo. Otra es poder aguantar el calor estoicamente, como si con él no fuera. Comparte estas habilidades con la de ponerse en cuclillas y pasar así muchas horas, sin dejar de parlotear, con unas piernas como goma, pero resistentes como pinos. Ahora un *sadhu* me pasa una taza de té. No tiene más de dieciséis años, el pelo enrojecido por la henna, mezcla de ingenuidad y picardía en la mirada hermosa y reluciente. Hay estrellas muy luminosas en el cielo de Hardwar. A lo lejos escucho melodías sacras. Cuando llega el anochecer, la India se transmuta. Pero hay cosas que yo no puedo explicar ni describir. Entonces siento con un estremecimiento que estoy en la India, en sus entrañas y en sus raíces y siento la inmensa soledad del buscador y me sé en la tierra de los grandes sabios de antaño y hay algo inmenso que me toma, innombrable, que nunca sabría definir ni calificar. Cae la noche en el Ganges.

Sobresale por su presencia y estatura entre la abigarrada multitd. Es como un elefante apacible y muy sólido que sigue su propia senda, que asume en solitario su propio devenir. Va impecablemente vestido, con su túnica anaranjada, un precioso y llamativo turbante en la cabeza, varios rosarios y collares colgados al cuello, el tridente de Shiva en la mano izquierda. Es un ser hermoso, de unos cincuenta años de edad, mirada amorosa, facciones armónicas, fuerte en su complexión, fluido y a la vez aguerrido, barba encanecida adornando su faz, grandes y expresivas manos. Me fascina. Es la imagen del *sannyasin* que uno espera encontrar, que uno sueña en sus fantasías místicas. Me coloco a su lado. Caminamos juntos, me pasa el brazo por encima de los hombros, me sonríe levemente, nos miramos creando un vacío inmenso y silencioso, fecundo y confortante, a pesar del estruendo y la multitud del anochecer. Es un yogui del linaje de Goraknath, el gran yogui-alquimista, el padre del hatha-yoga. Se llama Sita Ramjji Maharj. No tenemos prisa. El tiempo no cuenta en Hardwar. Caminamos lentamente, abriéndonos paso entre la multitud, acercándonos a las aguas del río. Ya ha tenido lugar la ceremonia del *arati*. Allí nos detenemos. Allí recibo su mantra. Allí nos comunicamos de corazón a corazón, mientras cientos de pordioseros forman largas colas para recibir el alimento de un devoto acaudalado. Este hombre tiene la dignidad de los grandes. Tiene la magia, el carisma y la ternura de los que buscan sin descanso y van encontrando. No está nunca solo porque está consigo mismo. Ha hecho de su vida una búsqueda hacia dentro, un peregrinaje de retorno a su ser. Cuando nos despedimos, recuerdo unas palabras muy significativas de Jung: «La externalización conduce a un sufrimiento incurable, porque nadie puede entender cómo puede uno sufrir a causa de su naturaleza. Nadie se sorprende de su propia insaciabilidad, sino que la considera parte de su patrimonio, sin darse cuenta de que la unilateralidad de semejante dieta del alma le llevará, en última instancia, a desequilibrios gravísimos».

Rishikesh: morada de sabios y de menos sabios

Rishikesh es un pueblo en las estribaciones del Himalaya, en las proximidades del Ganges. Un pueblo típicamente indio, pero con el toque de una larguísima tradición espiritual y mística. De hecho, el nombre quiere decir «tierra de sabios» y desde muy antaño vivieron aquí grandes eremitas, buscadores de lo eterno, tomadores de la anacoresis, yoguis y peregrinos en pos del Sentido. También hay los inevitables seudogurús, seudoprofetas, embaucadores a raudales y controvertidos gurús más en la senda de la egorrealización que de la autorrealización. ¡El supermercado espiritual, el gran negocio del espíritu!

Rishikesh es simpático a su modo, hasta entrañable, pero ruidoso y polvoriento. El pueblecillo es una larga calle bazar y un número de callejuelas adyacentes. Ha ido cambiando inexorablemente su fisonomía, se va comercializando más y más, y muchos de sus *ashrams* son un ejemplo de altanería, despotismo, banalidad, comercio y desfachatez y algunos de sus gurús son politicastros, infatuados, arrogantes, que pierden el trasero por tratar a los «honorables» políticos indios y se lucen como pavos altivos, como el gurú que dirige el Parmarth Ashram, entre otros. ¡Vaya gurús que son éstos! ¡Deberían besar las polvorientas sandalias de los *sadhus* en lugar de alimentar tanto su ego y su vanidad! Todo lo institucionalizado es putrescible y corre el riesgo de pudrirse.

En la calle principal de Rishikesh, al atardecer, abundan los puestecillos de variadas y sabrosas frutas. Hay numerosas tienduchas con todo tipo de objetos. Algunos templos en cuyo patio se reúnen un número inmenso de *sadhus* y peregrinos, para charlar, reposar y tomar algún alimento. Las túnicas anaranjadas, desde la distancia, forman una descomunal y llamativa mancha roja que casi hiere la vista. El trasiego de *sadhus* y *sannyasins* por esta calle principal, y cuyo rastro nos lleva hacia las montañas, remontando el curso del Ganges (lo que yo pretendo hacer en días sucesivos), es constante y mucho más cuando se avecina algún festival religioso o festividades espirituales. Pero, aunque con su encanto, el pueblo no es más que uno de tantos pueblos indios. Lo que cuenta es la naturaleza y para eso hay que salir del bullicio y el gentío del pueblo, caminar tres kilómetros y adentrarse en las faldas de las montañas, allí donde, a ambos lados del Ganges, hay numerosos *ashrams* o comunidades espirituales para todos los gustos, precios e inquietudes. También hay ermitas y templos. El Ganges surge como una inmensa culebra entre las montañas bajas del Himalaya, majestuoso, magnífico, lamiendo las escalinatas en las que se celebran las abluciones religiosas y donde mujeres y *sadhus* acostumbran, al amanecer y al atardecer, a lavar sus prendas. Es un paraje hermoso, de densa vegetación, las aguas gangéticas en un murmullo suave, pero penetrante, la recitación de mantras, los cánticos sacros cuando el sol comienza a ocultarse. Los anocheceres junto al Ganges dejan una huella indeleble en el corazón. Hay paz, hay quietud, hay reencuentro con el cosmos. En cambio, de día, Rishikesh y sus alrededores son concurridos y ruidosos. No invitan a la quietud, no arropan con una brisa de calma profunda.

A uno y otro lado del río están los *ashrams*. Los hay paupérrimos, menos paupérrimos y ricos; los hay que se han vuelto rígidos, burocráticos, secos y distantes. Los hay, todavía, con gentes amables y sencillas. Los hay renovados, que se modernizan a la bísqueda del occidental con medios. Los hay casi vacíos, solitarios, lejos de la propaganda y del negocio espiritual; los hay abarrotados, de lleno en el supermercado del espíritu, abocados a la publicidad más descarada e impúdica, a la conquista de visitantes, a uno y otro lado del Ganges; algunos están dirigidos por gurús que han adquirido notoriedad incluso en Occidente. Casi todos están enclavados en un hermoso lugar: las laderas de las montañas himalayas. En algunos no hay la menor disciplina: cada adepto va a lo suyo, según sus leyes. En otros hay horarios rígidos y programas y actividades. Los hay, pues, para todos los gustos. Gentes de todo el mundo acuden a ellos. Durante años yo estuve visitando periódicamente algunos de ellos, alojándome allí y entrevistando a un gran número de yoguis, eremitas y *sannyasins*, cuyos testimonios aparecen en mi obra *Encuentros con yoguis*.

En las proximidades de los *ashrams* hay algunos restaurancillos, muy modestos, limpios, pero no higiénicos, donde se pueden tomar algunas bebidas y platos indios. La higiene no forma parte del decálogo indio e incluso Gandhi les prevenía de que aquello creaba rechazo en el occidental. Se lava y se lava, le gustan las abluciones, pero su concepto de la higiene es la antihigiene. Al lado de los restaurancillos hay tartanas para poder desplazarse por la zona. Aquí, en estos chiringuitos, me siento de vez en cuando, para tomar resuello, para apartarme un poco de tanta santidad y seudosantidad y mirar a los peregrinos, comerciantes, mendigos, gentes venidas de los pueblos y aldehuelas, a veces en tropel. El número de monos es impresionante. Son inquietos, desapacibles, incluso agresivos.

He practicado mis ejercicios de yoga, al amanecer. El sereno vigor que es el hatha-yoga. El yoga de la potencia en quietud. El verdadero hatha-yoga y no el yoga de saltimbanquis y de los obsesionados con el culto al cuerpo. Estirándome de aquí para allá, luchando contra la rebeldía de tendones y articulaciones, masajeando órganos, influyendo en puntos vitales, abriendo los veintiún canales de energía, viviendo las técnicas desde mis adentros, con conciencia y ecuanimidad. Frente al Ganges, al amanecer, al atardecer. Cada día valoro más el hatha-yoga, el yoga sobre el cuerpo para obtener la conquista de la mente. Está el cuerpo endurecido por las mañanas: las posturas se hacen más difíciles. Relajo y relajo a pesar de los estiramientos. Pauso la respiración: experimento las sensaciones tal como surgen y se desvanecen. Vipassana a través de la ejecución de los *asanas*.

He tomado un té excesivamente cargado, que rasgaba la garganta. Y he paseado junto al Ganges. Luego he encontrado un *sadhu* más de leyenda que de realidad. Muy anciano, muy pintarrajeado, carnes fláccidas, peregrino infatigable, piernas de astilla, el tridente en la mano temblorosa, cataratas en los ojos, pero sentado dignamente, con la columna vertebral muy erguida. Luego he visto a una mujer muy hermosa, pero desaliñada, muy pobre, los ojos de una belleza que esmalta el alma del que los ve, desastrada, en harapos. Y luego he dado un larguísimo paseo por uno y otro lado del río y finalmente me he acercado al área de Laksman Jhula, y he visto un faquir, contorsionándose como si fuera goma; y otro que se arroja sobre la cama de púas; y otro que levanta una roca con su pene. También me he llegado a un poblado de leprosos y he contemplado una larga hilera de mutilados, cubriendo los leprosos sus muñones con sucias vendas, pidiendo con voz atiplada unas rupias. He contemplado durante horas las aguas del Ganges precipitándose hacia la planicie, he escuchado el batir de las ropas contra la piedra para lavarlas —a la clásica manera india—, he tomado un zumo de mango, tibio y empalagoso, y me he perdido en la densa oscuridad de la noche, dando vueltas y más vueltas hasta que finalmente, horas después, he logrado volver a mi celda en el *ashram*. Varias personas duermen en el pasillo. Hace un calor infernal. Será imposible dormir. Escucharé los *kirtans* en la lejanía hasta el amanecer. ¡Qué lejos queda Occidente! No hay miles de kilómetros de distancia, sino una galaxia por lo menos de distancia. La India es el otro lado de la tierra; no, es otra tierra. Más vale callar la mente y conciliar el sueño. Más vale enmudecer los sentidos y hallar el mensaje en el silencio interior. Pero en el exterior roncan los durmientes que se agolpan en el pasillo y a veces eructan o ventosean o hablan en sueños, y los mosquitos agreden con implacable voracidad y el ventilador, rápido como una hélice de un avión, emite un ruido insufrible. No es una noche así, que son varias, y que varias han sido a lo largo de años, tratando de ser estoico, apelando a la motivación y evitando desalentarme, con el cuerpo bañado en sudor. Me incorporo. Amanece con hermosura embriagadora sobre el Ganges. Es el mejor momento para meditar, en la conjunción de la noche y el día. La mente se calma, se aquieta, se deposita en su propio ángulo de quietud. Experimento mi desnudez interior. Hay cosas que sorprenden de las que uno nada puede decir, pero están al alcance. Son sublimes. Cuando salgo al exterior, unos cachorrillos de perro juguetean, me lamen cariñosamente, despuntan a la vida.

Jornadas dedicadas a entrevistar yoguis y más yoguis, incluso he entrevistado al que fuera secretario de Nehru, que se ha hecho *swami*. Y he hablado con yoguis en las cuevas, uno de ellos totalmente ciego, pero tiene el ojo del entrecejo abierto, él sabe, él aconseja bien, él está en calma en las turbias aguas del torrente de la vida. En los bosques todavía queda algún eremita, que llevan la vida más sencilla, entre los árboles, saciando la sed con el agua de los riachuelos, desnudos o en taparrabos. Éstos no quieren saber nada de fastos, ni de seguidores, ni de honores, ni de dirigentes políticos u hombres de negocio como los gurús de masas; éstos viven su vida, apacibles, sin compromisos, sin prisa y sin ansiedad, en su centro, en su ser.

Hace una noche clara, nada frecuente en la estación de las lluvias. Hace una de esas noches mágicas que huele a jazmín y a sándalo. He asistido a la recitación de mantras en el *satssang* (asamblea espiritual), he absorbido mi mente en la ausencia de todo lo que es la presencia del ser, he viajado al otro lado del intelecto y del ego, a mi proceso cósmico. Había un buen número de *swamis*, algunos de ellos con una presencia muy hermosa, erguidos como esculturas, los ojos entornados y la quietud en el semblante. Muchos abandonaron su próspera vida material para buscar al Divino y aprender a desencarnar. He conocido a un *swami* que ya no tiene pensamiento lógico, diría yo, que está en el discurrir existencial sin ego; es anciano, es risueño, es bromista, es reconfortante. Paso de un *ashram* a otro como un mono salta de rama en rama, oteando, consultando, entrevistando y recibiendo clases de yoga. He caminado junto a *sadhus* y peregrinos; he meditado al anochecer en una de las playitas del Ganges. He paseado mucho y he asistido a la ceremonia que todos los días al anochecer tiene lugar en honor de la Madre Ganga. Pero ¡cuántas entrevistas!: no he dejado en paz ni a un *swami* del *ashram* La Vida Divina. Chidananda, Brahmananda, Atmaramantanda, Atdyamananda, Krishnanada y tantos otros. ¿Cuántas veces habré preguntado qué es la sabiduría, cuál es el sentido de la vida, hasta qué punto se puede conquistar la supraconciencia? Pero el caso es que hay que partir, que mi objetivo es llegar hasta Gangotri, donde el Ganges empieza a fluir hacia la planicie, atravesando cañones y valles, pasando después por Rishikesh, Hardwar y Benarés. Debo inquirir sobre el estado de las carreteras y partir, pero eso será al día siguiente, puesto que tengo hambre y quiero cenar. Entre cánticos, formando hileras, he ocupado mi puesto en el suelo. Han colocado una enorme hoja de plátano ante mis piernas flexionadas, que me servirá de plato. Comeré a la manera india, con la mano derecha, pues la otra es para menesteres más sucios, según la costumbre india. Va pasando un *swami* frente a nosotros, rezongando salmodias sacras, grueso él, un cubo en una mano y un cazo en la otra, arrojando arroz a la hoja de plátano. Otro nos sirve lentejas, veduras y *chapatis*. Comemos en silencio. Este torpe occidental que soy yo come con la mano con no pocas dificultades, sin saber mezclar bien el arroz con las lentejas, para formar así un engrudo que llevarme a la boca con la ayuda también del *chapati*. ¡Pues que no! Lo hago muy mal, francamente mal, me mancho, se me escurren los alimentos; pero cada uno está a lo suyo, cada uno en su alimento que, bendecido, es el alimento divino, que procura la fuerza y la energía.

Me he sentado sobre el camastro a meditar y he puesto el ventilador a la máxima velocidad posible. He tenido que luchar contra mil pensamientos de nostalgia, melancolía, soledad. He echado de menos a mis seres queridos y entrañables. Pero siguiendo la instrucción yóguica, he retrotraído la conciencia para percibir al que percibe, descubrir al que ve y huele, al que piensa, al que es... o cree que es. Comienza de nuevo a diluviar y el sueño termina por vencerme. Quiero llegar a Gangotri. Otras veces no he podido por los desprendimientos de tierra. Pero se me antoja que ir remontando el río es como ir remontando mi propio río de pensamientos para llegar al ser que se esconde detrás. La última pregunta que mi mente se hace antes de entrar en el sueño profundo es si podré alcanzar Gangotri.

Con nuestros parámetros mentales y puntos de vista a la occidental nunca podremos realmente acercarnos a la India. Tenemos que hacerlo con la mente libre y desprejuiciada, dejando que funcione no sólo la lógica aristotélica, sino sobre todo la lógica paradójica, porque en la India la racionalidad y la irracionalidad caminan codo con codo, y lo intelectivo debe dar paso a lo intuitivo, lo secuencial a lo simultáneo, lo preciso a lo ambiguo, lo profano a lo sagrado y lo temporal a lo intemporal. La macro India es un variadísimo y asombroso caleidoscopio de micro Indias. Por algo la India termina por escapar a toda descripción por mucho que se intente, a todo resumen, a cualquier calificativo fácil y trivial. La India es más para sentirla que para pensarla; más para vivirla que para querer reducirla de forma simplista a conceptos que jamás podrán dar una idea de su riquísima variedad.

Hay cuatro focos de poder místico en la zona del Uttarakand, hacia la que dirijo mis pasos. Son los cuatro santuarios de peregrinación más importantes del norte de la India, en la alta montaña, accesibles sólo de mayo a noviembre, donde habitan, en aislamiento, dominando el yoga del fuego interior, yoguis que están semidesnudos y que se alimentan muy parcamente. Estos cuatro santuarios son: Gangotri, Yamunotri, Badrinath y Kedarnarth, desde antaño incesantemente peregrinados por *remias*, yoguis, *sadhus*, peregrinos y devotos. El Gangotri: en un lugar llamado Cabeza de Vaca está el glaciar del que nace el que luego se va confabulando como el caudaloso Ganges; esas aguas penetradas por millones y millones de devotos que hacen de ellas el «néctar» en el que realizar sus purificadoras abluciones. Este río, siempre venerado, se desliza a lo largo de mil quinientos kilómetros por la India, para terminar convirtiéndose en dos ramales en Bengala: El Padma, que se une al Brahmaputra, y el Hooghly, que desemboca en el mar a la altura de Calcuta, y en cuya desembocadura hay una isla muy sagrada en la que viven *sadhus* y faquires, llamada Gangasacar. En Gangotri, al pie de las inmensas montañas, hay un minúsculo templo a la diosa Ganga. Y allí me propongo llegar. Estos focos de poder cósmico, estos santuarios tan peregrinados, fueron también hollados por el gran sabio Shankaracharya, aquel que insitía en «Tú eres Eso» o «Yo soy Dios, Aham Brahmasmi». Aquel para el que la liberación consiste en tomar supraconciencia de que somos Aquel del que creemos estar desgajados, pero que siempre estamos en su seno. O sea, somos Él.

¡Tantas veces en Hardwar! ¡Tantas veces en Rishikesh! ¡Tantos hombres de Dios, tantos embaucadores, tantos pordioseros! ¡Tanta oración, tanta esperanza, tanto desconsuelo!

Objetivo Gangotri. Así que dejo Rishikesh. ¡Vaya cacharro de coche que llevo con pretensiones de alcanzar Rishikesh! Será un milagro, tendrá que ayudarme la todopoderosa diosa, la *shakti*, así que, aunque soy incrédulo y descreído, pragmático como Buda, que no un devoto sumiso que rinde obediencia ciega y abyecta a su maestro, recito en mi mente vacilante una antigua plegaria a la diosa:

¡Cuán rica en poderes!
En ti todo se halla;
Sombra de muerte,
Elixir de vida.
Tú obra todo es.
¡Oh, gran Madre!

Pues en manos de la diosa me pongo. Si tú no lo puedes, ¿quién lo puede? Me ha dado santurrona, pero es que ya he fracasado demasiadas veces en mis intentos por llegar a Gangotri. ¿No dicen en la India los tántricos que somos un juguete en manos de la diosa? Ella es la energía que todo lo mueve; son los fenómenos que ruedan y ruedan sobre la pantalla cósmica que es Shiva; es el universo en todas sus vibraciones, formas y colores. Pero en la India, me consuelo, todo lo que parece que va a salir bien a veces no sale, y lo que parece que es imposible que salga, sale. Veremos cómo se comporta el tiempo. Veremos si este cacharro sobre cuatro ruedas desgastadas se supera a sí mismo. Veremos qué hacen las precipitaciones y corrimientos de tierra con las sinuosas carreteras himalayas.

Hacia las fuentes

Unos kilómetros más. Atrás queda Rishikesh, a la derecha el Ganges. No está muy mal el tiempo, sólo llovizna, pero el sol se esfuerza por clarear el cielo y obsequiarnos con sus débiles rayos. Me siento a gusto, repachingado, comiéndome unos anacardos, pero ocurre. El viejo automóvil comienza a evidenciar sin el menor pudor sus goteras. Hemos alcanzado al menos Tehri y, de repente, se ha calado y el motor no quiere arrancar. Le doy unas palmaditas al conductor en la espalda para que se anime y, sobre todo y entre nosotros, para que salga de su estado de estupefacción, porque se ha quedado pasmado, como si eso no lo pudiera hacer su coche, como si fuera una traición por parte de su compañero cargado de años y de kilómetros, vapuleado por las inhóspitas carreteras de la India y seguramente mal abastecido de aceite. Tehri es un pueblecillo himalayo encantador, en la cima de la montaña, abriéndose a un excepcional valle. Un conjunto de casas muy primitivas y un puñado de tiendas improvisadas. Un té de agradecer, mientras el conductor y un mecánico al que ha recurrido se empeñan en arreglar lo que le sucede al motor y, de paso, el cuentakilómetros. Un larga espera. Otro té. El mecánico no logra poner el cuentakilómetros en funcionamiento, pero al menos el motor arranca, pero dale que dale, el conductor se empeña en lo del cuentakilómetros, no porque quiera conocer la velocidad a la que vamos, una media máxima de cuarenta kilómetros por hora, sino los kilómetros que vamos cubriendo. ¡Por fin se pone en funcionamiento el maldito cuentakilómetros! Ya hemos perdido bastante tiempo y ahora conductor y mecánico se echan un *bidis*, hablan y no dejan de hablar. Pero cuando nos vamos a ir, de nuevo se rompe el cuentakilómetros y no tengo más remedio que intervenir para pedirle tajantemente al conductor que prosigamos el viaje sin arreglar el cuentakilómetros. No le hace gracia..., ¡eso de no saber cuántos kilómetros hemos recorrido! Y la lógica de un conductor indio no es cualquier lógica. Por fin le convenzo y proseguimos la marcha. Con el ruido del renqueante motor quebramos el silencio de la inmensidad himalaya, por carreteras laberínticas, rutas desiertas, parajes frondosos, remontando el río más sagrado de la Tierra, que a veces se desliza presuroso por impresionantes cañones y sobrecogedores desfiladeros.

Finalmente he llegado a Uttarkashi. Se detiene el automóvil y abandono el interior, que parece un baño turco, caluroso hasta la asfixia. Me encuentro en esta pequeña ciudad himalaya, entre descomunales montañas, junto a espléndidos bosques, al lado del Ganges. Hay algunos pequeños *ashrams*, varios santuarios y alguns *sannyasins*. Uno de estos *sannyasins* que está frente a un *lingam* recitando un mantra, se empeña en que me siente con él. Así que yo también estoy ahora frente al *lingam* y me anima a que le unte con manteca clarificada y le arroje unas flores. El *lingam* se enclava sobre la vulva de la diosa y homologa así la cópula cosmogónica de la que emergen todos los fenómenos ilusorios.

Es ésta una localidad feúcha y tranquila, con algunos establecimientos en los que tomarse una taza de té y algunos hojaldres rellenos a la india, o sea, con una crema irreconocible y de sabor difuso, pero inevitablemente especiada y hasta picante. ¡Vaya dulce! Visito a *swami* Akhandananda. Es un hombre menudo, afectivo, comunicativo. En el margen de la carretera está su colegio de sánscrito, donde se conserva un buen número de obras filosóficas en sánscrito. Él mismo está clasificando y ordenando fichas cuando le encuentro.

A lo largo de siglos, en Uttakarshi, ha habido también un buen número de eremitas y renunciantes, algunos incluso viviendo en cuevas en los alrededores, en la espesura himalaya. La cueva tiene un significado especial en la tradición tántrica y un origen preario. La cueva homologa el útero de la Gran Madre, de la diosa o *shakti*. El eremita, al abismarse en meditación profunda en la cueva, de algún modo está retornando a su origen en la *shakti* que lo engendró, en la todopoderosa diosa en manos de la cual siempre seremos un juguete. Hasta esta remota zona del mundo occidental, llegó un singular hombre de Dios, el benedictino francés Le Saux, que se hizo *sannyasin*, se arropó con la túnica anaranjada, vivió en su casita en Uttakarshi y durante catorce años permaneció en esta destartalada localidad sin otro encanto que la naturaleza, entregado a la meditación y la investigación del Ser.

Abro la ventanilla del automóvil y saco la cabeza para recibir la caricia del aire himalayo en el rostro. Huele a resina. La carretera serpentea, siempre cercana a la arrolladora corriente del Ganges. A veces la naturaleza es tan impresionante que pido al conductor que detenga en el acto el automóvil, me bajo y me extasío con parajes soberbios, de prodigiosa energía revitalizante. Hay momentos en los que los rápidos del Ganges son tan impetuosos que sobrecogen y su sonido resulta atronador. Como puntos perdidos en el inmenso espacio, aparece algún pastor con su rebaño. A medida que avanzamos hacia Gangotri, los poblados son más minúsculos y distanciados los unos de los otros. La naturaleza también va cambiando considerablemente y pasa de ser muy frondosa, exuberante y blanda, a ser mucho más agreste. Vamos dejando atrás los inmensos bosques y penetrando en áreas con mucha menos vegetación. La carretera se hace más sinuosa, cada vez también más estrecha e inclinada. Hay algunos corrimientos de tierra y a menudo venas de agua cruzan la calzada y ponen en peligro el viaje. Sorteamos rocas que han caído al centro de la calzada. El conductor tiene miedo de que nos caiga una encima. El automóvil se aproxima con mucho riesgo al enorme precipicio. A veces la altura es verdaderamente sobrecogedora.

Para colmo, ya me lo temía yo, ahora es el radiador del automóvil el que da problemas y tiene poros. A menudo tenemos que parar y rellenarlo de agua tomada de los saltos himalayos. Es un agua fría, pura, exquisita al paladar y que nos ayuda a seguir funcionando, en pésimas condiciones, con el renqueante automóvil.

Cada vez se va tornando más pelado el paisaje y los cañones y desfiladeros son más profundos. Sólo hay algún minúsculo poblado. Estamos remontando este fabuloso río de la India que sabe más que nadie de cuerpos vivos y cadáveres, que riega las tierras norteñas de este descomunal territorio que es el subcontinente. Estamos ascendiendo a más de tres mil metros de altitud, por una carretera que parece más un camino de mulas. De tal modo echa humo el motor del automóvil que a menudo tenemos que parar para que se refresque. El conductor quiere volverse, pero un grito mío, profundo y gutural, salido del estómago y que se concreta en una sola palabra: «Adelante», le hace proseguir la marcha. No estoy dispuesto a fallar esta vez; ya han sido demasiadas: unas veces por los pésimos automóviles de deteriorados motores, otras por desprendimientos o cortes de carretera, otras porque el conductor se ha perdido o se ha echado para atrás. Si es necesario conduciré yo, aunque me despeñe.

Por fin alcanzamos Lanka, insignificante poblado a once kilómetros de Gangotri. Proseguimos unos kilómetros más, pero luego el sendero se hace intransitable para el coche y cubro la última parte a pie.

Gangotri

Desde tiempos inmemoriales, Gangotri ha sido lugar de peregrinación, ya lo he dicho, pero lo quiero recalcar. Quien peregrina a las fuentes del Ganges, constela, diría yo, la peregrinación a su propio poder nuclear. Ir remontando el Ganges homologa el remonte de nuestros pensamientos, siguiendo el largo peregrinaje del hilo de la conciencia para ir más allá de la conciencia, hacia el espacio inmaculado de quietud que reside en toda criatura viviente.

Estos hombres que forman un grupo, desaliñados, horriblemente desgreñados, *sadhus* nómadas, tienen un aspecto grotesco y están ensimismados, no en su ser, sino en su charla y en sus pipas de *bhang*. Me miran con descaro. Se reúnen alrededor de un fuego, pues hace frío a pesar de estar en los últimos días de agosto. Están estos andrajosos individuos, que juegan a ser *sadhus*, a las afueras de Gangotri, algunos con la taza de té en la mano, renegridos, arropados con harapos. No hay una brizna de santidad en estos hombres; son mendigos sofisticados que adquieren unas rupias de los crédulos peregrinos. Como me decía un *swami* días antes en Rishikesh, «por cada mil *sadhus* falsos sólo hay uno verdadero».

Aquí, en los altos del Ganges, algunos yoguis viven en el aislamiento absoluto todo el año y nueve meses sin posibilidad de salir de esta área del país, a muchos grados bajo cero, en las nieves. Estos yoguis sólo llevan taparrabos, suelen ser shivaítas y dominan de tal modo las técnicas de control de la respiración y la manipulación de las energías, que logran subir la temperatura del cuerpo y contrarrestar el frío de estas altitudes. Algunos se alimentan de raíces y té casi toda su vida, pero disfrutan de excelente salud.

Gangotri es un poblado arropado por inmensos picos, algunos sempiternamente nevados. Hay casas a uno y otro lado del río, muy precarias, así como algunos *ashrams* más que espartanos. La calle principal tiene algunas tiendas —la mayoría de ellas de objetos religiosos— y unas barracas en las que se venden galletas, rancias a menudo, y se puede tomar té. La alimentación es a base de arroz y lentejas, pésimamente cocinados. Se come con la mano y no existe otro modo de alumbrarse que el candil de petróleo. Las noches son frías y es necesario recurrir a un viejo y maloliente edredón. Siempre que viajo por los poblados del Himalaya tengo la precaución de llevarme una sábana, que, obviamente, algo me protege de la suciedad reinante en los camastros de los sórdidos bungalows u hospederías.

Las aguas del río alcanzan en Gangotri una impetuosidad furiosa y arrolladora. Da miedo acercarse demasiado. Es un espectáculo único y hasta sobrecogedor. Hay un puente sobre el río para pasar de uno a otro lado del pueblecillo. El caudal de agua es tan impresionante, de una violencia tal, que salpica a varios metros a su alrededor. Aquí la Madre Ganga se despacha a gusto, con potencia abismal. En realidad, es éste un lugar telúrico, sin duda un centro de energía. La energía es muy fuerte, no quiero entrar en si es positiva o negativa, agradable o desagradable, pero sí muy intensa, y creo que es constructiva o destructiva según cómo se instrumentalice. Hay mucho de mistérico y esotérico en este rincón de la India, entre un circo de enormes picos, con una magia muy especial al atardecer y al anochecer, con *sadhus* enrarecidos, muchos de ellos simples magos y chamanes. No es difícil al pronto distinguir los que son meros pordioseros al amparo de la tradición sadhu de los que realmente están en su búsqueda. Los hay de muchas edades, diferentes sectas y cultos.

El té humea entre mis manos, al atardecer, en tanto charlo largamente con el hijo del sacerdote del templo, un muchacho abierto y que me pone al corriente de todo lo relacionado con el templo. El cargo es hereditario, así que él también será sacerdote de la Diosa Ganga. Estamos hablando en una barraca de madera en la que sirven algunas bebidas, en la callejuela principal, al lado del templo y cerca del río. El templo es más bien un pequeño santuario, al pie de las montañas peladas, nada artístico, pero muy sacro, con una anodina imagen de la Madre Ganga en su interior.

Desde uno de los puentes es conmovedora la vista del Ganges que a uno se ofrece, arrollador, impetuoso y atronador, desplazándose por un prodigioso desfiladero de montañas muy altas, a la búsqeuda de la Madre India, para dejar su toque de divinidad en sus tierras salpicadas de decenas de miles de pueblos y aldeas.

Más arriba de Gangotri, el Ganges toma el nombre de Bhagirathi. Hubo un gran sabio y era este hombre de elevado nivel espiritual, llamado Bhagiratha, inclinado a la meditación y a la penitencia, alquimista de sus profundidades anímicas para transmutarse en clara y liberadora energía. La leyenda nos dice que el sabio con su entrenamiento implacable rogaba al Sublime para que brotase del cielo un río cuyas aguas purificasen las cenizas de los sesenta mil hijos del monarca Sagara, asesinados por el irascible Kapila. Y las aguas se desencadenaron, sí, pero con tal furia que amenazaban con inundar todo el planeta. Fue Shiva, el yogui de los yoguis, quien, por infinita compasión, pudo frenar la impetuosa corriente del río con su larga cabellera. Así Shiva dio un toque demiúrgico al río más sagrado del mundo. En la superficie, el Bhagirati tiene su paralelo en el cielo como el Mandakini y, en las profundidades de la tierra, como el Bhogavati. Sin duda, una representación de los tres grandes canales energéticos del ser humano: el *sushumba*, el *ida* y el *pingala*. Para muchos creyentes hindúes, el Bhogavati cubre de agua todos los pozos de la India.

Va declinando el día y los picos se cubren de nubarrones. Las aguas toman un color cobrizo. Me alojo en un modesto bungalow del Gobierno al lado de la bajada más impetuosa de las aguas, de donde surge un envolvente y atronador sonido que no me dejará conciliar el sueño en toda la noche. Hay una considerable humedad en el ambiente. Huele a petróleo en todo el *tourist-bungalow*, porque hay que usar candiles con este combustible. Sobre mi *charpori* (jergón) hago unos minutos de meditación, dejando que mi atención fluya con el ritmo de la respiración, vaciándome de todo para llenarme de la atmósfera densa y penetrante de Gangotri, en las fuentes del Ganges, que como yo en meditación debe permanecer en la fuente de mis pensamientos. De súbito me viene a la mente la imagen de la diosa Ganga que he visitado en el templo. En esas latitudes remotas, donde uno está en contacto con las entrañas de la tierra, tan lejos de la civilización a la que uno se ha acostumbrado, se experimenta uno a sí mismo al desnudo, en casi doloroso desenmascaramiento, humilde e impotente en manos de la diosa, tal vez un poco desvalido, sin amortiguadores psicológicos, sin poder uno siquiera retirarse al ámbito de los proyectos y expectativas, en un abisal aquí y ahora.

Apenas he logrado adormecerme cuando los primeros rayos del día entran en el sórdido y maloliente cuartucho y me alcanzan acurrucado bajo el harapiento y fétido edredón. Salto al punto del camastro, doloridos los huesos, presto el ánimo, y corro hasta la orilla del río, me dejo salpicar y hasta calar por sus aguas frías y desentumecedoras. Un *sadhu* de edad mediana se está preparando un té junto a una fogata. Otro, que siempre está solo y evita cualquier compañía, permanece hierático, la mirada en el vacío, bajo una manta raída. Las enormes montañas peladas tienen a esa hora del día un olor ocre. El cielo está medio encapotado. Me sitúo en el puente bajo el cual las aguas bajan tan arremolinadas y furiosas que todo a su alrededor es una nube acuosa que salta en el aire. Miro el río, fugaz, precipitarse hacia las tierras bajas de este inmenso país. Cierro los ojos y visualizo la India desplegándose, descomunal y cósmica, telúrica y a la vez sutil, que late en mí. Con los ojos de mi imaginación veo los enormes desiertos y planicies, las gigantescas montañas e inmensas mesetas, los bosques frondosos, las junglas selváticas, los excepcionales valles y las plácidas lagunas y canales tropicales. Visualizo sus grandes ríos: Ganges, Brahmaputra, Indo, Yamuna, Codavari, Narbada. Me proyecto flotando sobre los Himalayas, los montes Arawali, los montes Vindhya y las colinas Kymore; penetro por el desierto de Sind y me dejo llevar por el Deccan, por la meseta de Malva y por la llanura indogangética. Miro y miro en el escenario de mi mente, donde todo ha quedado recogido, custodiado para siempre. Miro los miles de santuarios que salpican las tierras de la India, los templos minúsculos y los que son casi como ciudades. Se suceden en mi mente los cientos, los miles y decenas de miles de *lingams*, falos cósmicos, desparramados por todo el territorio. Contemplo toda suerte de rostros, de las más variadas razas, y escucho toda clase de idiomas y dialectos. Se me repite en la mente una larga y desenfreanda historia; una inmensa e interminable tradición. Asalto con mi recuerdo y mi amor este territorio de más de tres millones de kilómetros cuadrados, desde los Himalayas al cabo Comorín, desde Mumbai a la bahía de Bengala. Recuerdo a aquellos que, como yo, han vibrado con la sabiduría de la India: Schopenhauer, Pierre Loti, Conde de Keyserling, Maurice Maeterlinck, Yeats, Albert Schweitzer, Romain Rolland, Hermann Hesse, René Daumal y tantos y tantos otros.

Empapado por las aguas del Ganges, en esa mañana de agosto, en las fuentes del río más sagrado y generoso de la India, tomo conciencia de mi larga búsqueda en la India y de los millones de vivencias e impresiones que en mi alma acumulo. Como he ido remontando el Ganges hasta sus fuentes, hay que ir remontando el pensamiento hasta el pensador y más allá del pensador. ¡Qué país éste, de contrastes impresionantes, de desproporciones y extremos! ¡Qué país éste, tan fabuloso, cargado de problemas y de recursos! La diosa muestra todos sus rostros en estas tierras asiáticas: los hay que espantan y estremecen, los hay que conmueven y emocionan, los hay que embelesan y fascinan. La India desborda y es inabordable. No, no son demasiados cien viajes a la India. No lo serían mil. ¡Se necesitarían tantas vidas para poder aprehenderla!

Pero llegada es la hora de volver a la planicie y proseguir por tierras indostánicas. Estoy en las antípodas del cabo de la Virgen, Kanya Kumari, y es una sensación casi vertiginosa imaginarme ahora en aquellas tierras tropicales, como lo será desde esas latitudes recordar estas tierras de *sadhus*, eremitas y fatigados, pero alborozados, peregrinos.

VII

Bombai: entre la tradición y la modernidad

Quiero confesar y confiar al lector que la primera vez que yo llegué a la India fue por Bombay, ahora llamada Mumbai. En esta metrópolis, donde los contrastes alcanzan su cenit, tuve yo que confrontar, desgarradoramente, a la India ensoñada con la India real. ¡Qué encuentro tan crudo, tan inmensamente conmovedor, tan abisal y que, aunque han transcurrido ya casi cuatro décadas, dejó una impronta imborrable en mi alma y que siempre está bien viva! Lo primero que hice en cuanto llegué a esta ciudad en la que entonces la miseria era atroz y cientos de personas dormían en las calles, arropadas como con sudarios y sin poder saber por tanto si vivían o ya eran cadáveres, lo primero que hice en aquella doliente Bombay, que tanto habría de prosperar y mejorar, fue correr hacia la estatua del yogui Vivekananda en la Puerta de la India, sentarme a sus pies a meditar y agradecerle que hubiera conducido el yoga a Occidente. Era mi débito, era mi sentida deuda, era mi reconocimiento expreso desde mi alma a aquel cuyos libros yo había leído desde muy joven; aquel que no dudó en declarar: «A la India hay que predicarle trabajo y a Occidente, mantras»; aquel que aseveró que antes de dar espiritualidad los estómagos deben estar llenos. Era un yogui activo, pero sabía interiormente estar pasivo y alentaba a los otros para que obrasen y obrasen, pero tratando de que ni una sola onda de inquietud alcanzase su cerebro.

Son como cientos de escarabajos negros, al asalto, implacablemente insistentes. Son los viejos y renqueantes taxis de esta ciudad extremada, doliente y contradictoria, que es Bombai, una de las más problemáticas, peculiares y asombrosas, no sólo de la India, sino del orbe. Fue la antigua Bom Bahia cedida a los portugueses por el sultán Bahadur en el siglo XVI. He aterrizado con dificultades en estas siete islas indias que forman Bombai, caleidoscopio de gentes de toda la India, penetrada por decenas de familias provenientes diariamente del campo, a caballo entre el pasado y el futuro, con un presente difícil a pesar de su desarrollo imparable en estos últimos años, mezcla de India y Occidente, sede de los parsis o adoradores del fuego, que cuenta con impresionantes monumentos coloniales, rascacielos, hoteles de superlujo y suburbios más míseros de lo que ni el mejor narrador podría describir, ni la fantasía más siniestra concebir. En la India emergente, en la India con la bomba atómica, en la India que recientemente ha entrado en el selecto club de los países con su submarino atómico.

Mosaico de hindúes, jainas, parsis, musulmanes, cristianos y judíos. Esta ciudad no ha dejado de crecer y prosperar desde que Carlos II de Inglaterra la alquiló a la Compañía de las Indias por diez libras. Está junto al mar de

Oman y es la capital del estado de Maharashtra. Junto con Calcuta es la ciduad con más problemas y dificultades de todas las de la India, sabia también en penurias, un elevadísimo índice de desempleo y en muchas áreas una pavorosa ausencia de higiene. Pero es una ciudad rebosante de vida, como un hervidero de vitalidad, donde para una mayoría de personas la existencia se torna todo un reto, una proeza y un esfuerzo desmesurado. Entre sus hermosos y sólidos edificios coloniales, en el centro de la ciudad, desfila una densa riada humana donde se confunden las gentes de Maharashtra con las de Gujarat, Punjab, Goa y otros estados de la India. Toda clase de sorpresas, impresiones visuales, estímulos capaces de renovar nuestra capacidad de asombro nos esperan paseando por Mahatma Gandhi Road, Naoroji Road, Nagar Chowk, Nariman, Horniman Circle y desplazándonos después por toda la zona de Bhuleswar y por el congestionado distrito de Maulana. Impactante variedad humana. Se asoma uno a un espectáculo que a la vez fascina y origina cierta aversión, pero que cala hondo en la mente y en el corazón y que, seguro, jamás dejará a nadie indiferente. Mumbai bulle, se agita, palpita, debatiéndose entre la India más tradicional y la India que ensaya acrobacias de todo tipo hacia el futuro y la modernidad.

¡Mis vivencias de Mumbai! ¡Tantas y tan intensas y tan variadas! Pero quizá las más vivas, las más indelebles son las que me vienen de muy atrás, de aquellos primeros viajes a Mumbai, entonces Bombay, que han seguido perpetuándose hasta muy recientemente. Aquellos primeros viajes durante los que me encontraba con mis amigos jesuitas de la Misión Bombay, Federico Sopeña, Jorge Ribas Espasa y Pedro Juliá, llegados a la India siendo casi unos niños y que habrían de pasar allí el resto de sus vidas. Ellos, trabajadores sociales incansables, que fueron a cristianizar y se hinduizaron y budizaron, ellos me ofrecían enfoques más profundos de esa Bombai cuya apariencia era de ciudad próspera y cuyas entrañas y vísceras estaban en muchos sentidos podridas.

He visitado en Bombai a quiromantes, astrólogos, adivinos y faquires. Me identifico con Buda cuando señalaba estas profesiones de mánticos y predictores del destino como inapropiadas. La mayoría de ellos, me refiero a los profesionales, son a menudo, y en todo el mundo, charlatanes que condicionan, confunden, desorientan más que otra cosa y siempre a costa del bolsillo de aquellos que les consultan. Entre las obsesiones de las gentes de la India, una de las más extendidas es la astrología. En la India, los astrólogos proliferan como ardillas y son muchas, innumerables, casi todas, las familias que de uno u otro modo cuentan con el astrólogo y lo consultan. Astrológicamente se determina la inmersión sagrada en los grandes festivales religiosos, como astrológicamente se da el visto bueno o no a los matrimonios. Por si no fuera suficientemente enojoso que a uno tengan los padres que elegirle consorte, como es habitual en la India, y los periódicos están llenos de solicitudes de este tipo. Encima, es imprescindible que el astrólogo investigue las cartas astrales de los pretendientes y dictamine que son favorables para una vida en común; de otro modo, el matrimonio se va al traste con no poca frecuencia, porque los padres desistirán de la boda, por mucho que los novios se hayan entusiasmado con la idea o por mucho que el desposorio pueda favorecer a uno de ellos. Se dio la circunstancia de que un buen amigo mío de la India había conseguido que su hija y el hijo de un ex maharajá se enamoraran. Obviamente, el muchacho representaba un gran partido y mi amigo estaba, como todos los indios que tienen hijas, buscando afanosamente desde hacía años un buen pretendiente para su hija. Los muchachos habían asumido de buen grado los deseos paternos. Parecía que no había ningún impedimento para que el casamiento se produjese..., pero sí lo había, en el fondo. Se realizaron los horóscopos. El astrólogo emitió su opinión. El resultado es que la hija de mi amiga continúa soltera y su padre sigue buscando, con urgencia, un pretendiente. Pero lo curioso es que muchos matrimonios concertados terminan por ir muy bien y muchos amigos a los que he preguntado al respecto dicen: «El amor viene después». Hoy en día, empero, en las clases más acomodadas de las grandes ciudades, comienzan a celebrarse algunos matrimonios por amor. En las bodas —y he asistido a algunas de ellas, aunque no me resultan divertidas, por lo que tienen de excesivamente escandaloso— se gastan grandes sumas de dinero, que a menudo dejan a la familia de la novia endeudada de por vida. Con frecuencia, se encuentra uno en plena calle de una gran ciudad con el novio, muy ataviado, a lomos de un caballo, en dirección al salón de banquetes.

Como el ritual marca y condiciona toda la vida del hindú, desde el nacimiento hasta la muerte, también el matrimonio exige su característico ritual. El novio debe ser recibido con todos los honores en la casa de la novia, a la que unge, entrega un vestido nuevo y regala un espejo, tras lo cual el futuro suegro le hace entrega de la que será su mujer. Se hacen oblaciones religiosas consistentes en echar granos de cereal al fuego y, de la mano del esposo, la mujer da siete pasos. Al final de la ceremonia se unen los vestidos de los consortes. Varias personas conducen después a la mujer a la casa matrimonial, que debe atravesar sin pisar el umbral. La mujer será sometida posteriormente a otros ritos como cuando se le dibuje una raya en sus cabellos al quedar embarazada y antes de dar a luz.

No dejo de visitar centros de yoga, institutos de yoga, academias de yoga. Me traslado hasta el suburbio llamado Andheri East. Lo hago desde la estación de Churgate. ¡Las aglomeraciones insuperables de la India! El vagón parece que vaya a estallar. Codazos, pisotones, cargas a modo de expertos jugadores de rugby. Es la hora punta y la hora punta en la India asegura una densa, espesa, compacta e impenetrable marea humana. Al llegar a la estación de Andheri East tengo que poner en marcha toda mi fuerza, destreza, ciencia de la fuga y el escabullimiento, porque antes de que vayamos a salir, cientos de personas se apiñan en la puerta y nos lanzan contra el otro lado del vagón. ¡Ahí comienza la contienda! Sólo en último término logro salir. Unos minutos después, ya estoy sentado frente al brahmín, escritor y profesor de sánscrito Acharya Shyan Sundaram, para hablar, charlar, cambiar puntos de vista y relajarme un poco. Viene bien este té dulzón y reparador; viene bien el airecillo que entra por la ventana y refresca mi sudoroso cuerpo; vienen bien estos minutos de recogimiento, lejos de la muchedumbre agitada. Este hombre que está ante mí, de aspecto sencillo y sereno, afable, muy locuaz, es un gran conocedor de la lengua sánscrita y se sabe de memoria varios millares de himnos de las escrituras. Quiere poner al descubierto sus muchos conocimientos y en la menor cantidad de tiempo (pues sólo contamos con unas horas), pero sin petulancia. Eso sí, no deja de hablar, y a mí me encanta oírle, saber de su saber, conocer de sus amplios conoceres. Comentarios sobre astrología y quirología, sobre la reencarnación y la naturaleza del *atmán*. En el hinduismo la teoría del karma y la reencarnación son dos aspectos muy importantes, no cabe duda. El hinduismo es un río tan inmenso, tan descomunalmente extenso y difuso, que en él caben todas las interpretaciones, corrientes metafísicas, puntos de vista y vías de indagación. Así, también existen muchos yoguis, *sannyasins* y maestros que no creen para nada en la reencarnación o metempsicosis, o se despreocupan del tema por considerarlo irrelevante, como si pensaran: «Bastantes dificultades tenemos ya con conocer esta existencia para meternos a enredar con otras». Lo que realmente importa es la vida que se tiene en el momento y encontrar el Sentido y desarrollar el noble arte de vivir. El karma es un poder que impulsa al *atmán* (alma, espíritu) a transmigrar vida tras vida, condicionado por las acciones en sus anteriores existencias y los impulsos kármicos, esa ley inexorable de causa y efecto, acción y reacción. Y el karma no es sólo el resultado de acciones externas, sino también de las intenciones, los pensamientos y las palabras. Todo está determinado por la ineluctable ley de la causalidad. La invisible y sutil, pero poderosa, potencia kármica conlleva nuevos nacimientos y muertes, encadena a la rueda de la existencia o *samsa*. Sólo mediante el desapego, la ecuanimidad, la transformación interior, la conquista de la propia naturaleza real (el sí-mismo) y el discernimiento liberador o *viveka*, va quemando el karma acumulado y va encontrando la emancipación del espíritu, que en realidad siempre está liberado, pero por la nesciencia de la mente, que hace creer a la persona que es su cuerpo y su psique, sobreviene ese encadenamiento que procede de una falsa interpretación y una ciega identificación. Y de todo ello voy hablando con el profesor.

Me pone este buen hombre al corriente del rito de la iniciación a la casta, que es un sacramento muy destacado. La ceremonia se llama *upayana* (el segundo nacimiento) y a través de esta ceremonia el jovencito se incorpora con carácter definitivo a su casta y a la sociedad. Entre los brahmanes, el rito se lleva a cabo a los ocho años. Al muchachito se le viste como un asceta y se le pone un bastón en la mano. Luego se le inviste con el cordón sagrado, alrededor de su torso, que llevará toda su vida como distintivo de su casta. El cordón sagrado está formado con tres hilos y cada uno de éstos cuenta con nueve filamentos retorcidos. En los brahmanes es de algodón. Cuando se es investido con el cordón, se recibe el mantra del sol, el gayatri mantra. Y el profesor comienza a entonarlo, con voz gutural: «*Om bhurbhuvaha Svah Tat Savitur Varenyam, Basrgo Devasya Dhimani Dhijo Prachodayat*».

Quiere decir: «Al que es la personificación de la vida, existencia, felicidad, santidad, divinidad y destructor de los pecados y del dolor, que es refulgente y sumamente bueno, en ése ponemos nuestra alma y nuestra conciencia interior; que esa alma grande, el dios, se inspire nuestra mente para seguir el camino correcto». Iniciado, el muchacho empieza el estudio de los Vedas.

También dialogamos sobre las tribus aborígenes de la India, sus creencias y orígenes. Son animistas y creen en el espíritu (*bhvt*). El hechicero o chamán es el encargado de neutralizar con sus ritos y trances las potencias negativas. Son los estados de Madhya Pradesh, Bukar y Orissa, donde hay mayor número de adivasis, entre otros los bhils, los uraos, los santals, los karias y tantos grupos más. Durante años he incursionado en sus tierras y me he adentrado en sus pueblos y aldeas, pues estos grupos siempre me han despertado un gran interés ya que son la esencia misma, las raíces, de la India, y a los que los invasores indoeuropeos se referían con menosprecio tildándoles de «negritos achatados».

Caminar por Bombai es una de mis aficiones en esta ciudad donde los contrastes son tales que parecen explosivos. ¡Las dualidades! Los rostros innumerables que las mismas desencadenan, la gran variedad de la existencia, tan misteriosa, y a veces, claro que sí, tan pavorosa. Me he dejado convencer por un persistente taxista y le he dejado que me conduzca en su taxi herido de muerte, o eso parece, hasta la estación central que se llama Victoria Terminus. Y luego, a caminar, por unas y otras calles. Entre la densa e insoslayable multitud. He entrado en la estación y he visto y me he vuelto a quedar asombrado, atónito, estupefacto, casi en estado de shock..., ¡y mira que he visto estaciones en la India! Miles de personas, sí, miles, agolpadas, apiñadas, formando compactos grupos, con sus colchones, con sus cestas, con sus tarteras, con toda clase de enseres, en el suelo, sentadas en cuclillas o extendidas sobre el sucio pavimento, charlando o dormitando, a la espera, a la espera sin urgencia, a la espera en una India que no se altera, que sabe permanecer sin ansiedad. Familias enteras, en el suelo, donde cada una cuenta con una parcela de terreno, animales, niños, utensilios domésticos, gentes de todos los estados, soldados, eunucos, *sadhus*, campesinos, militares. Allí un ciego transportado a hombros por un hombre zambo y que de vez en cuando se descrisma contra el suelo; allá, una mujer tan encorvada que parece va a dar con la frente contra el suelo, y alarga la mano pidiendo unas rupias. Por aquí y por allá, oficinistas o directivos, mejor trajeados, con la cartera negra en la mano. Entre la espesa muchedumbre, los portadores de maletas y baúles, abriéndose paso como pueden, cargando como bestias, la chaquetilla roja que llevan raída y descolorida. Carreras de aquellos para los que el tren parte, pero otros se pasan tres o cuatro días en la estación, esperando, durmiendo, desperezándose o quedando absortos, mientras suenan los silbatos de los convoyes entrando y saliendo, a decenas, a cientos. Los revisores, dignos, impecables, y el jefe de estación con aspecto marcial. Y todo parece funcionar, y de hecho lo hace, y a veces incluso los trenes son puntuales. ¡Pero Dios sea misericordioso si hay una huelga, si hay un accidente, si hay lluvias desmesuradas o nieblas! Entonces el sistema se quiebra, se desintoniza, salta por los aires, y ahí viene lo esperpéntico, lo onírico, lo increíble. Se suman retrasos y retrasos de trenes, la estación parece que va a estallar, en los vagones cientos de personas más apiñadas que gallinas en jaulas en las peores condiciones, y el desatino, el despropósito, la falta de información, la desidia de unos empleados, la impotencia o desorientación de otros y el «¡A mí usted que me cuenta!» de la mayoría. Y el sistema ferroviario más extenso, complejo, del mundo, se viene abajo como un rascacielos dinamitado. Después, uno o dos días después, todo vuelve a la calma y en las estaciones uno sigue contemplando el mayor espectáculo del mundo. Para el extranjero ya es todo un potosí, una proeza, una heroicidad poder sacar su billete y sobre todo encontrar luego el convoy. ¡Si no lo has reservado, irás como un bulto en un pasillo, o se sentarán seis personas sobre ti, o te arrojarán en el descansillo como un cesto, justo a las puertas de los hediondos retretes. Si tienes reserva, aparecerá tu nombre en un cartelillo que se pega a los vagones, pero vete preparado, porque si te llamas Manuel, pondrá Munoal y si te llamas Alejandro bien puede poner Olovandro; si eres María pondrá Mura y si eres Margarita bien puede poner Morionata. Viajar en *sleepper class* con aire acondicionado es en principio bastante cómodo, pero es posible coger una bronquitis si uno no se arropa de veras, y si no se pone tapones tendrá ocasión de escuchar una serenata de eructos, pedos, carraspeos, gorjeos y demás. Pero recomiendo siempre viajar en tren en la India y vivir ese aspecto tan indio. Encontrarás gentes muy entrañables, también los que te pondrán los pies desnudos encima o te irá echando con el trasero de tu asiento o de tu litera. Todo eso es el paraíso comparado con viajar en tercera clase. La experiencia es bastante atroz, pero cientos de miles de indios, en el país emergente, en el que está la avanzadilla del *software*, en el de las cabezas nucleares, lo soportan todas las semanas.

Salgo de la estación y sigo caminando, confundiéndome entre la muchedumbre de viandantes, sabiéndome cercano y lejano de todos esos seres humanos, y me dejo llevar por la riada humana, los ojos muy abiertos, mirando y mirando sensitivamente, a veces con un sentimiento de que todo ello es irreal y otras con la sensación visceral de que es lo único real. Caminando por Mahatma Gandhi Road he llegado al templo más concurrido de Bombai, allí donde las gentes se apretujan y comparten el fervor más entusiástico y hacen ofrendas y se conectan con el divino a través del rito y la ceremonia. La *puja* forma parte de la vida del hindú. La *puja* es el alimento espiritual, pero también el trámite para pedir, rogar, exigir a Dios favores y prebendas. Alrededor del templo, el gentío es ya enorme. Este templo es quizá el más venerado y visitado de toda la ciudad. Hay muchos vendedores de flores y otras ofrendas para los dioses. La marea humana no cesa. Empellones, empujones, algún que otro codazo comedido, pero es que todos quieren llegar hasta el icono y dejar su ofrenda, su pensamiento, su corazón, su amargura y su esperanza. Hay una galería alrededor del sanctasanctórum y allí, en el suelo, están los decidores de fortuna, recitadores de salmodias y dadores de amuletos, consejeros esotéricos y espirituales. También hay sacerdotes que inician en la lectura de las escrituras o explican su contenido. Hay un hombre muy anciano, tembloroso, de expresión avarienta y rapaz, que hace encantamientos. Hay un joven, con el *dhoti* blanco cubriendo la parte baja de su cuerpo y el torso desnudo, que está revisando las escrituras en sánscrito. Un desfile impresionante de personas que hacen la ofrenda a la imagen y luego circulan por la galería un poco tenebrosa, en la semipenumbra, que lo rodea. Hay un olor denso a la mantequilla de las ofrendas, a queroseno, a sándalo, a humanidad. Alrededor del templo aquello es un bazar, una mercadería sagrada, una inexorable insistencia de los vendedores, una especie de feria sacrosanta, una verbena religiosa, un pandemónium de lo sagrado.

Metrópolis de dualidades extremas. A veces es el gran caos y entonces recuerdo el adagio que reza: «La mayor prueba de que Dios existe es que la India sigue funcionando». Ciudad donde la vida desborda, los conflictos se multiplican, los rostros de la existencia humana muestran todos sus ángulos. Me gusta mucho transitar por Maulana, entre la multitud que no cesa. Aquí, la vida, en este distrito, fluye con tal intensidad que uno se siente contagiado y hasta abrumado y a veces es tal la estupefacción que no se logra salir de ella. ¿Es realidad, es un sueño, es un estado febril? Impactante variedad de gentes, la desorbitada riqueza y la miseria por debajo de la miseria codo con codo, sinfonía de toda suerte de ruidos y sonidos, asombroso trasiego de cuerpos tostados y sudorosos. Y aquí vuelvo una vez más, como siempre que calo en Bombai, como si fuera un adicto, como si una fuerza mágica e irresistible me condujese hasta estas calles plagadas de tiendas. Y claro, entro en el Mercado Central, siempre lo hago, como la mano invisible que me arrastra. Cientos de vendedores acuclillados como gallinas y en tarimas muy elevadas del suelo, ávidos pero a la par pacientes, venden sus mercancías. Huele a masala, jengibre, canela, cardamomo, clavo. Huele a té, a curry, a mango maduro. Huele a cordero desollado. Huele a pescado y a salazón. Gran mercado, enorme y variado, que fuera en parte decorado por el padre del escritor Rudyard Kipling. Mujeres obesas, fofas, llenas de grasa movible, el sari incapaz de ocultar su prominente vientre. Mujeres secas, con los ojos hundidos en sus cuencas, sin que apenas puedan mantenerse, las piernas como alambres, edad avanzada, porte digno. Niñas hermosas, sugerentes, ojos de noche inmensa, profunda e inexplorada. Los espontáneos que, insistentemente, quieren servirte de *coolies*, y se empeñan en llevarte lo adquirido en el cesto, para ganarse unas rupias. Si la estación es un espectáculo por sí misma, no lo es menos el gran mercado.

Al amanecer, me doy un largo paseo por la playa de Chowpatty. Los que en sus arenas han dormido están desperezándose. También la ciudad ha comenzado a despertar bajo los rascacielos de la bahía que, por la noche, iluminados, parecen ser de cualquier ciudad occidental, pero no de la India. Un té muy caliente, bien clareado de leche, a la india, con mucho azúcar y un poco de clavo. Y no mucho después me encuentro sentado en el mármol limpio de uno de los más hermosos templos jainas de Bombai. Mucha paz, un silencio que invita a escuchar el propio silencio interior, los rayos del sol penetrando por las ventanas e iluminando levemente la apacible estancia. Hay varias mujeres en el suelo, trazando, pacientemente y con granos de arroz, cruces esvásticas, símbolo de prosperidad y bienestar. De vez en cuando, furtiva y sigilosamente, penetran en el recinto las palomas y atrapan un grano de arroz. Un sanctasanctórum hermoso, inmaculadamente limpio. Huele a pasta de sándalo, un olor que embriaga de mística e inefabilidad. Los devotos visten de blanco y llevan un lienzo cubriendo la boca para no tragarse ningún insecto por descuido. Es la no-violencia a ultranza de los jainistas, la religión fundada por Mahavira, contemporáneo de Buda. Ningún ser, por microscópico que sea, debe ser dañado; toda vida sintiente debe ser absolutamente respetada. Bellísimos principios en un mundo de violencia sin tregua, de agresividad gratuita y siempre inexcusable, donde imperan los más poderosos y no los mejores.

Callejeando sin cesar, penetrando calles y callejuelas de esta inmensa metrópolis, hasta que llego al puerto de pescadores, Sasoon Duck. ¡Qué abigarramiento, qué lucha implacable por sobrevivir, qué inmensos esfuerzos para ganarle terreno a una vida difícil hasta lo impensable! Barcazas enormes y destartaladas, sordidez, el instinto de supervivencia puesto totalmente al descubierto. Se trabaja de veras en Sasoon Duck, la atmósfera se hace densa como si fuera a estallar, los rostros muestran una fatiga de siglos. Todo ello por unas rupias que apenas darán para comer un poco de arroz y algunas verduras o lentejas. Cuerpos fibrosos, gastados, oscuros, que transpiran profusamente, algunos heridos de muerte, pulmones tocados por la tisis, corazones que bombean con dificultad.

Este pueblo doliente y sufriente era la gran jaqueca del Mahatma Gandhi. Que él lo amaba, no cabe duda; lo amaba incluso más que a sí mismo. Conoció bien esta ciudad, pues por algo vivió prolongadas temporadas aquí a lo largo de diecisiete años. Visito su casa, ahora museo, y contemplo, emocionado, su habitación, que permanece tal cual era mientras él la ocupaba, y con los mismos escasos objetos personales. Gandhi tenía inclinación hacia la austeridad con el mismo ímpetu que otros hacia el lujo más desenfrenado. Observo el camastro, las sandalias y algunos objetos personales. Su libro de cabecera siempre fue el *Bhagavad Gita*. Era un experto en ayunos, un verdadero atleta del ayuno, como muchos yoguis, como muchos *sadhus* y eremitas. Él era el mejor ejemplo de la instrucción taoísta de que por lo suave se vence lo fuerte. Venció al Imperio británico, pero el diezmo no fue nada bajo: la partición de la India. Eso siempre me ha apenado, me ha dolido, me ha vulnerado, quizá por mi desenfrenado amor al subcontinente.

Hay mucha gente rica, riquísima, en Bombai, entre la más rica del mundo. Hay mucha gente pobre, paupérrima en Bombai, entre los más míseros del mundo. Riqueza y pobreza sí que caminan juntas en Bombai. Hay un tanto por ciento elevadísimo de desempleo, escasez enorme de viviendas que obliga a muchas personas a tener que utilizar una habitación para siete u ocho; hay suburbios por debajo del nivel de la miseria, un apabullante analfabetismo y cientos de campesinos que llegan diariamente a la ciudad con la ilusión de que vivirán mejor, y tendrán que hacer los trabajos más brutales. Paupérrimas chabolas en el suburbio más amargo, cruel y pestilente de Asia: el Dhavari.

Es la fiesta de la serpiente. La serpiente es también un animal sagrado, como otros, por supuesto, como todos menos el perro, siempre maltratado. El sentido cósmico de la sacralización del indio, una religión de la cosmicidad donde todo se sacraliza. Muchos adoran a la serpiente. Ella es sabia, es sagaz, es escurridiza, es flexible, es rápida cuando se trata de picar. Es el símbolo de la energía cósmica individuada en el ser humano; la que está, como Kundalini, enroscada y aletargada en la base de la espina dorsal, y debe ser despertada mediante procedimientos yóguicos para que abra los centros del entendimiento correcto y la sabiduría que libera. La serpiente es hábil, es diestra. Las hay de innumerables clases en la India. Al año mueren más de cuarenta mil personas por picadura de serpiente. La cobra es el símbolo sagrado, la eterna compañera de Shiva. Este animal es rápido como un rayo, menos para la mangosta, su más terrorífico e implacable enemigo. La mangosta acaba con las serpientes en combate, siempre, sin excepciones. Mete sus dientecillos tan peligrosos en el cuello de la serpiente y la deja sin aliento. Este desagradable número se puede ver a menudo en la India, por unas cincuenta rupias la sesión, quizá por menos. Más penoso el espectáculo no puede ser, pero siempre hay turistas que gustan de lo insólito por morboso que resulte.

Y hoy, día de las serpientes, me encuentro con numerosos magos en diferentes partes de Bombai, algunos pintarrajeados, otros con aspecto tenebroso, como fantasmas deambulando por las congestionadas calles de la ciudad. Llevan pitones inmensas al cuello y en el cesto de mimbre toda clase de serpientes más o menos largas o cortas. En las aldeas las mujeres dan leche a las serpientes e invocan su poder para quedarse encinta. La obsesión por el embarazo en el segundo país más poblado del orbe; el frenesí por ser fecundada en una tierra que se aproxima vertiginosamente a los mil cien millones de habitantes. Las mujeres hacen toda clase de prácticas para evitar su esterilidad; me refiero a prácticas religiosas y mágicas, como rendir culto a la serpiente, a las fuerzas de la naturaleza, a cualquier imagen para invocar el poder de la concepción. Así no faltará trabajo para el crematorio de Marine Lines, por el que ahora paseo, contemplando las piras funerarias a la manera clásica y también los modernos hornos crematorios. Luego me siento en las arenas de la playa de Juhu, donde puede uno darse un paseo a caballo o camello. Pero no hago otra cosa que dejarme estar y permitir que un par de simpáticos muchachitos jugueteen con mi cronómetro. Un joven quiere venderme un coco, asegurándome que tiene mucho jugo. Viene otro muchachito y me pide un bolígrafo. Hemos empezado a confraternizar.

La temperatura es más benigna cuando me encuentro con Federico Sopeña y damos un paseo prolongado por algunas calles de Bombay, departiendo sobre meditación vipassana, pues él ha hecho un curso intensivo de once días de esta disciplina, que es la meditación mostrada directamente por Buda hace dos mil quinientos años. Charlamos de la evolución interior y nos preguntamos por el sufrimiento. ¿Qué responder? Hay sufrimiento y mucho, y lo único que podemos hacer es aliviar tanto el nuestro como el de los demás. Convenimos que visitaremos juntos Nasik, y así veremos a Pedro Juliá, ya conocido como *Swami* Shilananda.

Las Torres del Silencio, que tanto impresionaran a Blasco Ibáñez, están en Bombai. Las Torres no se pueden ver; tan sólo se puede visitar el precioso jardincillo de los alrededores. Los parsis o adoradores del fuego, llegados en tiempos remotos de Persia, colocan los cadáveres de los muertos en estas altas torres para que los buitres den cuenta de los mismos. Es un sistema ecológico y limpio, y encima favorece la hambruna de las aves rapaces. En este parque me siento a leer un rato y después, como si mis células se hubieran acostumbrado como con una adicción al bullicio y al abigarramiento, me encuentro paseando por el bazar Javeri, todas sus calles saturadas de llamativas joyerías que exhiben impúdicas alhajas, mientras que en las esquinas hay niños andrajosos, mendigos deformes y desharrapados, mujeres con crías en los brazos y ancianos que apenas pueden mantenerse sobre sus frágiles piernas. El contraste a flor de piel. Una ciudad suspendida entre la tradición y la modernidad, entre la emergencia y la sumergencia, entre unas rígidas costumbres y unos modos de vida codiciosa y competitiva, contagiados por los occidentales. Esta ciudad es sin duda fascinante para quien la visita (otra cosa es quien la vive o malvive), aunque crea sus sentimientos contradictorios, claro, y se puede llegar a quererla entrañablemente, pero también a detestarla visceralmente. Una ciudad, sí, que a no dudar está jugando al escondite con su propia identidad y nadie sabe qué dirección ha de tomar.

Cansado de tanto cuerpo y tanto grito; ahíto de tanto trasiego y tanto estruendo, me he llegado hasta el distrito de Walkeshwar y he tenido la impresión de que con nada de tiempo y espacio he viajado al pasado, porque es ésta un área tranquila, cerca del mar, con casitas bajas y de pueblo, silente, encantadoramente provinciana, casi una sencilla aldea dentro de la enorme y conflictiva metrópolis, con un gran estanque sagrado y varios templos, donde habitan un buen número de brahmines. En algunas de estas sencillas casas, cerca del estanque, puede uno ver los *dhobis* (lavanderos públicos) planchando las prendas recién secadas. Para ello utilizan grandes y muy antiguas planchas de carbón. También uno en Bombai, como en Madrás y otras muchas ciudades, puede renovar su capacidad de sorpresa mirando el quehacer de los *dhobis*. Aquí, en Bombai, golpean, fustigan sin piedad las prendas contra las piedras, y luego las despliegan y las ponen a secar. Estos profesionales tienen su técnica y se toman muy a pecho que las prendas queden bien limpias.

Suena insistentemente la campana. Me acerco a uno de los santuarios. Se está celebrando la ceremonia que consiste en ir pasando la candela por las distintas imágenes y luego ofrecerla a las manos de los devotos. Éstos fervorosamente toman la energía del fuego sagrado y luego deslizan las palmas de las manos por la cabeza, para desparramar sobre su cuerpo y su ente el fuego purificador, la energía cósmica que limpia de mancillas y venenos mentales. Un viejecillo me mira. Es la suya la mirada delicada del que mira sin mirar, y eso que los indios no se caracterizan por tal, sino que miran abierta y descaradamente, siempre curiosos como sólo ellos son. El viejecillo alarga su brazo y me obsequia con un plátano. Es una banana pequeña, muy amarilla, de las verdaderamente sabrosas. Tal vez es *prasad* (alimento que se ofrenda a la divinidad y luego el sacerdote devuelve a los fieles para que lo coman) y, desde luego, me sabe a gloria.

Esta brisa ligeramente fresca de la noche me compensa en algo de los inmensos calores de la jornada. Estoy en la Puerta de la India, que se construyó para conmemorar la visita del rey Jorge V. Mi mirada se pierde en la mar oscura y sobrecogedora. Huele a comida muy especiada. Me pongo a pasear por las calles adyacentes y en una de esas calles la veo a ella. Se me parte el corazón; no se por qué, porque ya he visto tanta tragedia; pero se me parte el corazón. Dando traspiés, cayendo y levantándose, desgreñada como el *sadhu* más descuidado, largos y desaliñados cabellos color manzanilla, un rostro muy bello, pero envejecido, unos harapos cubriendo su cuerpo que debió de ser voluptuoso, ella es una de esas occidentales, sí, que ha entrado en el laberíntico universo de las drogas, ha perdido seguramente su pasaporte, se ha quedado sin dinero, deambula de aquí para allá, a saber por cuánto tiempo, tal vez para morir en uno de los soportales de Bombai, perdida la razón, ausente todo punto de referencia. Ha habido muchos casos así en la India. Fueron buscando el jardín de los placeres y encontraron el estercolero del desvalimiento; fueron a la búsqueda de un artificial Shangri-La y hallaron una prisión sin barrotes. Hay otros occidentales que no se han abocado al sinuoso sendero de las drogas, pero que se han quedado sin dinero y ellos mismos se han hecho *sadhus*, pordioseros o mendigos. Están también aquellos que soñaron una India de leyenda y se emborracharon de su propio romanticismo, para luego hallar una India también cuajada de problemas y desamor, unos *ashrams* en los que no se les abrían los brazos amorosamente, unos gurús inaccesibles y truculentos, una religión fosilizada. Se vinieron al suelo sus sueños e ilusiones para dar lugar a la frustración amarga e incluso al resentimiento.

Hasta en sueños se me reproduce la multitud que desfila y satura las calles, callejuelas, callejones de Bombai. La vida que irrumpe, fluye, se desliza y estalla junto al mar de Arabia. Las mujeres, dueñas de una piel con un tono amielado, el sari lleno de calor aferrándose a la carne, los ojos de negra inmensidad. Hay vendedores de té, de refrescos, de jugo de caña de azúcar. Hay hombrecillos de aspecto rapaz y taimado que se te pegan al hombro y te murmuran al oído: «Mujeres, hachís, mujeres, hachís». Hay vacas y perros, sinfonía de cláxones, mendigos y vendedores de fritangas, limpiabotas, desorientados campesinos de atónita expresión, frenético trasiego de transeúntes, olor a calabaza y a mazorca; vendedores de *betel*, feriantes con sus traviesos monillos, griterío ensordecedor, los mil y un oficios también en Bombai, como en Calcuta, para sobrevivir, la imaginación puesta al servicio de hacer algo para poder conseguir unas rupias con las que comprar un puñado de arroz. Vida a torrentes, a borbotones, corre por las calles y callejuelas de esta Bombai de edificios coloniales que contrastan con las misérrimas casuchas de muchos barrios.

Éste es un hombre mayor, apergaminado y con una mirada más que vidriosa. Éste es un faquir que exhibe sus proezas por unas rupias. Tiene piernas de alambre retorcido y cubre sus genitales con un sucio taparrabos, más bien un trozo de paño miserable. Del lóbulo de una de sus orejas pende un llamativo aro. Adorna su angulosa cara una barba ensortijada y canosa. Hay un trapo en el suelo, a su lado, y sobre él algunas monedas. Algunos desocupados transeúntes le observan, sin gran entusiasmo, a decir verdad. Se hace llamar Ram-Ananda. De súbito, coge uno de los afilados punzones que tiene en su poder y con él atraviesa la membrana entre los dedos de las manos. Apenas asoma un hilillo de sangre, en tanto su rostro permanece impasible, impávido. Claro que su cuerpo casi no dispone de carne, sino de una piel reseca y cuarteada. Recita unas ininteligibles salmodias. Me reclama unas monedas. No se contenta con lo que le entrego y debo poner un billete de más rupias a su lado. Entonces se atraviesa la piel bajo la barbilla, en el cuello, simulando que entra en un trance muy profundo.

Hace muchos años contemplé a otro faquir en Bombai. Era un hombre joven, aceitunado, tal vez un gitano. Su número consistía en dejarse picar en las manos por escorpiones. La mordedura de los voraces animalillos originaba una cantidad considerable de sangre. El espectáculo era más repulsivo que sorprendente. Pero cualquier oficio del hambre es bueno para sobrevivir.

Nasik y el encuentro con un *sadhu* cristiano

Resulta extraño en Bombai, sí, muy extraño, pero es así: hay un silencio perfecto a esta temprana hora en la punta del paseo de la Marina. Miro los altos y descoloridos edificios en la distancia, en el distrito de Colaba. Pierdo la mirada en el océano. Llega hasta mí el olor de las mazorcas asándose. Los primeros rayos del sol tratan de penetrar la bruma del amanecer. Algunas gaviotas han madrugado y ya planean por el firmamento. Un hombre joven hace ejercicios gimnásticos. Doy un prolongado paseo, siento la brisa del amanecer y contemplo la bahía de Bombai. Todo está silente, tranquilo, como nadie podría imaginarlo en esta metrópolis tan conflictiva y con los suburbios más miserables. La noche anterior me metí por calles del extrarradio de la ciudad. Nunca podrá una persona con sensibilidad habituarse a ello. El calor húmedo era muy sofocante y en las callejuelas había una riada de personas semidesnudas que le dejaban a uno estupefacto. Ahora, en cambio, todo es quietud, de momento, porque enseguida comenzarán los cláxones y los timbres. Los motores renqueantes de los taxis y el griterío humano. Bajo este manto de profunda calma con que obsequia el amanecer, uno se siente conectado con dimensiones supramundanas en las que no cabe la tribulación ni la incertidumbre. Pero miles de personas sufren inhumanamente en la abigarrada y contradictoria Bombai. No saben si hay mañana, pero tienen que vivir hoy. Como diría Buda, si las lágrimas de todas ellas se acopiasen, formarían océanos inmensos.

Es un cochecillo minúsculo, un Fiat del que nos vamos a servir para desplazarnos hasta Nasik. Me acompaña la profesora de yoga Almudena Hauríe y nos recogen dos buenos amigos: los jesuitas Federico Sopeña y Jorge Ribas Espasa, practicantes de yoga y de meditación, toda una vida en la India, sirviendo, amando, identificándose con necesidades ajenas para poder atenderlas. Una vida entregada a los demás, en apertura amorosa, en disponibilidad. ¡Qué no saben ellos de la India!, ¡qué no sabrán ellos de amargura humana y atroces desigualdades sociales!

A poco menos de doscientos kilómetros, en pleno estado de Maharashtra, está Nasik, la que se considera la pequeña Benarés de esta zona de la India, una de las cuatro ciudades en las que se celebra el Maha Kumbha Mela, el festival religioso más concurrido del mundo. Tiene lugar cada doce años y precisamente llegaré a esta ciudad en esta festividad, que ya he vivido en dos ocasiones en Hardwar, y es sobrecogedora. Es un acontecimiento espectacular, capaz de tirar por tierra todos los conceptos, parámetros y moldes de la mente occidental, donde uno se pregunta si se trata de una alucinación o de la realidad.

El viaje en automóvil se hace largo. La conducción es realmente infernal, con numerosos camiones, muchos de los cuales se detienen al borde de la calzada, otros se accidentan y otros colisionan. El pequeño Fiat va penosamente sorteando toda suerte de obstáculos y uno no pude dejar de sentirse, al adelantar a los camiones, como una pulga pasando entre las patas de un elefante. El paisaje no es especialmente atractivo, aunque se torna más hermoso cuando uno alcanza las montañas bajas de esta zona de Maharashtra. En el campo es posible ver a las mujeres adivasis trabajando, el cuerpo enjuto, la mirada recia, el porte digno, la musculatura fibrosa. También trabajan en las carreteras. Son las tribus autóctonas, aquellas sometidas por los invasores indoeuropeos hace tres milenios. Debo confesar que soy un amante del campo indio y que me he hecho a los larguísimos desplazamientos por carretera, donde se me abre una ventana de lo que en buena parte es este país: campo, aldeas, pueblos, aldehuelas, campo y más campo, labores agrícolas, campo, aldeas en plena carretera donde se vende de todo, ciudades-bazar caóticas y estruendosas, campo y planicie, inmensa, desenfrenada, inacabable planicie, las montañas hermosas y mudas y los ríos tenidos todos por muy sagrados..., campo y campo. ¡El campo de la India! Decenas de miles de kilómetros por las carreteras y caminos de la India. Así he podido entrar en sus pueblos y aldeas, conocer de cerca la India campesina, esa India que desde hace milenios ha sido el telón de fondo de la accidentada historia de este inmenso país. Estimulo toda mi atención, acurrucado en el pequeño Fiat, abriendo los ojos de par en par, perceptivo, como si quisiera conducir hasta lo más profundo de mi ser el espectáculo que se va desplegando ante mí. Es el campo de la Madre India, sus gentes resistentes y pacíficas, sus campesinos quebrándose los huesos de sol a sol para poder adquirir unas rupias. Vienen a mi mente las palabras muy significativas de Somerset Maugham después de su largo recorrido por la India: «Cuando me marchaba de la India, la gente me preguntaba qué era de todo lo visto lo que me había impresionado más. Contesté como no esperaban que contestaría. Pero no era ni el Taj Mahal, ni los *ghats* en Benarés, ni el templo de Madura, ni las montañas de Travancore lo que más me había emocionado. Era el campesino, terriblemente demacrado, sin otra ropa para cubrir su desnudez que una tira de tela de color sudando bajo el calor del mediodía, trabajando hasta que el sol se ponía rojo detrás de los campos abrasados; el campesino extenuado, trabajando sin cesar en el norte, en el sur, en el este y en el oeste, trabajando en las vastas extensiones de la India, trabajando como todos han trabajado de padres a hijos, desde hace tres mil años, desde que los arios se fijaron en el país, trabajando por un mísero sustento, con la única esperanza de nutrir el cuerpo y el alma. Esta visión fue la que más profundamente grabada quedó en mí de todo cuanto vi en la India».

Las descomunales extensiones de la India. Los cuerpos pegados al esqueleto de los campesinos, labrando la tierra como hace milenios, el buey como compañero inseparable; los enjutos cuerpos de las mujeres, el sari recogido sobre las rodillas, manchas de colores entre los mazorcales o arrozales. Cambia el paisaje de norte a sur, desde los frondosos bosques himalayos a los desiertos del Rajasthán y a los inmensos palmerales y arrozales del sur, pero no cambian los modos, las tribulaciones y esperanzas de los campesinos de la India.

El pequeño automóvil se estropea de vez en cuando, pero siempre, como un animal herido que termina por recuperarse, logra ponerse de nuevo en marcha. Comienza a llover torrencialmente y la carretera se vuelve un pastizal. Más y más camiones fuera de servicio. Pero Jorge Rivas Espasa conduce con habilidad, consciente de que no hay reglas de circulación, de que la ruta es como un partido de hockey donde cada uno entra y sale por donde puede. Nos eternizamos en la subida a los puertos, el motor renquea, el limpiaparabrisas difícilmente puede con la lluvia. Afortunadamente llegamos a una guardería, la de la madre Fátima, y podemos apartarnos durante un tiempo de la resbaladiza serpiente de barro en que se ha convertido la carretera a Nasik.

Somos muy bien recibidos en la guardería. Jorge es aquí muy querido y, por lo que compruebo, afectuosamente admirado. Con su carácter activo y abierto se granjea la simpatía de las quince monjas que aquí habitan y de un buen puñado de niños y niñas. Jorge hace una postura invertida de yoga para reposar la mente y alimentar de sangre el cerebro. Se nos obsequia con un opíparo desayuno, en tanto la densa lluvia se convierte en monótona llovizna. Hay niñas realmente preciosas, ojos inmensos y negros. Las monjas cuentan los últimos acontecimientos a mis amigos, mientras los niños juguetean alegremente. Muchos son hijos de leprosos que, por su avanzado estado de la enfermedad, están en las leproserías próximas a Bombai.

Somos despedidos con risas, alegrías, parabienes. Numerosas manos se agitan en un adiós entrañable. Retomamos la carretera. Hablamos de meditación vipassana, yoga, trabajo interior, espiritualidad, en tanto el pequeño Fiat se las ve y se las desea para poder ascender los puertos que se nos van presentando. Ya cerca de Nasik, a la derecha, dejamos las cuevas budistas de Pandu Lena, que están excavadas en plena montaña. Los monjes budistas las venían utilizando no como residencia, sino como cámaras para abismarse en la meditación en el más completo silencio, en fecundo retiro.

Nasik es una gran fiesta. Nasik es una marea de seres humanos de toda condición y edad. Nasik es una algarabía espiritual. Una bofetada de gentío, colores, aromas y *sadhus* en Nasik cuando lo alcanzamos a mediodía. ¡Las muchedumbres de la India! Todos en entusiasta disponibilidad para el Maha Kumbha Mela, prestos los cuerpos para recibir el baño sagrado y purificar las mentes, fervoroso el ánimo, encendida la pasión mística. Aunque se trata de una ciudad de unos quinientos mil habitantes, llegará a sumar más de dos millones con motivo del festival religioso, en el que se celebra la recuperación de la jarra de ambrosía (*amrita*) por medio de los dioses, tras haberles sido ésta arrebatada por los demonios. No hay festival más tumultuoso en la India, ni más importante acontecimiento religioso, ni más ansiado *party* sacro en todo el orbe. *Sadhus* de más de trescientas sectas asisten a tal evento, incluidos los *nagas* desnudos, el cuerpo cubierto de cenizas o azafrán. *Sadhus* sivaítas con las rayas horizontales en la frente y *sadhus* visnuítas con las rayas verticales en la frente. *Sadhus* con una coquilla de acero cubriendo sus partes pudendas; *sadhus* que decoran primorosa y llamativamente todo su cuerpo. He aquí uno que tengo ante mí, lleva el pelo en un enorme moño colocado en la cima de la cabeza y coronado por un adorno de plata. Viste un taparrabos y todo el cuerpo está cubierto de las cenizas grises funerarias. Del lóbulo de las orejas cuelgan enormes pendientes y alrededor de su cuello hay varias guirnaldas de flores y collares de plata. Ha pintado minuciosamente su frente, sin dejar de señalarse en un bermellón vivo el tercer ojo en el entrecejo. En los brazos ha pintado varios tridentes, así como un triángulo en la boca de su estómago, en el chakra solar. Unas uñas muy largas y pintadas de rojo vivo, piernas en la postura del loto. Es un cromo, una caricatura, un holograma más que un ser real; es un *sadhu* de fiesta y para la fiesta, recreando su narcisismo en lugar de intentar desmantelar su propio ego. Muchos le temen, otros le respetan; los más le ignoran o le desprecian.

Ciudad muy santa Nasik y que, acorde con la leyenda (¡siempre hay una leyenda de por medio!), recogió a Rama durante una parte de su exilio. Está surcada por un río también muy santo, ¡cómo no!, el Godavari, y dispone de numerosos santuarios y templos. También a sólo dos kilómetros, en Panchavati, se halla una cueva en la que se refugiaba Sita.

Entro en Nasik por la parte baja de la ciudad. En esa zona del río hay un buen número de animales que están siendo bañados y limpiados por unos hombres; otros se zambullen en las aguas para disfrutar de su frescor. En tal sentido los que siempre se llevan la palma son los descomunales búfalos. Ellos gustan, como nadie, de las charcas y sólo dejan en la superficie el final del morro, ocultando todo el inmenso cuerpo bajo las aguas. ¡Cómo disfrutan estos pacíficos animales cuando se relajan en las aguas, se ausentan de todo, se funden con el todo! Más arriba, me encuentro a un grupo de mujeres lavando animadamente sus prendas. Sigo ascendiendo por la ribera del río, entre modestas casitas. Esta ciudad aún resulta más primitiva, sencilla y genuina que Benarés. Me encuentro con otro nutrido grupo de personas que lavan y bañan su cuerpo, en las mujeres el sari mojado ajustándose a las carnes y dibujando las formas femeninas, los cabellos largos y al viento. Más arriba todavía, el río forma una especie de estanque, sus aguas se remansan, y ahí precisamente es donde tienen lugar las sacrosantas abluciones, a la vera de templos y santuarios. Hay cerca de las aguas un hombre que cubre todo su cuerpo con una manta parduzca, incluida la cabeza; sólo quedan al descubierto sus ojos. Frente a él se extiende una gran estera con innumerables pétalos de flores de todos los colores, a la venta por unas rupias, para ofrendar al Supremo. Algunos peregrinos y *sadhus* están haciendo abluciones. Un *sadhu* de Shiva, un sivaíta, realiza el ritual del fuego. Toma la antorcha y la desliza en el aire, trazando decenas de evoluciones místico-esotéricas, la mirada proyectada al firmamento. No lejos hay un nonagenario *sadhu*, de cuerpo consumido y apergaminado, todo pintarrajeado, que está rodeado por un grupo de mujeres a las que facilita oráculos y talismanes. A la orilla del río, hay un *sannyasin*, la túnica anaranjada, se ha dejado el torso oscuro al aire, del cuello colgando un diente de elefante, hirsuta barba blanca, pintura de blanco y rojo en la frente, un aro de acero en el brazo izquierdo, sentado en la posición del loto, leyendo los textos sagrados; a su lado, un vendedor de collares y, un poco más allá, un hombre completamente desnudo, una especie de arbolado turbante en la cabeza, un tamborín de recitaciones mántricas en la mano, y a la espalda un cartel con unas escrituras en hindi. Hay asimismo un hombre de unos cuarenta años, mal trajeado, una semilla de *rudraksa* junto a la nuez en el cuello, una enorme pitón alrededor de sus hombros. Aparece otro *sannyasin*, la túnica es más amarilla que anaranjada, el cabello es enorme y todo él enrojecido por la henna. Este hombre es muy fuerte, muy vigoroso, tiene estampa, carisma, nariz aguileña; te clava los ojos hasta los adentros. Va impecablemente ataviado, varios rosarios alrededor del cuello cayendo sobre su amplio tórax. Es la suya una auténtica melena de león, hermosa, llamativa. Y en las aguas purificadoras, los cuerpos siguen entrando y saliendo, cosmizándose, en el silencio caliginoso del mediodía, apenas quebrado por algunas salmodias.

Camino a su encuentro. Entre peregrinos, *sadhus* y renunciantes, me voy aproximando a su casita, no lejos del río. Él se llama *Swami* Shilananda, antes Pedro Juliá, que debe de tener ya unos ochenta años de edad. Quizá más. De estatura pequeña, arropado con una túnica anaranjada muy limpia, la piel curtida por el sol implacable de la India, jesuita, ya mucho más indio que catalán, *sadhu* y sacerdote, peregrino por la vía de la mística, más cerca de Cristo que de Shiva, de María que de Parvati. Se sienta sobre un camastro e interpreta para mí el instrumento de una cuerda, llamado *ektari*, y canta y mueve alegremente la cabeza al son de la música sacra, la siempre animada y festiva música sacra de la India. Y me habla del Himalaya, su peregrinación hace ya muchos años en bicicleta por todo el Uttarakand, y me muestra sus acuarelas inspiradas en parajes himalayos.

Ésta va a ser una tarde de *sadhus*. Lo va a ser. Y en compañía de *Swami* Shilananda, un *sadhu* cristiano, y va a ser una tarde muy especial.

Camino a su lado. Vamos hombro con hombro por las calles y callejuelas de Nasik. Los *sannyasins* que nos salen al paso le saludan de igual a igual. Seguimos caminando y alcanzamos los campamentos de *sadhus*. ¡Qué espectáculo! *Sadhus* nómadas, venidos algunos del sur de la India y otros de las remotas montañas; los hay que no dejaban su retiro espiritual desde hacía muchos años y los hay que peregrinan sin cesar, siguiendo la regla de no permanecer más de tres días en el mismo sitio. Hay *sadhus* de todas las sectas. Algunos huelen a pachulí, otros a cenizas o excrementos, otros a sándalo. Los hay en harapos, desnudos o semidesnudos, en taparrabos o bajo un chal, fumando hierba o charloteando, unos meditando y otros leyendo las escrituras, unos comiendo y otros ausentes de todo. Los hay de las edades más dispares, a veces en grupo, a veces en solitario; unos se extienden indolentemente en el suelo y otros permanecen en rigurosa postura meditacional, muchos esqueléticos, embadurnados; algunos grotestos y otros con porte digno o mayestático; unos con mirada de sabios y otros de pazguatos. Para todos los gustos. Hay tiendas de campaña y algunas son enormes e incluso ostentosas, para los líderes espirituales. Estos líderes se acicalan, se estucan la cara, se ponen como *clowns* para el supercirco espiritual. Otros dan charlas, imparten mantras o se muestran huraños y distantes. Uno de estos jefes de *sadhus* está ahora a mi lado. Me mira, pero no puedo decir si lo hace con indiferencia o acritud. Es anciano y gueso, barbas largas y almidonadas, blancas como la nieve. El rostro está estucado de pintura, como porcelana, pero toda la frente destacándose de un rojo muy intenso, agresivo. En la cima de la cabeza, una guirnalda de crisantemos. Viste con una inmaculada túnica blanca y deja los brazos regordetes al descubierto, embadurnados con cenizas mortuorias. Es un payaso que se jacta de sus payasadas. De súbito, surge un grupo de aguerridos *sadhus*, muy diferentes en su apariencia del que acabo de describir. Son como guerreros, desnudos, cabellos y barbas muy desgreñados, ningún adorno, la expresión del rostro un poco feroz, algunos con un largo tridente en la mano.

Abandonamos los campamentos de *sadhus* y peregrinos y volvemos a las calles de la ciudad. De vez en vez tiene lugar una procesión de alguna de las sectas de *sadhus*. Algunos jefes cabalgan a lomos de un elefante. Los peregrinos se apiñan a contemplar la procesión. Nasik es durante días el centro de la gran peregrinación hindú. Aquí hay mística y superchería, hay verdaderos buscadores de lo eterno y simples pordioseros, grotescos *sadhus* o embaucadores de gentes sencillas de los pueblos del país; aquí hay un espectáculo de la santidad y de la religión caricaturesca y degenerada, y se dan la mano la mística genuina y la superstición más degradada, y se confunden el eremita de incomparables alturas supracotidianas y el bufón que hace gala de una religiosidad que no siente. Y aquí se da cita el pueblo que cree en todo y el que no cree en nada, y se manifiestan los rostros de esa religión que es más una forma de vida y que es capaz de simultanear con naturalidad lo sagrado con lo más profano y mercantilista, y cuyos devotos optan por el lado que más convenga. Aquí aprecio y veo y escruto este multivariado, singular, contradictorio, diversificado, caleidoscópico pueblo de la India, al que hay que llegar visceralmente más que mentalmente, con el corazón más que con el intelecto. Un pueblo que dispone de su gran sabiduría y su propia, y a veces muy paradójica, lógica, y con una sobredimensionada capacidad para impactar, arrobar, fascinar, repeler, confundir, exaltar y remover; en suma, todos los duendes y duendecillos, hadas y gnomos del propio subconsciente.

Son innumerables los peregrinos que recogen en sus cuencos el agua sagrada. Son innumerables los *sadhus* que en sus *kamandalus* (especie de tetera de distintos tamaños que se utiliza para portar el agua bendita) toman el agua del Godavari. Son innumerables los visitantes que van llegando hora tras hora, a la espera de que se celebre, cuando las conjunciones astrales lo determinen, la gran ablución, aquella que pone en marcha especiales y potentes energías capaces de hacer saltar a Kundalini de uno a otro chakra hasta invadir el Loto de los Mil Pétalos; energías poderosas que, el que sabe, sólo el que sabe, puede reorientar hacia lo alto y utilizar para abrir y despejar de impurezas todos los canales energéticos —las venas místicas y sutiles del cuerpo energético— y abismarse en los límites de la conciencia más expandida. Hay suciedad, sí, pero la suciedad se torna bendita al contacto con la atmósfera de tanto *sannyasin* y *sadhu*. Muchas mujeres que padecen esterilidad acuden al lugar, porque también las energías ayudan a favorecer la concepción. Hay tullidos, leprosos, malformados, legiones de mendigos. Hay ancianos que darían con el suelo de bruces si no se apoyasen en su rudimentario bastón. Hay campesinos que vienen desde muy lejos y se traen todas sus pertenencias, que no son muchas, la verdad, pues se reducen a un raído jergón y una no menos raída manta. Muchos duermen o dormitan en la calle. Los adivinos, astrólogos, quiromantes y curanderos, que no falten. Hay filósofos y metafísicos, mistagogos y los que proclaman miserias sin fin para la humanidad y todo tipo de hecatombes. Hay ascetas de porte impecable e impecable actitud y conducta también impecable, que dan su vida por elevar el nivel de la espiritualidad y compartirlo con los demás. Hay vendedores de toda suerte de objetos sagrados. Hay una magia muy densa al atardecer, cuando el río es una enorme cobra anaranjada y los saris multicolores de las mujeres adquieren una especial vivacidad. Se sirven enormes cantidades de comida en cocinas públicas improvisadas. La policía está alerta, para evitar posibles accidentes provocados por la gran marea humana, pues una estampida puede ocasionar decenas de cadáveres.

Cuando la confluencia astral más propicia tiene lugar, se celebra el gran baño, que inauguran los más relevantes ascetas entre los grandes ascetas, los mahatmas más evolucionados, seguidos de una inmensa hilera de *sannyasins*, eremitas, anacoretas, *sadhus*, peregrinos y visitantes. Hay alegría y hay solemnidad, hay aglomeración y hay un rigor natural y fluido. Cuando llega el momento de ser serio con la religión, el hindú se vuelve muy serio, circunspecto, como si la vida le fuera en ello. Pero lo hace con naturalidad, pues ¿no lleva haciéndolo así miles de años? Todos esperan, ansían, anhelan un beneficio por parte de las energías cósmicas que allí se desatan. El campesino espera más lluvia y mejor cosecha. El comerciante, una venta más enjundiosa. La mujer estéril, quedar por fin encinta. El escolar, aprobar en sus estudios. El eremita, poder acceder a los estados más elevados de la mente. El religioso, mirar a Dios o a la diosa cara a cara. El yogui, recuperar todo su poder interior y hallar respuestas liberadoras. El *sadhu*, afirmarse en su desapego y el *sannyasin*, en su santidad. Todos comparten un mismo espacio físico, en las aguas del Godavari, pero aspiran y habitan espacios psicológicos muy distintos. En ese momento no se sabe de castas ni de divisiones de ningún tipo, sólo de unidad en la diversidad. Hay un viejo adagio que reza: «Unos reptando, otros caminando, otros corriendo, otros volando, pero al final todos nos hallaremos en la meta». Será la Gran Nada o el Gran Todo, que es lo mismo, pero será, allende este ego y esta forma, en lo ilimitado que se despliega de lo infinito a lo infinitesimal.

Dialogo con *Swami* Shilananda. Me pregunta si por fin me llegó la Biblia en hindi que me envió. Sí, sí, finalmente llegó, tardó más de dos años en llegar, a saber por dónde estuvo viajando, pero llegó. Charlamos sobre mis experiencias y las suyas y volvemos a comentar, como ya hiciéramos años atrás, sobre su peregrinación en bicicleta por todo el Himalaya. Alcanzó Yamunotri o las fuentes del Yamuna; Kedarath y Badrinath, tres de los más sagrados santuarios místicos de la India, pero no le fue posible acceder al cuarto de ellos, Gangotri o las fuentes del Ganges. Un policía le impidió el acceso, alegando que como extranjero necesitaba un permiso especial para llegar allí, por estar próximo a la frontera china. No logró obtener el permiso y hubo de desistir. Tampoco, por similares razones, pudo Lanza del Vasto llegar a Gangotri, como era su ferviente deseo. Las fuentes del Ganges son simbólicamente un poco las fuentes de uno mismo, el origen del origen de la propia energía que a uno le fecunda, y peregrinar al Gangotri es constelar físicamente el largo, inmenso y a veces doloroso peregrinar hacia la base de uno mismo. También yo tardé años en conseguir llegar a Gangotri, siempre por las pésimas condiciones de las carreteras.

Dejé Nasik con cierta pena, pero no por Nasik mismo, sino porque suponía separarme de nuevo de *Swami* Shilananda. Tomé su menudo cuerpo ataviado con la túnica anaranjada y lo estreché con fuerza entre mis brazos. Sentí cómo el Poder nos lleva a cada uno por una senda en esta vida a la vez tan real y a la vez tan ilusoria, y cómo todos, lo sepamos o no, buscamos un propósito, y los buscadores espirituales, aquellos en los que se ha activado el misterioso mecanismo de la búsqueda, buscan y buscan y buscan en sí mismos su propio origen, su centro, su poder nuclear, el pasadizo hacia la Otra Dimensión, la salida del Laberinto del Laberinto, la estrecha, angosta, casi imperceptible puerta hacia lo Transtemporal.

Andheri East

Por unas sórdidas callejuelas laberínticas, alambicadas y umbrías, propias de un film de aventuras exóticas, en un mísero y sucio barrio musulmán al sur de Bombai, consigo llegar finalmente, no sin antes perderme media docena de veces, a la mezquita de Raudat Tahera. Entre casas desvencijadas y superpobladas, donde uno menos se lo pueda suponer, como para terminar de quebrarle el poco pensamiento lógico que le quede, se levanta esta fantástica mezquita construida con el más exquisito mármol blanco del Rajasthán. Pero si al contemplarla por fuera ya te quedas boquiabierto por el contraste que conforma con los edificios de alrededor, al penetrar en su interior uno no puede dar crédito a lo que está viendo y hasta el aliento se le suspende. El celador enciende todas las luces de la mezquita en un despliegue de esplendor y magnificencia, como para epatar al máximo a este impresionable occidental que se ha dejado caer, a saber Alá por qué, por este sitio sagrado. Es un hombrecillo menudo, de leporinos labios y mirada vivaz que, al comprobar mi sorpresa, disfruta de lo lindo. Lleva el cabello enrojecido por la henna. Insistentemente me muestra con su dedo índice las hermosas y llamativas paredes, la lámpara descomunal, el colosal mausoleo en memoria de su santidad el doctor Syedna Thaer Saiduddi, muerto hace más de cuarenta años. La bóveda es prodigiosa y los versículos del Corán están inscritos en las paredes en piedras preciosas de incalculable valor. El hombrecillo está muy contento con mi admiración y antes de despedirnos, me hace prometerle que un día volveré a visitarle. Y cumplí mi promesa y he vuelto años después. Pero no he podido hallarle. No obstante volví a quedar fascinado ante tanto esplendor en medio de tanta sordidez.

Y he decidido trasladarme unos días a Andheri East antes de partir para Sri Lanka, donde entrevistaré a los más grandes expertos en budismo: Nyanaponika Thera, Piyadassi, Ananda Maitreya, Bhikkhu Bodhi y tantos otros. Y otra vez, Shiva me valga, el gran partido de rugby, el encarnizado partido de los que entran y salen del vagón. El trayecto es de menos de una hora de duración. Pero nadie podría suponérselo..., nadie imaginárselo. Claro que cometo el mismo error, cogerlo en hora punta, pero es como si una parte de mí, un yo impertinente e incrédulo, quisiera cerciorarse de que siempre es así: un enfrentamiento sin piedad entre los que quieren salir y los que quieren entrar. Ya entrar en esa densa masa que ocupa el vagón requiere un esfuerzo insospechado, pero lo peor es cuando hay que salir del abigarrado convoy. En cada estación que nos deteníamos, la lucha entre los que entraban y salían era feroz. Antes de que los que se hallaban dentro del vagón pudieran reaccionar para abandonarlo al detenerse el tren, la multitud que esperaba en el andén, se lanzaba en tromba arrolladora a tomar el vagón por asalto. Y ahí daba comienzo la contienda sin piedad. Los de adentro tienen que recurrir a todas sus fuerzas y artimañas para poder hacer un hueco entre la densa muchedumbre y escapar. Hasta Houdini se las hubiera visto muy mal. Unos logran salir; otros tienen que esperar a probar en la próxima estación. Comprimido por todas las partes de mi cuerpo, acorralado por decenas de cuerpos sudorosos, contemplando atónito el inusitado espectáculo cada vez que el tren se detenía, fui esta vez estudiando la estrategia para poder salir en Andheri East. No fue fácil, puedo asegurarlo. Primero hube de liberarme de la multitud que me aprisionaba. Para ello me acuclillé y salí, como pude, entre las piernas de los que congestionaban el vagón. Lo peor vino en la puerta del mismo cuando el tren se detuvo en la estación de Andheri East. En ese instante dio comienzo el *match* de rugby entre los dos equipos: los que pretendíamos salir y los que se esforzaban por entrar. Empellones, cargas de hombros, forcejeos, hasta que finalmente pude escapar de la riada humana. ¡Qué aliviado me sentía! Eso sí, a pesar de la contienda y excepto yo, todos con un talante sereno, tanto los que entraban como los que salían, sin quejas ni altercados personales, como lo más normal —y es que para ellos lo es— y con envidiable ecuanimidad.

—Ahora comprendo por qué utilizas la vespa —comenté a Federico Sopeña, párroco de Andheri East, y que me estaba esperando para alojarme.

Bien es cierto que hace falta mucho coraje para trasladarse en moto por Bombai. Los accidentes de moto están a la orden del día. Además, la situación se complica durante los meses del monzón, con lluvias copiosas. Lo cierto es que, años después, Federico perdió un pie en un accidente de moto. No falló él, no falló la vespa, lo que falló es que tanto caos al final impone su ley. Este gran karma-yogui ama la India, siempre la ha amado, sobre todo a sus gentes desvaídas. Él sabe bien de las penurias, las enfermedades, las miserias y calamidades de las gentes de este suburbio. Al atardecer, tras un reconfortante té, asisto a su reunión, en la que se entonan *kirtans* bellísimos a la Divinidad. Sólo Federico y yo somos occidentales. Hay un buen número de indios y, en realidad, Federico, después de tantos y tantos años en India, tiene mucho más de indio que de occidental, con sus carnes enjutas y su mirada entrañable.

Me desplazo hasta Kai Road, en el mismo suburbio,

porque el controvertido milagrero Sai Baba, el gurú ilusionista, el gurú que materializa, el gurú arrogante que llega a presentarse como un Cristo (¿hay mayor megalomanía?), está dando una conferencia sobre el *Bhagabad Gita* bajo una enorme carpa que cobija a miles de personas. Cabellos negros y rizados a lo afro, labios voluptuosos y piel oscura; más que expresarse, adoctrina; más que hablar, ordena; más que comentar, impone sus comentarios. No me gusta su forma de dirigirse al auditorio, ni su manera de presentarse ante la gente, ni su faz para unos de santo milagrero y para otros de hábil prestidigitador que encandila a las iletradas masas indias —y a los no tan iletrados, pero si crédulos, occidentales con necesidades ciegas y compulsivas de creer— materializando perfumes, cenizas, flores y relojes «hechos en Suiza». No me gustan sus guardaespaldas, sus hombres encargados de la seguridad. No me gusta su falta de compasión ni de amor, su inaccesibilidad y su egocentrismo desmedido. Pero hay muchos en la India que se dicen gurús y no son los que disipan la luz, sino los que fomentan las dependencias, supersticiones y ofuscación. Trato de aproximarme a Sai Baba para entrevistarle para uno de mis libros, pero sus hombres de seguridad, sin mediar palabra, me empujan y terminan por echarme fuera de la carpa.

Es de noche en Andheri East. Se encienden los candiles titilantes de los tenderetes que venden bebidas y comidas. Huele a guiso especiado. Hace una noche muy calurosa. Federico y yo vamos a cenar a un restaurancillo cercano. Saboreo un *naan* sabroso y caliente, exquisito. Hablamos de nuevo de la meditación vipassana, que ambos practicamos, de la visión penetrante e inafectada, arreactiva, que puede ver los fenómenos tal cual son y desarrollar un conocimiento no condicionado por la propia psicología ni los viejos impulsos del subconsciente. Tomamos un helado excesivamente dulce, donde el pistacho que anuncian brilla por su ausencia. Miro abiertamente a este hombre genuino y bondadoso, siempre ecuánime, que ha sufrido enfermedades y ha ayudado y comprendido siempre, con renovado vigor emocional, a las gentes del suburbio. Es tranquilo y afable, transmite su humanidad como una impregnación que surge de lo más íntimo de él. Llegó a la India siendo joven y en la India quiere morir. Si dependiera de mi decisión, cuando un día desencarne, yo arrojaría sus cenizas al Ganges en Benarés. Sospecho que Shiva, el poderoso señor de los vastos universos, le daría encantado la bienvenida.

Este estado que es Maharashtra es muy rico en lugares sagrados y cuevas en las que los monjes meditaron. Ha sido una tierra que ha dado grandes místicos y filósofos, maestros espirituales y yoguis.

Al amanecer, contemplo el azul océano de la playa de Marve, en las afueras de Bombai. Hay un silencio total, perfecto. Sólo se escucha el rumor cantarín de las olas. Ninguna persona en varios kilómetros alrededor, lo que ya es raro en la India. Un cielo inmenso y despejado. Tomo un taxi destartalado donde los haya, con un conductor que sólo habla marathi, jovial y despreocupado, conduciendo de lado, mirando a todas partes menos a la calzada. Una treintena de kilómetros hasta el parque de Borivli y varios kilómetros más hasta las cuevas de Kanheri, en pleno parque y rodeadas de una exuberante vegetación. Son cuevas del budismo theravada, el más antiguo, el que conecta directamente con Buda. Se remontan al siglo II de nuestra era, con notables esculturas y finos pilares. Permanezco un buen rato en la capilla de cada una de las tres cuevas, recoletas, apacibles, invitando al recogimiento. Durante los primeros siglos de nuestra era, los budistas excavaron muchas cuevas en las rocas y montañas y las dispusieron como celdas de residencia y de meditación, en el aislamiento, lejos del mundanal ruido. La meditación desempeñaba un papel muy destacado en el budismo original. Era, según Buda, como también aseveraran anteriormente otros grandes maestros, la manera más segura de liberar la mente de obstrucciones y trabas y hacerla recuperar su naturaleza iluminada.

De la inmensa paz, el silencio inspirador y la atmósfera de contagiosa quietud que reside en las cuevas de Kanheri, puede uno pasar en menos de una hora al bullicio, crudeza, sordidez y mercadería humana de las calles y callejuelas adyacentes a Falkand Road. Es éste el barrio de la más misérrima prostitución. Las prostitutas que hay aquí no son las elegantes, sofisticadas, bienolientes y exquisitamente ataviadas con saris de superlujo de Bombai o Delhi, no. Las que hay aquí son las prostitutas baratas y sudorosas y pintarrajeadas pero nada higiénicas que están al alcance de todo el mundo que pueda disponer de unas rupias. En unas callejuelas pestilentes y a rebosar de suciedad, se exhiben estas mujeres conocidas como «las chicas del palomar», porque están ejerciendo su oficio en minúsculas habitaciones con una puerta enrejada con todo el aspecto de jaulas o palomares. Las hay de todas las edades y de todos los estados de la India, de las más diversas etnias y cultos. Algunas visten el sari y otras minifaldas de vivos colores. Maquillado llamativamente el rostro, los cabellos negros y sueltos, procacidad en los gestos y complicidad en las miradas, risas descaradas y gestos obscenos. Miles de mujeres, muchas de ellas con un buen número de hijos que permanecen en la misma «jaula» en la que venden su cuerpo. Miles de mujeres traídas, buena parte de ellas, de los pueblos y aldeas, y muchas vendidas por sus propios familiares. Un implacable y amargo destino para estas mujeres tomadas por unos y por otros, fuente de enfermedades y contagios. Como algunos de mis amigos de la India me han dicho, no existe salida para ellas. Son explotadas, manipuladas y sometidas. Ellas están en la prostitución de lujo de las grandes ciudades occidentales que logran nutrir sin tregua sus abultadas cuentas bancarias.

Un largo paseo por la zona comercial: gran número de oficinas, restaurantes de comida rápida, mucha animación y estrés. También ha llegado el estrés. Los dinámicos ejecutivos de la India. Los grandes adictos de la cibernética, el *software* y la modernidad. Los amantes recalcitrantes, contumaces, a ultranza, de los artículos de lujo de Occidente. Un buen reloj y unos buenos zapatos son el gran tesoro. También ellos se han dado a la velocidad, como en Nueva York o como en Tokio. Ya vendrán los trastornos sicosomáticos, el insomnio y los desarreglos por estrés..., a lo mejor tienen que terminar haciendo yoga o meditación.

Encuentro con Baba Muktananda

Se dice que este hombre, y él no lo niega, sino que insistentemente lo fomenta, tiene el poder de estimular con su gran potencial espiritual la energía espiritual del discípulo. Se dice que este hombre es un liberado viviente, un iluminado, y que se ha conectado con carácter definitivo con la conciencia más alta y que ha realizado su naturaleza divina. Se dice que este hombre —que durante muchos años fue *sadhu* errante, eremita y discípulo de grandes maestros— se ha establecido con carácter permanente en su *atmán* y que con su sola presencia puede catapultar al aspirante a otros planos más elevados de sabiduría.

Este hombre se llama *Swami* Muktananda y familiarmente sus discípulos le llaman Baba. Está al filo de los ochenta años. Después de habernos carteado durante años y haber contestado a todas mis preguntas, al final me escribió y me dijo que yo iba a ver a muchos maestros en India y nunca le visitaba a él, y que si no lo hacía, ya no contestaría más a mis preguntas. Así que claro que voy a verle, claro que voy a recorrer los ochenta kilómetros que separan Bombai de su *ashram* en Ganeshpuri. Esta vez no dejo de visitarle, porque aunque él no lo sabe, lo intenté dos años antes y las inundaciones me hicieron fracasar en el intento.

Se muestra ágil, activo, abierto y expansivo, con franca

sonrisa, con seguridad en sí mismo, sabiéndose amado, honrado, incluso venerado por sus cientos de discípulos de las más diversas nacionalidades. Dice pertenecer a la tradición de los *siddhas*, los iluminados que desde los remotos tiempos han mantenido viva la candela de la realización. Imparte, revitalizándolo con su potencia de gurú, el mantra *Om Namah Shivaia* («Invoco mi propio ser»). Diariamente, durante horas, se sienta en el patio de su *ashram* e imparte el *darsá*, la gracia y energías divinas. Viste de seda, su túnica es del color azafranado de la de los *sannyasins*. Se manifiesta fluido, sin afectación, relajado, consciente de su ascendencia sobre los que le siguen y rodean. Es un kundalini-yogui, aquel que ha conquistado y dominado la serpiente interior. Es por eso por lo que sus *wamis* dicen de él que puede despertar y desarrollar la energía cósmica de los adeptos, como una vela encendida puede con su llama encender la apagada. Le miro, le observo. Lleva lentes de oro, barba recortada y cuidada. Sus rasgos faciales están muy marcados, la piel oscura, la frente ancha y poderosa. Su sonrisa es lo más atractivo de él. Cuando sonríe es como otra persona. Le pregunto:

—¿Es posible vivir sin ego?

Un breve silencio, para a continuación responder:

—Sin ego puedes vivir feliz. Con el ego es difícil vivir feliz. A causa del ego nos hemos limitado mucho, nos hemos convertido en individuos y sufrimos mucho y así vivimos. Si el ego nos abandona mediante la gracia de Dios, entonces la vida se nos llena de alegría, y este mismo mundo se convierte en el cielo. El peor enemigo que tiene en esta vida el ser humano es el ego. No obstante, si el ego es puro, si es limpio y es auténtico, entonces la persona tiene la conciencia de «Soy el Absoluto». Siente que es una con Dios. A causa del ego impuro sufrimos, vamos de un lado para otro, permanecemos en el engaño. Creemos que somos felices, pero en realidad vamos de un lado para otro con esta ilusión. Así que desde el punto de vista de los grandes seres, seres que tienen un ego puro, que se han hecho uno con Dios, nuestra vida es muy limitada.

Le pregunto sobre el amor y dice:

—El amor es la forma de Dios, Dios no tiene otra forma más que el amor. Por tanto, también se le llama Satchidananda. Significa Verdad, Conciencia, Dicha, Amor.

—¿Qué es más importante, el amor o la inteligencia? —pregunto.

Dice:

—La inteligencia y el conocimiento son sólo medios de alcanzar ese amor. El amor está más allá de la mente, del subconsciente, del intelecto. Es supremamente independiente. No tiene imagen, ni sexo, ni forma. No tiene ningún signo. El amor es amor y el amor es amor. Por medio de la meditación, cuando te interiorizas, cuando se despierta la Kundalini, alcanzas ese amor. La verdadera forma de Dios es Satchidananda, la Verdad y la Dicha, el amor completo.

Los perros del *ashram* le demuestran un gran amor a Baba y Baba también a ellos. Contemplo con deleite cómo se abalanzan sobre él para lamerle y evidenciarle su cariño. Después acompaño a Baba al establo y veo cómo da de comer a las vacas y cómo éstas se muestran con él tan efusivas casi como los perros. Ya ha muerto el elefante, compañero y amigo de Baba, al que gustaba de dar de vez en cuando una tableta de chocolate.

No quiero abandonar el *ashram* sin meditar en la «cueva de meditación», excavada en el suelo y donde están los restos de su maestro Nityananda. El silencio es total y reconfortante y la atmósfera está saturada de infinita paz que invita a la introversión y al gozo interior. Enseguida entro en un estado profundo y dichoso de ensimismamiento, absorto en la realidad más allá de la mente, pero que hace posible la mente. En esta cueva están también los restos de Muktananda. Seis meses después de entrevistarle, estando yo impartiendo la clase de meditación en el centro de yoga que dirijo, recibo una llamada urgente para comunicarme que Baba ha muerto de un ataque cardíaco.

VIII

Templos y tribus

¿De dónde habrá surgido esa necesidad milenaria y compulsiva del hindú por adorar, rendir culto, venerar? ¿De dónde ese afán desmesurado por ejercitar el ritual y la ceremonia? La India, por muy emergente y próspera que se tornase, por muy poderosa que llegase a ser y por muy relevante papel que pudiera tener en el mundo, y en parte ya lo tiene, no sería la India si dejara de ser la India de los *sadhus*, de los templos y de los santuarios, de las rutas sagradas, las peregrinaciones, las ceremonias y los grandes festivales religiosos. Hoy por hoy nadie puede pensar en la India sin su carácter de sacralidad, sin su sentido religioso o seudorreligioso, sin su toque de lo eterno e inefable. Toda la India es sagrada, aunque en ese escenario se desarrolle un mundo y un submundo que poco tiene muchas veces ni de sagrado ni de santo. No hace falta decir que la yerba es verde, como no es necesario decir que la India es en cierto modo sinónimo de espiritualidad, magia, superstición, refinada filosofía, metafísica depurada, yoga, vedanta y vías muy diversas hacia la autorrealización. Muchos de los más grandes liberados surgieron en la India, como Buda y Mahavira, y siempre ha sido tenida la India por la patria de los renunciantes. Eso no parece gustarles mucho a los que se obsesionan con la modernidad y miran con asco o recelo al *sadhu* y ocultan su avidez religiosa, cuando en privado no dejan de hacer ni una de las ceremonias que salpican la vía del hindú.

A estas alturas de la obra, el lector ya se habrá percatado, seguramente más que de sobra, de que en la India proliferan los festivales religiosos. Y con motivo de estos grandes festivales la multitud se enardece de fervor, de contento religioso, de algarabía sacra, pero también hay un gran sentido lúdico, mucha diversión y entretenimiento. O sea, que el festival es festivo, de ahí su nombre, y lo es también en cuanto que es causa de divertimento y distracción, y yo diría también que de catarsis. Todo el sentimiento cósmico-religioso del hindú se despliega en tales acontecimientos, se desborda, brota sin límite, como una poderosísima explosión mística, obedeciendo a ancestrales códigos religiosos, a veces hasta el éxtasis o el desmayo, el llanto incesante o la exaltada recitación de las salmodias.

Estoy en Puri, a su modo otra pequeña Benarés, en el estado de Orissa. El festival en honor de Jagannath se llama Raj Yatra. En tal ocasión, tres iconos de dioses son colocados en tres enormes carros de madera respectivamente y paseados, en concurrida procesión, por la principal calle de Puri. El delirio religioso llega a su límite. Se desencadena el instinto de unirse al Origen, al Divino, y algunos devotos, arrojándose bajo las colosales ruedas del carro de Jagannath, hallan la muerte. No es un suicidio vulgar o profano; no, es el suicidio místico.

Entre la legión de *sadhus* de todas las edades, e incluso algunas mujeres *sadhus*, barberos, desocupados, mendigos y transeúntes que van y vienen, dejo que el tiempo transcurra yendo yo también de aquí para allá en la plaza central de Puri, al lado del templo también llamado la Pagoda Blanca. Contemplo la riada de peregrinos que entran y salen del gigantesco santuario, bajo el sol implacable del mediodía. A la entrada del templo hay dos grandes esculturas de leones custodiando el recinto sacro; la torre tiene sesenta metros de altura, y frente a la puerta hay una curiosa columna de más de dos siglos de antigüedad. No está permitida la entrada al templo para los no nacidos hindúes y me pregunto cuántos ritos, ceremonias, ofrendas y culto habrán tenido lugar a lo largo de siglos en este descomunal recinto, donde ha llegado a haber cientos de sacerdotes, oficiantes, servidores y prostitutas sagradas o *devadasis* y donde se hace acopio de toneladas de comida. Seguramente en este templo, de acceso imposible para el no hindú, se han realizado ceremonias de todas las clases, desde las más exquisitamente místicas hasta las más degradadas y siniestras. Aquí, los hindúes habrán satisfecho sus ansias de sacrificio, complementando así los cinco sacrificios diarios. El sacrificio es un verterse, un darse, un propiciarse. Cuenta la actitud, la disponibilidad interior. Los cinco sacrificios básicos en el hinduismo han sido: el sacrificio de los Vedas (estudiándolos, enseñándolos, asumiendo sus prescripciones e instrucciones, compartiendo el conocimiento recuperado con los otros); el sacrificio a los Devas, para percibir y ganar la energía y favores de esos seres divinos, y a los que se les realiza el rito del fuego, el *homa*; el sacrificio a los Pitris, que son los sabios y videntes en los distintos planos y dimensiones de existencia, y a los que se les hace la ofrenda de agua y tortas de cereales; el sacrificio a los Bhutas, es decir, a los seres y criaturas de todos los planos invisibles y asimismo a los animales, enfermos y desvalidos, colocando ofrendas de alimento en todas las direcciones; el sacrificio a los seres humanos, consistente en caridad, dando alimento y medios a los desamparados, pobres, indigentes, peregrinos, *sadhus*, estudiantes y necesitados en general, brindando también alojamiento.

Mediante el culto y la ofrenda, el devoto le «roba», por así decirlo, el poder al Divino y se reviste del mismo. La *puja*, o ceremonia, se torna un método para ungirse con la fuerza de lo supramundano. La imagen que se adora, se mentaliza, se interioriza, se impregna en lo más cercano e íntimo a uno, para sacarle su *shakti*, es decir, su poder. El lugar más santo es el que se dispone en el templo, como el sanctasanctórum, y donde tienen lugar los más altos rituales. Se le llama *garbhagriha*, y quiere decir útero o matriz. El sanctasanctórum es el vientre, la concavidad mística, el pasaje hacia el origen del origen, la fisura hacia el itinerario del Retorno. Es también, simbólicamente, la caverna del propio corazón, donde mora la *shakti* en su esencia, o la concavidad central del cerebro, donde mora Shiva; es el hueco cósmico, el canal hacia lo Eterno, el universo más allá del vacío y no-vacío, del todo y el no-todo. Al adorar, te adoras; al ofrendar, te ofrendas, porque Shiva y Shakti están dentro de ti, esperando desposarse en el Loto de los Mil Pétalos, de cuya unión nacerá el hijo del espíritu o sabiduría.

Puri es una de las ciudades más sagradas de todo el subcontinente. Claro que hay que preguntarse: ¿y cuál no lo es? A lo largo de los siglos, han ido llegando a ella reformadores religiosos, místicos, *sadhus* y peregrinos. Aquí fundó uno de sus monasterios Shankaracahrya, y Jayadeva compuso su *Gita Govinda*; aquí también el místico Chaitanya murió y sus discípulos son conocidos como los gosyamines, muy devocionales, muy amantes de la deidad. Pero en contrapartida, en esta Pagoda Blanca, en este templo que tiene algo de oscuro, era donde había un comercio más fluido de *devadasis* o prostitutas sagradas. Estas mujeres eran bayaderas, prestaban sus servicios amorosos y llegaban a ser muy expertas en danza y música, algunas muy refinadas y de una hermosura poco común. A menudo estaban alojadas en el templo y a veces en instalaciones cercanas. El término quiere decir «casada con Dios». ¡Cuántos abusos se darían con ellas, es imposible decirlo! En el *Kama-sutra* se describe a la Padmini o Nacida del loto (que era el ideal al que debía aproximarse la *devadasi*): «Su figura es hermosa como la luna llena; su cuerpo, armoniosamente cubierto de carne, es dulce como el *shiras* o la flor de la mostaza; su piel es fina, tersa y clara como el loto amarillo; jamás su piel es de color oscuro. Sus ojos son brillantes y bellos como los de un pavo real, de agradable forma y con ángulos carmesíes. Su seno es duro, pleno; la

Padmini posee una hermosa nuca; su nariz es recta y hermosa, y la Padmini tiene tres pliegues a la altura de la región umbilical. Su vulva se parece a un capullo acabado de brotar. La Padmini se pasea con la gracia de un cisne y su voz es suave y musical como la del cuclillo indio».

Aún hoy en día, y aunque en los templos ya no existen *devadasis*, al menos que se pueda corroborar, hay hombres desalmados que van por los pueblos engañando a la familia con el truco de que una de sus hijas tiene las características apropiadas para ser ofrendada a la diosa y que se convierta en *devadasi*. Algunas familias, por la extrema necesidad que padecen, y a cambio de una cantidad de dinero, venden a sus hijas a estos miserables traficantes de «esclavas de Dios». En el mejor de los casos, esas muchachitas acabarán en manos de un pedófilo, pero en el peor terminarán en miserables prostíbulos como los de Mumbai o Calcuta. Mi buen amigo Jorge Rivas Espasa consiguió recuperar, dando una buena cantidad de dinero, a algunas de estas jovencitas y reenviarlas a su pueblo, pero me confesó, entristecido, el riesgo de que la familia las vuelva a vender y no se haya solucionado nada.

En busca de las tribus

Después de emborracharme de templos en el estado de Orissa, donde muchos adquieren un carácter colosal y son obras maestras en su género, me decido a visitar el cordón de tribus que hay en las montañas de este singular estado, muchas de ellas antiquísimas, las primeras pobladoras del subcontinente.

Cuando los indoeuropeos penetraron en la India y se fueron asentando en ella, comenzó la verdadera e irreversible tragedia para los pueblos autóctonos del subcontinente, los denominados aborígenes, y a quienes los invasores despectivamente se referían como «negros achatados». Desde aquellos remotos tiempos, ha bajado mucha agua por el Ganges, pero la situación de los aborígenes no ha mejorado demasiado y si fueron esquilmados, humillados, sometidos y desplazados por los invasores indoarios, prepotentes y pagados de sí mismos, venidos del centro de Europa, no han corrido mejor suerte en tiempos modernos, pues se les ha tratado de uniformar, quitar sus tierras para en las mismas emplazar presas, demoler sus creencias animistas e incorporarlos al hinduismo. Se les tiene por intocables y de hecho quizá ellos fueron los que dieron origen a algunas de las castas más bajas. Se les ha tomado por cajón de sastre en el que meter todo lo malo, inculpándolos de salvajes, incivilizados y aborrecibles hechiceros, cuando ellos fueron los primeros demócratas del mundo, descubrieron el valor de la botánica terapéutica, revalorizaron la madre tierra y fueron sumamente respetuosos con sus ancestros y con la naturaleza. Pero también el Imperio británico les consideraba criaturas de poco fiar y no sólo no contribuyó a su mejora, sino que siempre que hubo ocasión empeoró su situación, como sucedió con las tribus de las Nilgiri Hills (Montañas Azules), de manera especial con los todas, a los que he dedicado mi relato *El sabio de las Montañas Azules*.

Los aborígenes son las verdaderas raíces de la Madre India. Siempre he sentido debilidad por los grupos tribales y me he desplazado hasta donde fuera necesario para acceder a sus aldeas y observar de cerca sus pacíficos modos de vivir. Siempre he sido recibido con enorme cordialidad e insuperable hospitalidad, tanto en las aldeas tribales de Arunachal Pradesh o de Tripura, como en las del centro o sur del subcontinente y, por supuesto, en las de Orissa. Durante días he ido recorriendo los poblados de las aldeas aborígenes que están establecidas alrededor del área de Koraput y también en las montañas, y he podido disfrutar y deleitarme al máximo contemplando sus mercados. Así, he podido gozar entrando en contacto con las tribus bonda, paraja, saoria y tantas otras. Todos los que amamos la India tenemos que estar agradecidos a estos pueblos autóctonos, que a duras penas van consiguiendo mantener vivas algunas de sus tradiciones y sus cultos y creencias animistas, basadas en el amor y respeto a las fuerzas de la naturaleza. En los poblados hay un conjunto de casitas un poco apartadas, destinadas a los espíritus de los muertos. Se me parte el corazón cuando en las carreteras contemplo a estas sencillas y pacíficas gentes apartadas de sus tierras y teniendo que trabajar en las peores condiciones imaginables. Viven en tiendas de campaña junto a la carretera o en miserables casuchas y todo el día están bregando con el asfalto y unos métodos muy precarios de rehacer las carreteras. Tiene uno ocasión de ver a los niños siempre tiznados, con asfalto hasta en las pestañas. He denominado a estos niños «los del infierno» y la vida que les espera es de verdadero horror.

Personas sensibles de la India, y sensibilizadas con el gran problema de los aborígenes, se esfuerzan por restablecer el respeto y la ayuda que se merecen. La India les debe mucho, incluida su sangre y su espíritu, y nunca debería darles la espalda.

IX

Por las tierras semitropicales de Karnataka

Me gusta salirme de los circuitos turísticos, de los itinerarios trillados. Me gusta descubrir por mí mismo lugares que me lleguen al alma y alcanzar templos que no están en el mapa de los más célebres ni artísticos, pero donde uno puede encontrar otro sentimiento y otro entendimiento, otro tipo de asistentes y peregrinos. Así que por qué no visitar Nabnjagund en el estado de Karnataka, pues todo viajero occidental o turista se prenda con Belur, Halebid, Sonnatphur, Srirangapatna, Aihole o Pattadakal, pero hay otros templos con culto vivo en los que merece la pena dejarse caer durante unas horas. Ése es mi deleite en esas tardes luminosas y calientes de este bello estado sureño que es Karnataka.

Comienza a lloviznar cuando emprendo por carretera el trayecto de Mysore al templo de Nanjagund. El paisaje es de una belleza excepcional. Karnataka cuenta con muy hermosos parajes semitropicales. Me ha surgido un especial e intuitivo interés por visitar este templo. Otras veces lo he dejado de lado, pero ahora quiero recogerme en sus vestíbulos y vivir su atmósfera sin prisa, sin ningún tipo de urgencia, como si yo mismo fuera un indio.

Hay un pueblecillo insignificante al lado del templo. Venden jugo de mango y cacahuetes rancios. El templo es de proporciones impactantes y con razón muy peregrinado, aunque no sea visitado por los turistas y viajeros. Las esculturas son primorosas y hay un buen número de vestíbulos y sanctasanctórums. En el patio hay exvotos con representación de las distintas partes del cuerpo en miniatura. Uno coge la zona del cuerpo enferma para hacer el exvoto a las potencias supremas y esperar ser sanado. Los exvotos son de hojalata, muy burdos. En una de las salas del templo hay una gran balanza. Uno de los sacerdotes me explica para qué se utiliza. Cuando alguien muy acaudalado ha sido sanado, pone su cuerpo en uno de los platos de la balanza y en el otro va arrojando dinero (o alimentos si no es tan acaudalado) hasta equilibrar la balanza. Este dinero, o en su caso alimentos, es para el templo. Hay un santuario con un enorme *lingam* o falo cósmico. Todo el templo está sumido en la semipenumbra y huele a la manteca quemada de las lamparillas. En otro santuario hay un *lingam* de jade que tiene su historia, la tiene. El soberano musulmán Tippu lo obsequió al templo cuando sus plegarias lograron que su elefante, que se había quedado ciego, recuperase la vista. Hay santuarios a Vishnu y Parvati. Un envilecido sacerdote, de lamentable aspecto torvo, quiere incitarme al rito para reclamarme un buen puñado de rupias, pero no cedo. Sin embargo, me dejo poner en la frente el punto rojo, distintivo de la sabiduría, de la visión clarificada, más allá de todo dualismo, con el dedo afilado y tembloroso de un sacerdote muy anciano que transmite paz y afecto. Lo miro y él me mira. Se anima por mi buena disponibilidad y me imparte bendiciones y, durante unos minutos, con voz quebrada, repite salmodias y mantras. Me está ofreciendo palabras de poder. Se llama Venkata Subbiah. Entorno los ojos, me concentro, escucho sus recitaciones mántricas, las absorbo, me recorren, profundizan en mí. Tales vocablos vienen siendo repetidos desde la noche de los tiempos, tienen ya un carácter arquetípico y están cargados de energía, vivificados a lo largo de siglos. En el principio era el sonido más sutil, el sonido emanado del Brahmán, el sonido inaudible, la primera pulsación cósmica que viaja por todos los espacios sin límite y que, desde el plano de lo más ultrasutil al de lo más tosco, conforma todas las vibraciones y universos. El mantra es el método para reorientarse hacia aquello que designa. Así muta y transmuta la psique. Se convierte en energía despierta y en catapulta hacia la mente iluminada. Es una técnica transformadora. Por eso dejo que el anciano siga con sus mantras y que ellos me impregnen con su vibración.

En una de las salas del templo están representados los nueve planetas y los devotos giran alrededor de ellos nueve veces. Al salir del templo me encuentro con una procesión, animada, estruendosa, con la habitual parafernalia hindú. Todo el pueblo asiste a la misma. Hay contento, hay religiosidad sui géneris, hay cordialidad. Entro nuevamente en el templo y me siento en una sala apartada y recoleta. Me mantengo en calma, en ecuanimidad, en la conciencia del ser. Hay que vaciarse del ego para convertirse en el Ser, para reconectar con la antesala de la mente, que es el espejo en el que se refleja la naturaleza iluminada. Meditar es concentrarse en el centro de paz de uno mismo, equilibrarse, estar plenamente atento desde la ecuanimidad, totalmente lúcido desde la imperturbabilidad. Meditar es saltar fuera del surco repetitivo de conciencia en el que nos hallamos movidos por los viejos condicionamientos; es morir a la vieja psicología y nacer a cada momento. Meditar es refrenar la mente condicionada y poner los medios para que brote una mente libre y purificada. Etapa por etapa se va produciendo el encuentro con el sí-mismo. En el hinduismo siempre se ha hecho referencia a una última fase de vida dedicada tan sólo a la búsqueda del sí-mismo y la autorrealización; es la vida del renunciante. A ese renunciante se refiere el Nanusmriti cuando dice:

> Que no desee la muerte, que no desee la vida, que espere su hora como un sirviente su salario.
>
> Que soporte que se le hable con dureza y que no insulte a nadie; que no se enemiste con nadie confiando que este cuerpo es imperecedero.
>
> Que no devuelva la cólera al colérico, que bendiga cuando se le maldiga, que no mienta.
>
> Regocijándose en el Ser, sentándose con ecuanimidad, absteniéndose de deleites sensuales, teniéndose a sí mismo por único amigo, que vague por la tierra buscando la Liberación.

Recordando estas palabras salí del templo. Muy pocos consiguen la condición de liberados-vivientes, pero aquellos que lo son representan la quintaesencia de la evolución consciente y su contribución a los demás es invalorable.

Plenitud en Badami

Un lugar es al final lo que deja en uno; aquello que en uno persiste; lo que imprime una huella indeleble en el ánimo y en el alma. La India tiene muchos lugares que se le quedan a uno adheridos, que no quieren borrarse de la memoria, que persisten con vigor en la trastienda de la mente. Así me pasa con Badami, al norte de Karnataka.

Atardece. El cielo se ha teñido de coral. El silencio sólo se ve quebrado por el ruido sordo y relajante de las paletas de madera que las mujeres utilizan para golpear la ropa que están lavando en el apacible lago de aguas verdosas. Me he sentado a contemplarlas, a la orilla de este lago rodeado de un circo de montañas bajas. El tiempo parece haberse suspendido en la conjunción del día y la noche. Este instante supremo toca mi corazón, deja su impronta imborrable, una nostalgia que por años me seguirá como la sombra al cuerpo.

Sí, estoy en Badami y sé, sé en este momento en el que el día se matrimonia con la noche, que jamás podré olvidar esta aproximación a la India más genuina. Se me tiñe el alma de paz infinita, aquí, al norte de este hermoso estado del sur, donde, excavadas en las montañas, hay unas soberbias cuevas-templo en número de cuatro, tres de ellas hindúes y una jaina. La primera de estas cuevas es en honor a Shiva, donde hay también una representación del andrógino Ardhaniswara. Hay una escultura de la serenísima y poderosa Durga, cabalgando sobre el búfalo. La segunda es en honor de Vishnú. En la tercera hay una imagen del avatar de Vishnú, Narasimha, y una fabulosa y muy significativa escultura de Hari-Hara, o sea, mitad Vishnú y mitad Shva, la complementariedad de las energías, el maridaje perfecto de la compasión y el poder, el amor y la inteligencia: las dos alas del ave hacia la libertad suprema. Estas tres primeras son del siglo VI y se realizaron en ellas meditaciones y cultos cargados de sentido místico. La cuarta cueva es jaina, con una escultura del gran iniciado Parasnatha, y en el santuario hay una imagen de Mahavira, el gran maestro jaina contemporáneo de Buda.

Cae la noche. Hay una sensación de quieta plenitud, un sentimiento de cosmización.

Días de borrachera de templos, la embriaguez de los monumentos sagrados, la rapacidad de los sacerdotes y *pujaris* (oficiantes), la religiosidad a andanadas, las ceremonias y ofrendas de todo tipo. Templos con sus vestíbulos y sobre el sanctasanctórum la torre. Templos colosales, a veces apabullantes, bien diferentes de los templos parcos, sencillos, recios, del norte. Y siempre el sanctasanctórum muy débilmente iluminado, la cámara secreta e inaccesible de los iconos, el vientre, el útero, la concavidad mística, el pasaje hacia el origen del origen, la fisura hacia el itinerario del Retorno. Representa el universo más allá del universo. Al adorar al icono, uno se adora a sí mismo, vamos a su ser interno; al ofrendarles ofrendas, Shiva y Parvati están dentro de uno, esperando a desposarse en el Loto de los Mil Pétalos, de cuya unión nacerá esa gracia salvífica que está dentro de uno. Siempre me ha fascinado —y ya lo habrá notado más de una vez el lector— la figura riquísimamente multivariada de Shiva, el más humano de todos los dioses y, a la vez, el más yóguicamente sobrehumano. Es la energía que yace en nosotros y fuera de nosotros. Como es el agua al pez (en ella nace, vive, muere, lo cubre todo por dentro y por fuera), así es Shiva a toda criatura viviente. «Búscalo dentro de ti», dicen los yoguis shivaítas. ¡Y qué impresionante la imagen de Shiva como Ardhaniswara, cuanto más la contemplo más cosas me dice más allá de las palabras y los conceptos. Simboliza la unificación en uno mismo de la energía positiva y negativa, la masculina y la femenina, la autocópula que hace posible el nacimiento del hijo del espíritu, la más alta liberadora intuición mística. ¿No estamos todos tratando de completarnos a nosotros mismos aunque queramos hacerlo a través del otro? Ardhaniswara es completo en sí mismo. Es Shiva como hombre y mujer, sol y luna, antes de desparramarse en los vastos universos. Es el punto de partida, el alfa, el origen todavía inmanifestado, el *bindu* del que brotarán todos los espacios siderales, los cosmos sin orillas. Cuando armónica y yóguicamente se matrimonian, uno se torna el andrógino espiritual inquebrantable y emerge más allá de la oscuridad de lo fenoménico y reencuentra la luz del nirvana.

Cada vez que tengo ocasión, visito a un hombre que se dice o está en la Búsqueda. Se ha dicho que soy un cazador de *sadhus* y que, por el contrario, me esfuerzo en profanar y desmitificar la imagen del gurú de masas. Es bien cierto. Cuando he encontrado hombres realmente religiosos, religiosos en el más puro sentido de la palabra (religados a su propio ser, a su centro de paz y unidad), entonces he comprendido aún más que todos esos ampulosos, ególatras e inaccesibles gurús de masas deberían, en un acto de redentora humillación, besar las sandalias del *sadhu* que nada tiene y que a nada material aspira.

El *sadhu* que está ante mí se llama Shivaji-Shivaji. Así de pronto me suelta:

—La felicidad es un mito. La Sabiduría ya es otra cosa. Usted debe darse cuenta, aceptar plenamente, asumir desde lo más hondo, que la felicidad no existe. Renuncie a la felicidad y tal vez...

Una pausa, una irónica sonrisa, y agrega:

—Y tal vez entonces comience a sentir la felicidad.

Le miro con perplejidad. Tiene la vista puesta en el horizonte. Y añade:

—Perseguimos la felicidad. No hacemos otra cosa que perseguirla, como una persona que se pusiera a perseguir su sombra, siempre al alcance, aparentemente, pero siempre intratable.

Está tan delgado que sería posible ver los latidos de su corazón reflejándose en sus costillas. Pero no es una delgadez que resulte fea o casi grotesca, sino una delgadez armónica y bella.

—Renuncia a la felicidad —dice ahora mirándome—, continúa con tu trabajo espiritual y algo importante, mágico, sucederá dentro de ti.

Me mira tan intensamente que me hace sentirme inquieto. Pregunta:

—¿Usted ha sufrido?

—Sí, claro, y no poco. ¿Y usted?

—Hasta que dejé de perseguir la felicidad. Cuando dejé de ir hacia ella, ella vino hacia mí. Ésa es la magia; ése es el secreto. Si estás en el cuerpo, en el cerebro, en la mente, ¿cómo vas a ser feliz? Cuerpo, cerebro y mente tienen sus propias leyes, y su propia dinámica de vida genera dolor y sufrimiento. ¿Quién persigue la felicidad? El cuerpo y la mente, porque sufren, padecen el proceso de vida que engendra tanto dolor. O sea, que nuestros disfraces son los que persiguen la felicidad. Pero nunca podrán ser felices, no pueden atrapar ese estado. Si estás en el cuerpo y la mente, tu vida es un drama, persiguiendo inútilmente la felicidad. Pero si te estableces en tu centro de paz, ¿es que vas a perseguir lo que ya tienes?

Hablamos largamente. Al despedirse, me dice:

—Usted es un buen hombre. Lo mucho que ambos hemos sufrido nos acerca. Deje de perseguir la felicidad y la compasión irá abriendo todos los pétalos del centro de su corazón.

¡El centro del corazón! La compasión, el amor, la generosidad. Es fácil brillar con el centro de la mente, pero ¡qué difícil hacerlo con el del corazón!

Vicente Ferrer. Un hombre de corazón

Ya me dijo una de las primeras veces que nos vimos: «Lo que le pido a Dios es un corazón de carne y sangre». Pero antes de que pronunciara estas hermosas palabras, se presentó de golpe en el centro de yoga que dirijo, Shadak, y me estrechó entre los brazos de su menudo y recio cuerpo. Fue hace casi dos décadas. Hablamos unos instantes, porque yo estaba impartiendo clase. Después le recibí varias veces en Madrid y tuve ocasión de entrevistarle para el programa de radio, la Tertulia Humanista, que realizo con mi hermano Miguel Ángel desde hace más de veintitrés años. Me contó sus experiencias místicas, su afición por las *asanas* del yoga y sobre todo por las posturas de inversión, que irrigan de sangre el cerebro y mejoran su funcionamiento, de su incansable labor. Y cuando le pregunté cómo se definiría a sí mismo, dijo: «Como un trabajador social». Le prometí que un día pasaría a visitarle y le devolvería así la visita. Y lo hice años después, pasando cuatro noches en su colonia en Anantapur, hasta donde llegué en tren desde Bangaore. Anantapur pertenece al estado vecino de Karnataka, Andhra Pradesh, y es una localidad seca, fea, polvorienta, sin ningún atractivo como no sea su gente sencilla y hospitalaria. Durante esos días tuve ocasión, con un jeep prestado por Vicente Ferrer, de visitar poblados y asistir a danzas tribales, donde los asistentes se ataviaban con sus especiales vestimentas a tal fin, sumamente llamativas y coloristas. Fueron días intensos y entrañables, teniendo la ocasión de entrevistar muy largamente a Vicente Ferrer, no sólo sobre su bien conocida labor social, sino sobre sus vivencias interiores. Me preguntó:

—¿Vas a ir a visitar a Sai Baba, que está cerca de aquí?

Le contesté:

—No estoy tan loco como para eso. He venido a verte a ti y no a él.

Nos despedimos con un abrazo muy fuerte y cariñoso, como el que nos procuramos el primer día que nuestras envolturas carnales se encontraron. Nunca olvidaré, ahora que ya ha desencarnado, sus palabras: «Lo único que le pido a Dios es un corazón de carne y sangre». Hermoso, más ahora que hemos construido una sociedad de eriales y donde hay tantos corazones de acero o piedra.

X

Tierras del sur

Las cuatro ciudades más grandes de la India son Delhi, Calcuta, Bombai y Madrás. Ya he llegado por fin a esta última, capital del estado de Tamil Nadu, en pleno sur, junto al mar, donde se dice que están los mejores astrólogos del mundo, donde hay una sede de la Misión Ramakrishna y, a las afueras, está la Sociedad Teosófica fundada por esa gran fabulista conocida como Madame Blavatski. Como en las otras tres grandes ciudades mencionadas, en Madrás riqueza y extrema miseria se dan la mano, aunque esta última no es tan atrozmente evidente como en Calcuta o en Bombai.

Hasta Madrás nada menos llegó santo Tomás, el Dídimo, el incrédulo apóstol de Jesús. Mi primera jornada en esta ciudad se la voy a dedicar a él, porque siempre me fue un apóstol simpático, quizá porque no se contentaba con las creencias y necesitaba las experiencias. ¡Era un empírico!

Hay muchas supuestas tumbas de personajes en la India, muchas. La tumba de Jesús (que he visitado varias veces y es un simple y puro montaje de una secta musulmana para desprestigiar el acontecimiento de la resurrección), la de María, la de Abel y Caín... Más cierta parece la de Tomás el Dídimo, y segura la de Francisco Javier en Goa. Como quiera que sea, recorro los lugares que hollara el santo. Visito su basílica y su tumba junto al mar y luego voy al montecillo, donde predicaba e hizo algún milagro, y al atardecer me llego hasta el monte que lleva su nombre, donde murió al parecer alcanzado por una flecha. Me sitúo frente a la columna donde sobrevino el martirio y luego contemplo un lienzo en el que Tomás está introduciendo los dedos en la llaga del Maestro.

¿Por qué he visitado varias veces la Sociedad Teosófica si nunca he sentido el menor respeto por su fundadora, una contumaz embustera, ni la menor simpatía por la enrarecida y perjudicial mezcolanza que los primeros teósofos se encargaron de hacer con conocimientos ocultistas, esotéricos, máticos, hindúes, budistas, taoístas, cabalistas, alquimistas y demás? Pues porque me gustan esos espléndidos jardines junto al río Adyar y porque el parque dedicado a la meditación es una delicia. Ya visité en 1973 la Sociedad por primera vez y entrevisté a su presidente, el señor Coats, un inglés muy inglés, grandote, entusiasmado, al menos en apariencia, con las enseñanzas teósofas. La Sociedad, no cabe duda, vive de pasados talentos; agoniza en su propia maraña de conceptos seudoorientales, mistagógicos y cabalistas. En el amplio recinto, hay templos y santuarios de las diferentes religiones, se encuentra la iglesia regentada por ese más que controvertido personaje llamado Charles Leadbeater y hay un pequeño museo de manuscritos antiguos. Viajando por la India precisamente, he leído la obra de Blavatski titulada *Por las grutas y selvas del Indostán*, y es desde luego una obra plagada de embustes, farragosa y puerilmente efectista.

Muchas veces me he deleitado visitando los templos de Mahabhalipuram, y vuelvo a hacerlo. Muchas veces he visitado los de Kanchimpuram, y vuelvo a hacerlo. Pero todo mi interés se centra ahora en visitar el único templo que está, todo él, regido y oficiado por mujeres. Desde Kanchimpuram parto hacia ese templo, por las carreteras caliginosas y polvorientas del sur. En algunas horas lo alcanzo. No destaca el templo por su belleza, más bien al contrario. Es una construcción moderna y sin el menor valor artístico, pero algo muy especial sucede los jueves, viernes y sábados, que son días especiales para el culto a la diosa, la *shakti*. Es éste el templo de Mel Mauratur Shakti, con un buen número de sacerdotisas. El color de la *shakti* es el rojo, un rojo violento, intenso, apasionado. El rojo de la sangre, de la energía, del poder. Así, todas las sacerdotisas visten de rojo en el templo al que consigo acceder. También la mayoría de los devotos, hombres y mujeres que vienen al templo, visten de rojo. Las sacerdotisas sirven de intermediarias con la diosa, ofrendan, salmodian, sacrifican. Algunas mujeres, en el delirio místico, en la borrachera sacra, tomadas por la diosa, se echan al suelo y, frenéticamente, ruedan y ruedan sin cesar por el suelo del recinto sagrado. Un campesino, trémulo, envejecido, huellas de cansancio de siglos en el rostro, que, absorto ante la imagen, se paraliza, quisiera morir para nacer en la diosa. Hay una sacerdotisa alta y espigada, enfundada en su sari rojo, la marca de pintura en el entrecejo, los ojos de misterio, el cabello largo y negro, repartiendo el alimento bendito, el *prasad*.

Desde la semipenumbra del templo, salgo al día refulgente y claro de los campos semitropicales del Tamil Nadu. Cerca del templo hay un campamento de gitanos. Hay una niña de unos seis años de edad, muy hermosa, muy entrañablemente amorosa. Me toma de la mano. Es como una angelita de ojos muy negros, muy vivos, abismales, y allá en su fondo sin fondo, intuyo la energía de vida que se precipita sobre ella y siento el poder de la *shakti* en su tierna mirada. Recuerdo lo que tantas veces me han dicho los *sadhus* shaktas: «La Madre vive en nosotros y en nosotros respira, piensa, ama, busca. Dondequiera que mires, la ves a ella; como quiera que hagas, lo haces con ella».

Arunachala

Miles de kilómetros en automóvil por el estado sureño de Tamil Nadu. No una vez, sino muchas, siempre con el ánimo renovado, la mirada presta y viva, la mente prendada por la belleza de tan formidables templos y tan prodigiosas esculturas. Y he vuelto a recalar en Tiruvannamalai, un polvoriento y animado pueblo al que llego un día inmensamente caluroso y claro del mes de agosto. Es un pueblo de tantos del sur de la India, bullicioso y donde se perpetúan los tradicionales modos de vida desde hace siglos, sumando milenios, al amparo de la conocida como Colina de Fuego, la santa Arunachala, en cuya base se encuentra un descomunal templo dispuesto en forma de gigantesco mandala, nada menos que con una extensión de diez hectáreas, shivaico, cargado de energía devocional, peregrinado desde sus orígenes, reservorio de poder cósmico, como un inmenso chakra que se retroalimenta energéticamente y se torna en un poderoso agujero negro hacia la otra Realidad. Hay una poderosa vibración demiúrgica en todo este templo; una energía tan densa que parece poder cortarse; una atmósfera mezclada, tal vez un poco enrarecida, donde se alternan vivencias de chamanismo, denso ceremonial y una genuina espritualidad.

¡Cuántas horas he pasado en este templo de desorbitadas proporciones, no lo sé! Nunca he encontrado un santuario tan hermoso como el que aquí hay a Parvati, la misericordiosa consorte de Shiva, capaz incluso de embriagar a su marido, el señor de los tres ojos, con su ternura y sexualidad. Es la valiosa compañera del dios de los yoguis, capaz de entrar en profundísimas discusiones metafísicas y místicas con su marido, siempre serena, serenísima ella, pero con un recio carácter. A este santuario acuden los peregrinos a millares. Se efectúan ofrendas sin cesar y los restos de las mismas fluyen por unos canales hacia las galerías circunvalatorias del santuario. Los fieles toman estos restos porque son *pradad*, alimento bendito, y homologan las energías suprasensibles. Son restos de jugo de coco, manteca clarificada, agua y otros productos que se ofrecen a la diosa. En el suelo de este espléndido santuario shaktico (energético) se han representado grandes *yantras* o diagramas esotéricos, que se utilizan por lo común para la concentración mental y el desarrollo de la intuición. Para el hindú, además del plano físico o carnal, existen otros muchos. Hay mundos visibles e invisibles y distintos planos que se llaman *lokas*, y que van desde lo más burdo hasta lo más ultrasutil. El plano de los dioses es Brahmaloka, pero aún él es transitorio o contingente. El hindú común o devoto ordinario busca planos más elevados para ser más dichoso en posteriores renacimientos, pero el hindú con altas miras místicas desea liberarse en esta misma vida y que su sí-mismo se funda con el Ser o Concienca Pura y no tenga que volver a reencarnarse y pasar por la cenagosa ruta de la existencia fenoménica, que para el que sabe «ver» comporta sólo sufrimiento. Más allá de esas vestimentas que son el cuerpo, el cuerpo energético, el cuerpo mental y el supramental, está el sí-mismo, anhelante de fundirse con su Fuente y dejar de vagabundear de existencia en existencia. El yogui aprende a desidentificarse de sus vestimentas o envolturas y a establecerse en su propia naturaleza, aquella que está más allá de todo lo fenoménico y que representa la liberación definitiva.

He meditado en el santuario de Parvati. Después he visitado el ala donde estuviera en profunda meditación Ramana Maharshi tras llegar a este templo, habiendo dejado su hogar, aún siendo casi un niño, para entregarse a la búsqueda del Ser. Se habría de convertir en el yogui más respetado del siglo XX, del que Jung llegó a decir: «Es el punto más blanco de una hoja en blanco».

He vuelto a visitar a su *ashram*, aquel en el que se estableció en 1922, después de meditar en distintas cuevas en la Colina Sagrada. El *ashram* está al lado de Arunachala, a la que tanto amara Ramana. Murió en 1950, tras despedirse de sus discípulos.

Las primeras veces que visité el *ashram* solía entrevistarme con Venkataraman, familiar de Ramana y hombre afable y comedido. En aquellos lejanos años el *ashram* era poco frecuentado, pero ahora cada día es mayor y mayor el número de visitantes.

Siempre que acudo al *ashram*, aprovecho para visitar las cuevas en las que Ramana permanece en distintos puntos de la Colina. Es un lugar de paz y silencio y me gusta meditar en esas cuevas lejos del mundanal ruido y recordar las palabras tan orientadoras del Sabio: «Tenéis que formularos la pregunta: "¿Quién soy yo?" Esta investigación al final conducirá al descubrimiento de algo dentro de ti que está detrás de la mente. Resuelve este gran problema y con ello resolverás todos los problemas. La verdadera naturaleza del hombre es la felicidad. La felicidad es intrínseca al sí-mismo. Su búsqueda de la felicidad es una búsqueda inconsciente para su verdadero ser. El verdadero ser es imperecedero. Por lo tanto, cuando un hombre lo halla, encuentra una felicidad que no tiene fin».

Triruvannamalai es un foco de espiritualidad desde hace muchos siglos. Hay un buen número de *sadhus* y *sannyasins* y de vez en cuando surgen nuevos mentores espirituales. En años pasados todavía conocí a algún *sadhu* que fuera compañero de Ramana. Ya murió el último de ellos. Yo hallé a uno muy anciano y encantador, en su cueva, cerca del *ashram*. Cuando uno circunvala la Colina, se encuentra con *sadhus* y renunciantes, así como los inevitables *seudo-sadhus* y buen número de mendigos. Con motivo de mi último desplazamiento a Tiruvannamalai, tuve ocasión de conocer a dos mujeres singulares. Me refiero a Shiva-Shakti y Aum Amma. Ninguna de ellas se comunica a través de las palabras. Shiva-Shakti lo hace mediante la mirada y su sosegadora e inspiradora presencia; Aum Amma (no confundir con Amma, a quien nunca he tenido ningún interés en conocer, ya convertida en gurú de masas) lo hace a través del abrazo y las caricias. Con ambas obtuve una experiencia confortadora e inspiradora, rindiendo el ego y apartando la mente que mide, compara y juzga. Shiva-Shakti tiene una casita cerca del *ashram* de Ramana y Aum Amma vive a unos kilómetros de Tiruvannamalai, con un entrañable y encantador asistente, que es un joven *swami* muy cooperador y hospitalario.

La isla de Rama

He proseguido viaje por las exuberantes tierras tropicales del sur de la India. A menudo, compro un coco de agua y dejo que su néctar se deslice por mi garganta reseca. Difícilmente puedo resistirme a detener el automóvil y pasear entre los cocoteros, las plantaciones inmensas, los arrozales. Las mujeres, en plena carretera, hacen cuerdas sirviéndose de las palmeras. Algunos hombrecillos, muy ágiles, ascienden velozmente por el tronco de la palmera y, a través de cuerdas tendidas entre ellas, pasan de unas a otras con la misma habilidad que lo hace un chimpancé. Son los encargados de preparar el licor de palmera, que rasga la garganta, que altera la conciencia. A lo lejos, los bueyes, lentos pero inquebrantables, labran las tierras.

Para llegar a la isla de Rameshwaram, he tenido que tomar un tren y luego en la estación, y para moverme por toda la isla, he alquilado una carreta de bueyes. Ha sido una sensación curiosa cruzar el mar por encima de las vías del ferrocarril hasta llegar a la isla, y no menos curioso ir zarandeado de un lado para otro en esta carreta, que es el medio habitual de moverse por la isla. Y la verdad es que tampoco sé por qué he venido a dar aquí, pero como soy el amante (en este caso de la India) que no quiere dejar ni un milímetro sin conocer del cuerpo anhelado de su amada, hasta este remotísimo lugar he llegado y ya que estoy aquí, voy a aprovechar para visitar uno de los templos más formidables del subcontinente. Me refiero al Ramanatha Swamy, con los corredores más largos de todos los templos de la India, realmente soberbios, capaces de sumar un kilómetro y medio de extensión, con innumerables pilares y dos santuarios, puramente dravídicos, que atraen a multitud de peregrinos. Los hay que hacen un peregrinaje que consiste en desplazarse de Rameshwaram a Benarés y de Benarés a Rameshwaram. De Benarés portan agua santa hasta Rameshwaram y de Rameshwaram a Benarés. Con el agua traída de Benarés bañan las imágenes del templo de Rameshwaram, y con la que traen de Rameshwaram, las del templo de Viswanatha de Benarés. ¡Caprichos de los abnegados peregrinos!

Si hay un modo de vida sencillo es el de Rameshwaram, esta pequeña isla desde la que alguna vez he tomado el transbordador a Sri Lanka, cruzando las aguas del golfo de Mannar, ruta que ya el mismo Marco Polo descubrió. En esta isla tan santa hizo penitencias y purificaciones Rama, después de dar muerte a Ravana, el rey de los demonios, que había raptado a su esposa Sita. Según la leyenda, el *lingam* que hoy en día es venerado en el templo de Rameshwaram es el mismo que erigiera Rama en honor de Shiva.

En esta isla, anualmente, tiene lugar un rito muy curioso. Es un rito para la fecundidad, muy antiguo, seguramente preario. Se lleva a cabo en torno al árbol banyano y lo celebran, con ayuda de los brahmanes, las mujeres que quieren quedar encinta. Se celebra una larga ceremonia y junto al árbol, al son de las salmodias sacras, las mujeres que anhelan ser fecundadas, dejan imágenes de serpientes. Es un ancestral culto a la serpiente. Un culto para la fecundación. En algunas zonas de la India, y a tal fin, también se alimenta a las serpientes con leche.

En Rameshwaram, me acerco a un recinto en el que hay unas misteriosas tumbas. Es un recinto cerrado, bastante lúgubre, en la semipenumbra, que huele a humedad, y donde hay dos túmulos de enormes proporciones. Cada una de estas tumbas mide doce metros de largo. Hay dos creencias en la isla a propósito de tales tumbas. Una de ellas sostiene que Caín y Abel llegaron a Rameshwaram y en esta isla aquél asesinó a éste. Ambos hermanos están enterrados aquí. La otra creencia explica que tales tumbas son las de dos extraterrestres llamados Mabel y Abel. Me pregunto si alguna vez se han exhumado las tumbas. Indago. Nadie me responde. A nadie en realidad le interesa. La leyenda, como a menudo la mitología, forma parte de la vida cotidiana para los indios y a éstos, con frecuencia, lo que les importa en tal sentido es la realidad cotidiana, un poco tintada por la legendaria. El símbolo, el mito, la leyenda apuntan al otro lado del espejo, son indicadores de un universo paralelo, pero el indio aprovecha la fuerza de ese universo paralelo para tratar de perseguir y conseguir logros en el material.

El cabo de la Virgen

Me encuentro en las antípodas de Gangotri, en el otro extremo de la India, en la punta más sureña, allí donde se abrazan y funden el mar de Arabia y el océano Índico, en el golfo de Bengala. Huele a mar. Hay mucha luz, cegadora, y una suave brisa que deposita la sal en todos los poros del cuerpo. Hay un cielo inmenso, despejado, sin límites, que parece querer absorberle a uno.

Estoy a miles de kilómetros de las fuentes del Ganges, en el extremo opuesto de los Himalayas. Por una estrecha carretera de impresionantes paisajes tropicales, dejando a un lado Padmanabhapuram, la antigua capital de Travancore, después de visitar el templo hindú de Suchidrum (al que he tenido que entrar desnudándome y cubriendo sólo mi parte inferior del cuerpo con un lienzo), he llegado al extremo sur de la India, a Kanya Kumari, sacrosanto lugar de la poderosa y serenísima diosa Durga. Hay una luz de fantasía, que me recuerda a los pueblos mediterráneos. Hay una paz contagiosa. Los niños juegan en la playa, chapoteando, con sus cuerpos negros como el ébano y brillantes, reluciendo a la luz del sol de la mañana. Tomo un transbordador y me traslado a un islote en el que se ha construido un templo en recuerdo de Vivekananda, que gustaba de meditar en este lugar. También aquí, en una sala a tal fin y en la que está representado en grande el símbolo del mantra *Om*, paso una hora en meditación, tratando de reconectar con mi ángulo de quietud, con la inteligencia primordial que reside en todo ser humano más allá de la mente superficial y farragosa.

Las calles y callejuelas del pueblo, con la espléndida luminosidad de un día abierto y claro, resultan animadas y familiares, con algunos santuarios, bares y corros de gentes apacibles. Aquí la gente viste muy ligera de ropa, a diferencia de allí a lo lejos, en esos Himalayas que coronan la parte alta de este inmenso subcontinente, por el que me he deslizado en tren y automóvil miles y miles de kilómetros. Desde Gangotri imaginé la superficie de la India hasta el cabo de la Virgen y ahora que estoy aquí sentado contemplando las aguas de un azul vivo, visualizo la India de abajo arriba, pasando por las tierras y junglas tropicales del sur, penetrando en las planicies apabullantes e inagotables y alcanzando las estribaciones himalayas, donde hay deliciosas ciudades en las que he pasado días para no olvidar jamás, como Ranikeh, Almora, Nainita, Mussorie, Pauri y tantas otras.

El *Om* se repite en mi mente como si formase parte de

cada una de mis células. Todo lo abarca, todo lo impregna, todo lo satura, en todo vibra. El *Om* es cada pulsación, cada latido del corazón, cada pensamiento y cada estado de ánimo. Nada escapa al *Om*, la fuerza primigenia, el sonido que emana de la primera manifestación. Y acompaso la recitación a la inhalación y la exhalación, y así me encuentra el anochecer cálido y perfumado.

XI

Tierra de bosques, manzanos y *gaddis*

Me recreo en los contrastes de la India y a menudo los intensifico saltando de una a otra región. Me gusta pasar de la zona boscosa y montañosa a la de los cocoteros, palmerales, plantaciones de café y té y macizos de anacardos. Me deleita desplazarme de los canales navegables de la exuberante Kerala a las tierras desérticas del Rajasthán o a las hermosas y sugerentes localidades del Himachal Pradesh, el estado montañoso y que es dueño de valles tan bellos como el de Kulu y Manali, entre tantos otros.

Que amo Shimla lo ha descubierto el lector que ha leído mis guías, novelas y libros de viaje. No es por casualidad que haya tantos pasajes de mis relatos espirituales *El Faquir*, *En Busca del Faquir* y *El manuscrito secreto del Faquir* que acontecen en Shimla, esta ciudad conocida como «la mujer azul», la más bella para Kipling y en la que situó algunos de sus cuentos, y aquella en la que los atardeceres son verdaderamente insuperables.

Pues llegué en tren hasta Kalka, una localidad en las estribaciones de las montañas, y aquí cogí un minitren o *toy-train* que para recorrer ochenta kilómetros ha tardado todo un día. Eso ha sido lo malo, pero lo bueno es que ha atravesado bosques y serpenteado sobre grandes precipicios, venciendo las dificultades de la altitud y no dejando el maquinista de hacer sonar el silbato. En la planicie, el calor era pastoso y denso a la vez que húmedo, que adhiere la ropa al cuerpo, amilana, le hace a uno caminar lento y perezoso, indolente. Pero en Shimla el clima es fresco, porque la ciudad se halla suspendida en una ladera a dos mil doscientos metros de altitud y parte de las casas en dos cimas, entre valles prodigiosos, frondosos bosques y los atractivos picos de Jakko y Prospect, que son como guardianes de esta atractiva ciudad himalaya. Hay hermosas construcciones coloniales, sugerentes casas y casitas, además de una iglesia y una larga calle principal, que se llama el Mall, y con callejuelas empinadas y adyacentes que configuran los bulliciosos bazares, habiendo situado Kipling en uno de ellos la tienda en la que Kim es formado como espía. No puede extrañar a nadie que este paraje himalayo fuera uno de los preferidos por los ingleses para alejarse del calor de la planicie y poder disfrutar de unas semanas confortables en bellos rincones en la generosa naturaleza himalaya; tampoco es de extrañar que aquí tuviera su residencia el virrey, un llamativo y enorme edificio en las afueras de Shimla, y donde lord Mounbaten se reuniera con Gandhi para tratar la situación política que llevó a la tan penosa Partición.

Tras haber dejado la planicie, enseguida penetra uno en el área de las montañas, siendo el trayecto hasta Shimla muy sugestivo, aunque es un horror el incesante tráfico de camiones, muchos de ellos para transportar las sabrosas manzanas de la región a otras zonas. Shimla es la capital del estado de Himachal Pradesh, y en este estado montañoso y boscoso, la manzana es sabrosa y delicada. El trayecto hasta Shimla es muy hermoso, de paisaje verde y blando, abundante y oloroso follaje. Desde la distancia, uno contempla la ciudad como agarrándose a la ladera de la montaña. Si uno va en coche, tiene que abandonarlo a la entrada de la ciudad, en la parte más baja, donde obligatoriamente deben quedarse los automóviles. Esta zona de la ciudad es la más fea, sucia y destartalada. Uno debe tomar después uno de los dos ascensores que alcanzan la zona alta y más residencial de Shimla o bien darse un buen paseo ascendiendo por las callejuelas que van trepando hasta el centro de la ciudad. Hay un gran número de bazares, algunos templos pequeños, numerosas tiendas y una animada plaza desde donde se contempla todo el entorno de valles y montañas y desde donde se puede saborear un inolvidable atardecer.

Cedo al examen del astrólogo que me predice que moriré de un ataque cardíaco a los ochenta años de edad. Paso muy buenas horas en una soberbia librería, llamada María, donde hay muchas obras antiguas de orientalismo y donde he hecho una agradable amistad con el dueño, pues yo ya conocí y traté a su padre. Regateo en los bazares, rodeo la ciudad perdiéndome por sus frondosos bosques y dejándome caer en la tierra de esponjosa maleza, endulzo el paladar con un jugo de manzana con miel, me deleito palpando los chales de lanas himalayas y disfrutando de sus bordados y, aunque hay pistas de patinaje, no oso ceder a la tentación de calzarme unos patines y dar con mi cuerpo en el suelo. Rebusco entre los puestecillos de mujeres tibetanas y, por una carretera enmarcada por una soberbia naturaleza, me desplazo hasta el monasterio tibetano de San Jauli, hermoso y colorista, de armónicas proporciones, en la soledad entre las altas montañas, allí donde la mente ella sola se silencia y se remansa permitiendo que fluya una energía nueva y libre de pasados condicionamientos. Desayuno con los monjes, río con los monjes, recito mantras con los monjes y paseo con los monjes. Para llegar a San Jauli he recorrido unos cuantos kilómetros, que me han permitido contemplar la vida sencilla y pacífica de los pueblos montañeses de la India, sedativos, como si se hubieran quedado detenidos en el tiempo, con el olor a leña quemada, los niños semidesnudos jugueteando incansablemente, los aromas silvestres que despejan las fosas nasales y son un excelente bálsamo para los pulmones. Me he entrevistado con el abad, un hombre menudo, ojillos tiernos y amigables, muy cordial él, llamado lama Timba, ya desencarnado cuando escribo estas páginas. Pego mi oído a su boca y escucho, en un susurro, en un hilo de voz gutural, los mantras que dejan transida mi mente y que se encarnan en las neuronas de mi cerebro.

Siento Shimla como mi hogar. ¡Tantas veces, tantas vivencias, tantos amaneceres y anocheceres! A media tarde la animación crece en las callejuelas centrales de la ciudad y sobre todo en el Mall, la calle principal, que conserva, todavía, muchas y pintorescas casitas de estilo colonial. Un gran número de personas se sienta en la plaza y permanecen ausentes de todo, en sí mismas; otras forman un corro, charlotean y cantan. Hay una manifestación de trabajadores que profieren gritos no estridentes, exigiendo algunas reivindicaciones, a la india, sin gran pasión, sin la menor exaltación, pasando plácidamente, pero haciéndose sentir. Y hay mujeres hermosas, de todas las edades, tanto hindúes como sijs y tibetanas.

Compro algunos frutos secos y los voy saboreando a medida que camino por el Lakkar Bazar, el Kaithu Bazar y el Lower Bazar. Rodeo la ciudad, la penetro por uno y otro lado, pierdo la mirada en los valles, las montañas, los densos y perfumados bosques. Me dejo acariciar por la brisa. Me percato maravillado de que otra vez estoy en Shimla.

¡Otra vez!

Me he sentado en un rincón del Mall a observar. La gente va y viene, pasea de arriba abajo y de abajo arriba. Y detengo mi vista en las mujeres indias. La mujer india tiene una gran fuerza de carácter. Es el alma de la India. Es la enjundia de la India. Es la llama inextinguible de la India. Sabe trabajar. Se emplea a fondo: en el campo, en la casa, con los niños. Pero además tiene tiempo y ánimos para representarse con porte digno, acicalada, por muy pobre que sea. Le gustan los adornos, no sólo los propios, sino los de la casa, y así se esmera en determinados festivales en decorar los suelos o los muros de las casas. Con sus propios dedos, las mujeres tienen una gran habilidad para embellecer los suelos, utilizando pétalos de flores y pinturas vegetales y tratando con todo ello bellas y simbólicas pinturas.

Desde los Himalayas al cabo de la Virgen, las mujeres se expresan a través de esta peculiar decoración de los suelos que se llama *rangoli*. La mujer india gusta estimular en ella, aunque lo haga inconscientemente, el toque de la *shakti*, de la diosa, que se constela en ella. Le placen los adornos, sea como aros o pulseras en las muñecas y antebrazos, o como pendientes en el lóbulo de la oreja o de la nariz. Le encanta embellecerse, de modo natural, sin ningún tipo de artificios, y lo hace bien.

El Mall es todo un espectáculo. Puede uno aquí pasarse horas y horas observando. De vez en cuando, un té y un paseo.

En Shimla me alojo en un hotel que es acogedor, de aquellos en los que se establecían los ingleses, con un característico estilo montañés, el ventanal de la habitación abriéndose a los inmensos valles. Es agradable tener encendida la chimenea en la habitación. En el comedor me atiende un camarero que se cae de viejo y de ternura, está tembloroso, tiene cataratas en los ojos, pero es de la antigua escuela india que considera que servir es lo que cuenta, y es tan atento como si la vida le fuera en ello, clavado al lado de uno como un poste. Y sólo se aleja para traerme más tostadas, más mermelada de un color rojizo de caramelo, muy dulce, más café de puchero descolorido y sin *bouquet*. Un buen desayuno, el camarero sonríe, la mirada hermosa aunque velada, el deber cumplido le satisface. ¡Qué buena alma!

Muchos días me levanto temprano para ver amanecer, antes de que comiencen a cantar los gallos y cuando los primeros rayos del sol iluminan la inmensidad himalaya. La temperatura es reconfortante, una brisa grata.

Pero es necesario preparar mis recorridos por este estado especialmente bello y montañoso, plagado de esos bosques, que es Himachal Pradesh, donde también hay zonas montañosas desérticas, como paisajes lunares. Es una región de fabulosas cordilleras con descomunales montañas, generosa en maravillosos y silentes valles, con una riquísima flora. Dispone de simpáticas ciudades montañesas y pacíficos pueblos colgados en las laderas, de gentes sencillas y hospitalarias. No podré recorrer sus veintiocho mil kilómetros cuadrados, pero voy a intentar hollar su territorio tanto como me sea posible. Así que paso horas diseñando los recorridos. Viajaré hacia el norte y alcanzaré tierras en las que impera la cultura tibetana y cuyas montañas son peladas y sus parajes polvorientos y desérticos. Hay dos valles gemelos que quiero penetrar: por un lado está Kangra y por el otro Kulu, y entre ambos la ciudad de Mandi. He alquilado un jeep, no especialmente bueno, pero espero que resista, y un avezado conductor al que le voy a hacer bregar de lo lindo. Voy a recorrer miles de kilómetros por serpenteantes carreteras en malas condiciones. Sé que soportaré corrimientos de tierras, inundaciones, desprendimientos y *turist-bungalows* sórdidos, malolientes y desorganizados. Todo es previsible y a la vez, en la India, imprevisible. Es aquello de que el hombre propone y Dios dispone. Quiero entrar en contacto con los *gaddis* y con los *gujjars*, los primeros pastores seminómadas de cabras y ovejas, y los segundos de búfalos; unos hindúes y otros musulmanes, ambas categorías de origen muy incierto, pero que con sus rebaños buscan los prados más favorables y a gran altura para sus rebaños. Pretendo en último lugar llegar hasta el valle de Killar, ya en Cachemira, y que es el país de los *gaddis*. Mi primer objetivo será el remoto valle de Lahaul, muy poco visitado aún hoy en día, y cuya capital es Keylong. Sólo es posible llegar a él por la que se dice una de las carreteras más altas del mundo, en los meses estivales, pues las nieves lo impiden el resto del año. Se halla muy al norte, en el extremo del Himachal Pradesh, y cuenta con algunos monasterios de interés. Sé que la ruta es larga y que ya fracasé en anteriores ocasiones por escoger mal la estación del año y que me encontraré con planchas de hielo en las sinuosas y arriesgadas carreteras. Para llegar ahí tendré que atravesar todo el valle de Kulu, alcanzar Manali y remontar el paso de Rothang, a más de cuatro mil metros de altitud. Hablo detenidamente con mi conductor, que se llama Anil. No quiero pretextos ni holgazanerías ni «rebeliones» ni subterfugios. Esta vez, Anil, quiero llegar a Keylong, ¿de acuerdo? No te me hagas el remolón, no me engañes diciéndome que las carreteras están cortadas, no me vengas con ningún tipo de excusas. Llegaremos a Keylong. Me mira entre desafiante y asustado. Es un buen hombre. He recorrido con él miles y miles de kilómetros por la India, incluso le hice venir de Shimla para llevármelo al Rajasthán. Tiene cambios de humor inexplicables, pero ya me hago con él y él se hace conmigo. A menudo trata de holgazanear un poco y un poco yo le dejo, pero no en demasía. Le necesito. No es muy exigente y se para a comer en los sitios más antihigiénicos, sin reparar en mí, y estemos donde estemos, a eso del anochecer, tiene que llamar por teléfono a su esposa. A veces, para mortificarme, pone muy alta la radio, otras farfulla palabras que no puedo entender y otras se salta monasterios a los que le hago volver. Le gustan mucho mis caramelos de mentol. Tenemos una relación de tiras y afloja, pero esmaltada por el cariño que no tanto por el respeto. Más o menos tenemos trazado un plan, pero seguro que habrá que ir cambiándolo de acuerdo con los imponderables, que en la India suelen ser más imponderables. Duerme bien, Anil, que mañana será un día largo y te necesito pleno y atento. He tomado una sopa de tomate y me he ido a la cama, pero antes me he despedido de Dolly, la encantadora jefa de recepción, una mujer hecha a sí misma, aldeana y cooperadora. En la cama, al calor de la chimenea encendida, me he puesto a releer un libro sobre Shimla en el que se hace referencia a un hombre que murió aquí y fue el que más edad alcanzó en siglos. No creo que fuera el poder nutritivo de las manzanas ni el embriagador aroma de los bosques, pero el hombre vivió una eternidad, aunque los indios no son precisos en las fechas y lo mismo te dicen que una persona tiene cuarenta años y tiene setenta como te dicen que tiene cien y tiene sesenta. ¡Y eso que fueron los primeros en concebir el cero y el infinito y que en álgebra no tenían igual! Pero la precisión en datos, fechas y cifras no es su fuerte..., o no lo era, aunque quizá ha cambiado cuando se han vuelto imprescindibles en la evolución del *software*.

Objetivo Kulu

La belleza indescriptible de estos parajes, su quietud, sus inmensos cañones y desfiladeros, sus interminables bosques, sus prodigiosos frutales, sus sinuosos y reconfortantes ríos, sus hermosas praderas, sus pueblecillos, sus recias mujeres con la pañoleta de color vivo a la cabeza, los hombres con su gorrito muy peculiar y llamativo, los apacibles campesinos fundiéndose con la tierra y con el cielo, las aldeas con su minúsculo santuario cuya antigüedad se pierde en la noche de los tiempos, una religión animista y cósmica, una mística de lo etéreo que se refleja en cada paisaje, en cada cerro, en cada riachuelo. Las casas del Himachal Pradesh son todas muy semejantes: de adobe o de madera con un tejado de pizarra lisa y negra. Para cruzar los ríos hay largos puentes cimbreantes y que despiertan el vértigo del más intrépido. El pastoreo está muy extendido en esta región de la India. Las montañas se visten con todas las tonalidades inimaginables, según la hora y la luz del día. Se adora a las fuerzas de la naturaleza y se efectúan festivales anuales para dar la bienvenida a la primavera o convocar al poder supremo para que las cosechas sean productivas. No es de extrañar que Nehru amara tanto toda esta área del subcontinente, apacible y entrañable, un festín para los sentidos. Uno está más cerca de sí mismo en estas latitudes, como si se reconciliara con sus profundidades anímicas, con esas genuinas cercanías a las que uno con demasiada frecuencia da la espalda.

He logrado que el sonriente hombrecillo que me atiende y que tiene aspecto de pastor, curtido por el sol, me haga una tortilla con queso sin cebolla ni chile. Pero he fracasado en cuanto a hacerle comprender que quiero tostadas sin que vengan con la mantequilla ya untada. Y he desayunado tranquilamente junto al lago de Bilaspur, la primera ciudad de alguna importancia que he hallado después de abandonar Shimla. He comprobado arrobado cómo las barcazas trasladan una enorme cantidad de personas de una orilla a otra del gran lago, entre la neblina matinal, bajo un cielo límpido. Hay algunos templetes junto al lago y el silencio de la mañana sólo resulta quebrado por algunos mantras que son como un hilo de voz alcanzando el infinito. Me he sabido muy lejos de mi vida cotidiana y de mi mundo habitual y no he sabido si estaba soñando este momento o era la civilización dejada atrás la que soñaba. Me he sentido en soledad desnuda, al encuentro conmigo mismo en una tierra que a la vez es tan lejana y tan cercana, tan ausente y tan propia. ¡Qué poder fascinante tiene esta tierra de Asia, capaz de tanto hacernos disfrutar y tanto hacernos sufrir, de impulsarnos a transitar por toda la gama más diversa de contradictorios estados de ánimo!

En el centro de Bilaspur, mucho gentío. Los que venden y los que compran, los que charlan y los que permanecen en silencio, los que se afanan y los que contemplan impertérritos a los que se afanan. El templo no tiene nada de especial, pero es el templo.

Parajes siempre hermosos, siempre capaces de expandir la mente. Alcanzamos el valle Beas y llegamos a una ciudad con más de cuatrocientos años de antigüedad. Es una ciudad pequeña y bulliciosa, muy pintoresca, entre montañas. Se llama Mandi y sus mujeres se cubren la cabeza con una pañoleta y gustan de ponerse adornos muy llamativos en las orejas y en la nariz. Las callejuelas de esta pequeña ciudad están muy concurridas y animadas. Aquí me encuentro, apretujado, inmerso en la marea humana, a la sombra de las montañas, en el corazón del Himachal Pradesh, cerca del río Beas, en una curiosa localidad himalaya que cuenta nada menos que con medio centenar de lugares de culto, conocida por los tibetanos como Zahor, con una larga historia principesca, sabedora de fuertes y contrafuertes, coronadas sus cimas de los alrededores por santuarios. Paseo entre la muchedumbre, oliendo a fritanga, a incienso, a flores. En la lejanía diviso el templo de Tarna Devi, consorte de Shiva, destacando en la colina. Es la diosa de los dos rostros, complementarios, el de la ternura sin límites y el de la ferocidad sin paliativos. En el templo está representada con aspecto terrorífico. Es negra como el azabache, con una corona de oro y bajo una sombrilla de plata, muy enjaezada, siempre adornada con pétalos de flores, proyectando más allá de sus labios una lengua roja y provocadora, yo diría que sanguinolenta. A su izquierda hay una estatuilla del dios Ganesha, el que trae la fortuna, en meditación.

Visito los templos de Mandi. Algunos son antiguos y bellos, siempre recoletos, pequeños, con el sanctasanctórum escondiendo el icono. En uno de estos templos hallo a una mujer muy obesa, de unos sesenta años de edad, realizando la ofrenda con una dedicación excepcional, muy concentrada, como si toda la vida le fuera en ello. Me mira desde detrás de sus gruesos lentes, muy seria, con una expresión, empero, de afectividad, sin dejar de hacer las ofrendas a la imagen, ese soporte (llamado *pratica*) que es el símbolo burdo de la deidad y a la que hay que adorar transfiriéndole la propia energía para que la devuelva reduplicada y mucho más intensa. Esta revitalización de la imagen, este intercambio de energías sacro-humanas-divinas, es como un adorar fuera a la deidad que todos llevamos dentro.

Mandi está en la coyuntura de la carretera que sigue hacia todo el valle de Kulu y la que parte hacia el valle de Kagra. Sólo hay desde aquí ciento diez kilómetros a Manali, desde donde se parte para el puerto de Rhotang y se pasa al lejano, primitivo y desértico valle de Lahaul.

Estoy cubriendo uno de los parajes más bellos del estado. La carretera se interna por impresionantes parajes de gran frondosidad, surcando la hermosa garganta de Mandi Larji, que resulta un espectáculo de prodigiosa fuerza vital, entre colosales paredes rocosas, como siguiendo una especie de sobrecogedor laberinto en el que se recrea la naturaleza. Entro en el silente y florido valle de Kulu y se siente uno como profanando una naturaleza muy exuberante. Voy circulando junto al río, que serpentea, que se rebela, fluye, se arremolina, se amansa, ruge y solloza. Bosques de pinos que ambientan la atmósfera, sugerentes montañas, nutridos rebaños de ovejas y pueblecillos a cuál más pintoresco, con sus hermosas jóvenes, la cabeza arropada con la pañoleta de un vivo color. Embriagado por una naturaleza tan exuberante a menudo le pido al conductor que se detenga para poder disfrutar de los paisajes, darme una caminata y sentir la brisa himalaya. Hay puestecillos en la ruta que venden manzanas o jugo de manzana. Algunas casas, aun en los poblados más modestos, son de gran belleza, muy antiguas, de madera y primorosamente esculpidos los balcones.

Llego a Kulu, la principal localidad del valle. Es una larga calle, y un buen número de casas y casitas bastante desperdigadas. En la larga calle, que es la carretera por la que hay que pasar, hay un gran número de tiendas. Es el animado bazar. El pueblo no es bello, pero sí el soberbio paisaje que lo rodea y en el que está enclavado. Religiosamente, esta localidad es muy célebre entre los hindúes por el templo a la diosa Raghunatji, representada en un icono minúsculo, de borrosos rasgos, pero muy venerado. Es una imagen anodina, pero que con motivo del festival Dussera es paseada en un palanquín primorosamente decorado y engalanado, y despierta el fervor embriagador de los presentes. Durante varios días y noches, con tal motivo, hay danzas, músicas, procesiones y actos festivos, todo ello bajo este cielo inmenso y tachonado de estrellas, por el que transitan bunes con un aire un poco fantasmal. Visito varios templos y en uno de ellos hay que acceder al sanctasanctórum a través de una especie de pasadizo angosto y de techos bajos, que obliga a arrastrarse y que es, simbólicamente, como ir penetrando por las entrañas de la diosa.

No me he sustraído a la tentación de visitar a un astrólogo-quiromante-adivino que está en una casa en lo profundo del valle. Me ha invitado a té. No quería dinero, pero le he forzado a tomarlo. Es un hombre de edad mediana, correcto, parece creer en lo que hace, y me explica singularidades de la astrología hindú, muy diferente a la utilizada en Occidente. Cuando el consultante está mal aspectado, para combatir esas negatividades o tratar de mitigarlas, debe recitar durante semanas o meses mantras, hacer ayunos y realizar ofrendas al fuego. Es la manera de ir refrenando la influencia nociva de planetas que crean obstáculos y sinsabores.

Parto para Manali. La carretera se hace más empinada, más estrecha, más serpenteante. Huele a pino, a manzanas, a naturaleza y a follaje húmedo, pues la noche anterior ha llovido. Estoy atravesando el valle de Kulu, con sus bosques muy frondosos en las laderas de las montañas, el renqueante motor del viejo jeep exhalando un bramido de muerte, los picos nevados en la distancia, el río Beas precipitándose entre desfiladeros. En el extremo nordeste del valle de Kulu se encuentra Manali, donde pasaré algunas noches y disfrutaré de largas caminatas.

Entre espectaculares montañas, muchas de ellas nevadas en sus picos a lo largo de casi todo el año, al borde del río Beas, en un estrecho y lujuriante valle, hay un pueblo pintoresco, donde se codean indios y tibetanos y donde el turismo acude en masa, después de las dificultades que hay en Cachemira. Así, la primera vez que visité Manali y pernocté allí, tuve que hacerlo en un miserable y gélido *tourist-bungalow*, por no haber ningún otro alojamiento. Hoy hay más de un centenar de hoteles y decenas de casas de huéspedes. El tranquilo Manali ha dejado en cierto modo de serlo. La parte nueva de la ciudad, aun teniendo dos *gompas* (monasterios tibetanos), es sucia, ajetreada, muy bulliciosa y saturada de jeeps que se alquilan para hacer recorridos largos por las montañas o desplazarse a remotas localidades, como yo mismo haré alcanzando el valle de Lahaul.

Manali se alza entre bosques, a la sombra de colosales montañas que son como custodios que le aíslan y velan por él. Hay infinidad de manzanos y primorosas orquídeas. Hay gentes de muy variadas razas. Los hombres se cubren la cabeza con un gorrito multicolor muy típico y las mujeres con pañoletas de colores muy vivos. Ellas gustan de llevar grandes y llamativos adornos en las orejas y la nariz. Ríen con facilidad; se las ve sueltas y distendidas, fluidas, sin ningún tipo de artificio o falso pudor. Tienen ojos de abismo, portadores de mensajes eternos. Son fibrosas, su sangre es la sangre de la montaña.

El viaje a Manali es muy bonito, es un paraje soberbio, con antiguas casas de madera. Está a menudo repleto de bastantes occidentales dados a la marihuana, a la holgazanería, a los malos modos con los que llegan, como si se sintieran los dueños de la localidad. Ofrecen a los lugareños una imagen fatal de los occidentales y les han hecho desconfiados y torvos. Muchos de estos occidentales van más desaliñados que los *sadhus*, apestan y no tienen otro *leitmotiv* que seguir día tras día embotándose la conciencia y embruteciéndose.

En las faldas de las montañas hay deliciosas casitas y varios hoteles con bungalows. La frondosa naturaleza todo lo impregna. Hay grandes bosques de manzanos y muchos pinares. La atmósfera es pura y perfumada. En la espesura de uno de los bosques de pinos, se encuentra un templo antiguo que tiene forma de pagoda y está finísimamente esculpido en madera. Es el templo de la diosa Hadimba. Exhala algo de mágico, mistérico, demiúrgico y hasta tenebroso este singular santuario, con cabezas de cérvidos en los muros exteriores. El altar es una gran roca afilada y he pasado horas allí charlando con el *pujari* y meditando. El bosque es tan frondoso que difícilmente penetran los rayos del sol. Todos los años tiene lugar un multitudinario festival en honor de esta poderosa diosa. Me entretengo al atardecer hablando con los jóvenes curanderos seminómadas, que quieren venderte a toda costa las glándulas de los yaks que emiten el penetrante aroma del almizcle. También departo con un médico ayurveda-astrólogo-quiromante y más cosas, que se empeña en que adquiera unas pastillas para mantener la eterna juventud. Me dice que si las tomo, cuando vuelva dentro de un año, parecerá que tengo diez menos. Tampoco pasa nada por tirar cien rupias y luego arrojar las píldoras a un contenedor de basura.

Los atardeceres están imantados de paz y silencio fuera del pueblo. Sólo el murmullo de las aguas del río Beas quiebra ligeramente el silencio perfecto y que invita a interiorizarse más allá de los afanes que provoca el pensamiento. Cae la noche y oculta los picos más altos. Comienza a oler a fritanga. Hay numerosos restaurancillos con comida india, china y tibetana.

Cuando se hace negra noche y la iluminación es muy débil, la atmósfera de los bosques se torna sobrecogedora. En esa inmensidad majestuosa, a través de los enormes árboles fantasmales, me he desplazado, torpemente, en la oscuridad, hasta el templo de Hadimba nuevamente, en plena noche, y me he sentado a la puerta del mismo. Es una noche de luna velada por las nubes. Hace mucho calor y las chicharras emiten su ruido repetitivo, monótono, casi mántrico. Ahí, en los remotos confines de la India, uno se encuentra con uno mismo sin máscaras ni disfraces, desmantelando la propia y limitadora personalidad.

Exorcismo y ágape sagrado

Un atardecer escucho el sonido penetrante, expansivo, omniabarcante de las trompetas, propagándose entre los bosques y montañas, como una invitación a disponer las mentes que escuchan a cruzar a otra dimensión de conciencia. Es un atardecer muy hermoso y los rayos amarillentos del sol se reflejan en las cumbres nevadas tiñéndolas de un naranja muy vivo. Estoy extasiado con tan generoso espectáculo de la naturaleza, cuando me percato de una nutrida procesión que pasa cerca de mí. Me uno a ella; me confundo con los procesionarios y formo un cuerpo con ellos. Camino entre las pacíficas gentes de Manali. ¿Adónde nos dirigimos? Me deslizo después entre las personas, sorteándolas, y tomo la delantera en la procesión. Unos hombres hacen sonar frenéticamente grandes tambores, que emiten un sonido sordo y atronador. Otros portan un ídolo con innumerables cabezas, en una especie de palanquín. Es el dios local. Comenzamos a subir por una empinada ladera de la montaña. Hay muchas mujeres y también numerosos niños de distintas edades. Seguimos ascendiendo, entre el estruendo de los tambores. Ya casi el sol ha terminado por ocultarse. Resta una atmósfera mágica. Recabo información y me entero de que en la cima de la montaña va a celebrarse un exorcismo y también un culto a los dioses para que favorezcan las cosechas y no falte el agua. Llegamos a una especie de meseta. Allí va a tener lugar el espectáculo demiúrgico. Se deposita el ídolo de numerosas faces en el suelo. Cientos de personas se agolpan alrededor del chamán, un hombre fornido, ojos de poderosa mirada, cara redonda y expresión circunspecta. Hay a su lado un hombrecillo insignificante, acobardado, de expresión timorata y mirada ausente. El chamán, de súbito, es tomado por descargas nerviosas parecidas a un ataque epiléptico. Así se autoprovoca el trance chamánico, para penetrar en otras dimensiones de la mente, más allá de la conciencia común. Si finge o no, no puedo decirlo. Después, pasa sus manos por el cuerpo del hombrecillo y las va arrastrando lentamente, como queriendo despojar al que está siendo exorcizado de algunos espíritus maléficos. Así procede durante varios minutos, ante el silencio y la estupefacción generales, ya noche cerrada, a la luz de las antorchas. Luego se celebran algunos ritos, se repiten salmodias, se hacen ofrendas. Y de lo mistérico se pasa con suma facilidad a lo cotidiano, del viaje por los océanos de lo supramental se retorna rápidamente al mundo de los mortales, y se rompe el silencio de la noche himalaya con charloteos, risas, comentarios, alegría. El rito da paso a un ágape colectivo. Se traen descomunales ollas con comida y todos los asistentes somos invitados a esta singular cena en las montañas de Manali, bajo un cielo limpio y estrellado. Contemplo al chamán. Ahora se ha tranquilizado, pero está extenuado, como si le hubieran propinado una gran paliza. El hombrecillo exorcizado está contento, come con voracidad y descaro, sonríe. Ahí permanece el ídolo de las numerosas caras, que a mí se me antoja como los infinitos rostros y niveles de la existencia, los innumerables reinos de seres cósmicos, la multiplicidad exuberante dentro de una unidad inconmovible.

Ya solo, dejando a mis espaladas ese nutrido grupo de personas que ahora se entregan con fruición a deleitar los manjares, desciendo la montaña en dirección a mi bungalow. Me siento en el porche del bungalow. Permanezco en silencio y en la oscuridad. Me siento minúsculo y a la vez inmenso. Me adormezco bajo las estrellas y me despierto al amanecer escuchando los cánticos tibetanos en la distancia. El ser humano, pienso y siento, a la búsqueda de significaciones, rastreando verdades de orden superior, anhelando penetrar y explorar otras dimensiones de la conciencia, para hallar un canal hacia un universo de claridad y compasión.

De Manali a Keylong

Antes de partir para Keylong, la capital del remoto valle de Lahaul, emprendo excursiones por los pueblos y aldeas de los alrededores, a cuál más minúsculo y simpático, casi todos ellos con su antiguo y diminuto santuario, a menudo de piedra y rodeado por algunas casitas muy modestas.

El viaje de Manali a Keylong es sólo de ciento diecisiete kilómetros. Eso es nada, ¿verdad? Pues van a ser seis horas de viaje si todo va bien.

Hay un cielo de tonalidad cobre cuando al amanecer parto de Manali, hacia el norte, por una muy serpenteante carretera que forma una culebrina que casi se enrosca sobre sí misma. Es una ascensión lenta, penosa, entre descomunales bosques, maravillosos prados al fondo, vistas excepcionales, a través del valle de Beas, hacia el paso de Rothang a cuatro mil metros de altitud. Vueltas y revueltas por la estrecha carretera. Va cambiando la fisonomía de la naturaleza y nos deslizamos entre gigantescas moles de granito. De pronto aparecen los bancos de densa niebla, la temperatura desciende considerablemente, la marcha se reduce a quince kilómetros por hora. Estamos acercándonos al paso de Rothang. Aparecen algunos bloques enormes de glaciares, sobrecogedores, impresionantes. Llegamos a lugares en los que hay unas barracas y se puede tomar un té, como en Kontsar y Morit. Nos detenemos en lo más alto del paso. Estoy apabullado por las colosales montañas y las vistas prodigiosas que puedo ir obteniendo entre las oleadas de niebla. Todos los picos que diviso están nevados.

Hay una brisa fría, que emborracha, y se siente el mareo de la altitud. No me canso de contemplar esa región de pura fantasía, pero el conductor se pone nervioso y me previene de que no debe cogernos la noche antes de llegar a Keylong. La carretera va empeorando progresivamente. A veces se torna un dificultoso camino polvoriento. Hay estrechos valles, montañas nevadas, glaciares, curiosas formaciones rocosas, lagunas pequeñas y de gélidas aguas muy claras. El panorama va cambiando por completo. Todo se torna más árido, más rudo. Subimos a más de cuatro mil metros y la carretera, por llamarla así, termina por volverse infernal, más estrecha aún y sinuosa, una pista de barro y polvo.

Keylong se ubica en la falda de una montaña. Se llama capital, pero es una aldea, con una sola calle en la que hay un restaurancillo, puestos que venden prendas de vestir muy primitivas y algunas fruterías. Todo muy modesto, sencillo, antiguo. El valle está muy cerrado por las enormes montañas, varias de ellas nevadas en su cresta. Son montañas polvorientas, peladas, como lunares, y por el hondo valle se desliza un río y al asomarse uno experimenta una gran sensación de vértigo ante tan colosal precipicio. Hay, a pesar de las peladas montañas, algunos prados y bosques. Aquí, en este lugar que resulta bastante inhóspito en principio, pasaré algunos días, para visitar los monasterios de la zona, hablar con monjes y lamas, y reflexionar. El tiempo va a ser lento e intenso. De hecho hay poco que hacer para los días que me propongo estar en este paraje.

Lo primero que hago es darme unos cuantos paseos por la calle principal, la única en realidad, y compruebo al pronto que el pueblecillo no tiene el menor interés y me pregunto cómo será durante los nueve meses en los que permanece aislado por las nieves y las carreteras inaccesibles. Tengo que alojarme en un bungalow del Gobierno que está, como si fuera intencionado, enclavado en el lugar más feo, sórdido y ruidoso de la localidad, en la calle principal, miserable y nada acogedor. Dispone de un terrenillo alrededor de la construcción que está lleno de tiendas de campaña y viajeros o trabajadores indios. Sólo tiene dos habitaciones, así que soy afortunado al poder disponer de una de ellas. Otra de las colosales, entre las innumerables, contradicciones de este país, es su capacidad excepcional para lograr, tanto los adornos, ambientes y construcciones más bellos, como los más feos y sórdidos. Claro que esta sordidez que se aprecia en muchos de los hoteles estilo indio no altera al nativo en lo más mínimo, le deja cuando menos indiferente, como si para nada fuera con él tan mal gusto, tanta cutrez. Está vacunado para el mal gusto que demuestran muchos propietarios de hoteles y bares, está curtido contra esa hiriente fealdad que tanto afecta negativamente al occidental.

Visito todos los monasterios del área, pero mi mayor interés se centra en el de Kargand, en la cima de una montaña, justo enfrente de Keylong. He accedido a él una vez en automóvil (por una estrechísima y semiderruida carretera que produce vértigo al más osado alpinista) y otra haciendo *trekking*. De cualquier manera, para llegar hay que trepar hasta el monasterio por un sinuoso senderillo. Es un monasterio muy hermoso, de armónicas proporciones.

Una joven tibetana, llamada Lama, mirada cándida, expresión muy bondadosa, me enseña el interior del *gompa* y me deja meditar en él. Es hermoso de veras. Y desde fuera de sus muros se aprecia todo el entorno, los picos nevados, Keylong al frente, al otro lado del río.

Han sido días de reflexión. Me he atrevido a probar la cerveza tibetana, intragable, y la he cambiado por un formidable zumo de manzana a medio fermentar, pero me aseguran que sin alcohol. He comido arroz hasta el disparate, arroz con verduras y de postre un insoportablemente dulce arroz con leche, y eso que los que me conocen saben que soy goloso de veras.

Objetivo Killar

Atrás queda Keylong, encerrado en su estrecho valle de altísimas montañas que lo custodian y a la vez lo aprisionan. Mi afán en la India es siempre conocer, conocer más y más, pero no por el mero hecho de conocer y coleccionar lugares, en absoluto, sino porque todo está abierto a la sorpresa y así puedo entrar en contacto con sus gentes, sus costumbres y sus modos de vida y, sobre todo, llegar a las raíces, al subsuelo de esta tierra tan ensoñada, amada y anhelada desde mi adolescencia. Siempre me parece un milagro cuando vuelvo a pisar su suelo, con el vehemente deseo, ardiente petición diría yo, de que este inmenso país tan castigado, invadido, esquilmado y a veces masacrado, pueda ir resolviendo sus grandes cargas y superando siglos de miseria endógena, dejando atrás los terribles prejuicios de castas y otros no menores. Por fortuna, desde que yo comenzara a visitar este colosal país, muchas cosas han cambiado para bien, pues la India está convirtiéndose en una gran potencia económica, pero el gran riesgo, sin duda, es que esa masa de más de doscientos millones de personas que viven por debajo de la miseria todavía se vuelva más mísera, si eso es posible, y que las desigualdades sociales y económicas se pronuncien mucho más.

La ruta que cubro es tan hermosa que las palabras son un pálido reflejo que no pueden acercarnos a esa beldad. Un día de conducción, por parajes de montaña polvorientos y desérticos, de nuevo lunares, me conduce hasta el templo del señor de los tres ojos, llamado Trilokanath, al lado de una pequeña localidad medieval, regentado por un anciano y tembloroso lama que me atiende con todo cariño, me muestra el templo aunque está prohibida su visita a los extranjeros e incluso me deja meditar en su interior y me imparte mantras de poder. Contemplando los rituales de este anciano, en un templo que es a la vez budista e hindú, me percato una vez más de la necesidad de desarrollar lo que distingue a un verdadero ser humano: la compasión. ¿Qué puede haber sin ella y adónde iremos a parar si su llama se extingue? Lo que exhala este anciano maravilloso es eso: compasión. Una compasión natural, fluida, que todo lo impregna, que hace que su mano en la mía sea una fuente de inspiración y confortamiento.

La localidad más cercana para dormir que he encontrado se llama Udeypur, entre un circo de montañas, recoleta y apacible, con un templo medieval muy interesante, tintado de tantra y magia. Me he alojado en una casa particular y he conseguido que en la única *dhaba* (taberna) que hay en el pueblo, la dueña me haya permitido hacerme yo mismo la tortilla, para evitar la cebolla, el ajo, el chile. Ahí he armado sin quererlo un espectáculo. Toda la gente de la taberna ha venido a ver cómo me hacía yo la tortilla, y creo que me he lucido y que les ha resultado muy graciosa la forma que le he dado, que es la común para nosotros. Claro, habrán pensado, a qué loco puede ocurrírsele cenar una tortilla francesa, además sin ajo, sin cebolla, sin chile y, para colmo, casi cruda.

A través de las carreteras y carreterillas del Himachal Pradesh, he cruzado al estado vecino de Cachemira, en dirección al Valle de Pangi, para alcanzar su localidad principal: Killar. Los paisajes se hacen más bellos si cabe, con unos bosques que te hacen sentir pleno, como si por la sangre de uno corriera savia y clorofila. Y allí diviso, entre montañas ya no peladas, sino boscosas, en la ladera de una de ellas, la localidad de Killar, la base principal de los pastores seminómadas, los *Gaddis*. Es una localidad preciosa, medieval, casas de madera, todo muy bucólico, pero donde reina una gran escasez de medios y mucha miseria, tanta, tanta, que hay familias bienintencionadas que aman de tal modo a sus niños que me piden me los lleve conmigo para que no soporten una vida de hambre y deficiencias. He sido recibido en varias casas, invitado a un té y un trozo de pan, con esa hospitalidad india que no ha tenido igual en casi ningún pueblo de la historia de la humanidad. Y he asistido al templo, me he sentado con dos lugareños y nos hemos comunicado en silencio, pues acaso, como dijera Ramana Maharshi, ¿no es el silencio el lenguaje más puro y elocuente?, ¿no es el silencio la vibración más significativa y sonora? En el silencio de la mente, al decir de los más notorios maestros realizados, se escucha la voz del ser. El pensamiento puede tornarse muy peligroso y ser abono para la avidez, la ofuscación, el odio y el miedo. Más allá del pensamiento, todos somos el silencio infinito, la ausencia de ego, pero en el ego enraízan esas tres ramas de los perversos que son la ofuscación, la avaricia y el odio, esas que permean de tal modo la sociedad actual que por todas partes reinan la violencia y la corrupción.

Objetivo Jhalori

Igual que he hablado con *gaddis* y junto a *gaddis,* he caminado e incluso me he probado su recia chaquetilla marrón, también me gusta unirme a los *gujjars* y saber un poco más de su vida de pastores de búfalos seminómadas, que viajan seis u ocho meses fuera de sus aldeas para poder hallar los pastos más fecundos para sus bestias y que a menudo están, sobre todo en invierno, a gran altura. Ya he visto la forma de vida de estos pastores en otras partes de la India, como en los alrededores del parque Ranjani o en las aldeas de *gujjars* que hay dentro, y he saboreado la deleitosa y nutritiva leche de búfala, pero esta vez quiero verles un poco en su labor cotidiana, con sus búfalos en las montañas. Para ello tengo que llegar al puerto de Jhalori, regresando otra vez al valle de Kulu. Así lo hago. Tres días de conducción desigual por parte de Anil, porque a veces le da por dejarse llevar por la apatía frente al volante y vamos a una velocidad que ni los burritos que encontramos por la carretera, y otras se urge, toma velocidad, y hace que el viejo jeep, de gastadas ruedas, incluso derrape.

La fortuna nos ha asistido. A otros, tristemente, no. Las alternancias de la vida. Los misterios de una existencia ni lógica, ni creíble, ni previsible. Justo a muy pocos kilómetros de nosotros y cuando ya habíamos llegado a lo más alto del puerto de Jhalori, se han hundido quince kilómetros de carretera y han muerto varias personas y sus bestias. La noticia nos sobrecoge a Anil y a mí. Era la ruta por la que minutos después íbamos a cruzar, para no volver por la misma ruta a Shimla, sino por la de Narkanda. Paseo por el bosque, entristecido, y veo a los *gujjars* y a sus búfalos. Les compro un gran queso hecho hace unas horas, con leche de búfala. Es de un sabor tan denso y fuerte que resulta difícil de comer. Pero lo intento. Un buen trozo para Anil, se lo merece. Y me quedo al lado de los *gujjars* un par de horas. Son gente alta y barbada, apuesta, muy hospitalaria. Tomo un vaso de leche azucarada de búfala, amable al paladar, tonificante.

De regreso esta vez no recalo en Dharamsala; ya lo he hecho varias veces. Es una ciudad en un hermoso paraje, pero sucia, maloliente, llena de ratas y de un turismo seudoespiritual que busca grandes logros con los menores esfuerzos, como diría Erich Fromm. Al dejar de lado la carretera que parte para Dharamsala, donde tiene su sede fija el Dalai Lama, recuerdo mi encuentro con él años atrás, cuando le entrevisté a lo largo de cuatro horas y media.

El valle de Malana y los descendientes de Alejandro Magno

He dormido en un *tourist-bungalow* de Kulu y antes de despuntar el día me he puesto en marcha hacia el recóndito valle de Malana. Ha sido una caminata larga, de nada menos que diecisiete kilómetros, por pendientes empinadas y que daban vértigo, en mi afán de alcanzar el valle de Malana, recoleto, entre altas y boscosas montañas, donde se encuentra la localidad de Malana, habitada por gente tribal que aseguran ser los descendientes de la soldadesca de Alejandro Magno, que finalmente enfermó y hubo de emprender viaje de retorno, pero parte de sus soldados no quisieron seguirle y se quedaron en estas tierras, desposándose con mujeres de aquí. Los habitantes de Malana son tribales, tienen costumbres muy especiales y hasta hace unos años uno tenía que pedir permiso, desde la distancia, al alcalde para acceder a este conjunto de simpáticas y hermosas casas de madera, muchas primorosamente labradas y entre las que se encuentran dos o tres templos. En mi ascensión me he encontrado con dos japonesas que lloraban de lo lindo, sin ocultar sus lágrimas. Me han hecho partícipe de lo que les ha sucedido. Han tocado una de las casas y se han visto obligadas a pagar una multa. Yo ya sabía de esta costumbre. No se pueden tocar las casas, ni los templos ni mucho menos a las personas, so peligro de tener que pagar una elevada multa. Estas gentes se tienen por muy puras y piensan que todo contacto las mancilla y que el que lo provoca tiene que saldarlo pagando la consabida multa. Al encontrarme con los niños por el empinado senderillo, para darles los caramelos, antes tenía que dejarlos en el suelo y luego ellos los recogían, evitando así el contacto carnal.

Ya en el pueblo compruebo enseguida varias cosas. Una, que hay innumerables plantaciones de marihuana; dos, que el alcalde lleva una borrachera tal que toda conversación con él es un simple dislate; tres, que los dos o tres extranjeros que allí están, se encuentran en las mismas condiciones que el alcalde. Se empeñan en hablarme y la conversación se convierte en una variante del color azul del absurdo.

El pueblo está de fiestas. La gente viste sus mejores prendas y hay un número increíble de niños. Todo resulta muy vivo y colorista. La música emerge de largas trompetas y sonoros tambores. En la plaza principal hay danzas animistas, para recabar el auxilio y protección de los espíritus de la naturaleza. Hay que tener un cuidado especial para no rozar ninguna vivienda y a ninguna persona. Me persigue el anciano del pueblo, seguramente el chamán, con un buen palo en la mano y no deja de mirarme con extrema vigilancia. Me amenaza varias veces con el palo y cuando ante el templo, trato de otear dentro del mismo, descarga el arma sobre mí, menos mal que soy más rápido que él y la esquivo, pero durante un buen trecho me persigue corriendo.

Durante horas prosiguen las danzas, músicas y cánticos. El lugar es bellísimo y el conjunto de casas tribales queda inmerso y bien oculto entre las altas montañas.

Junto al valle de Malana, como valle gemelo, está el de Parvati, cuya localidad principal es Manikaran, donde hay un gran número de *sadhus*, aguas calientes y sulfurosas y un número aún mayor de drogadictos que le ponen a uno sus peores caras cuando visita el lugar. Se han debido de creer los dueños de este rincón de la India y desde su embotamiento mental y torpeza psicológica, sacan lo peor de sí mismos, consumidos por sustancias tóxicas que les hacen vivir, no en pos de una conciencia más despierta, sino de una conciencia vegetal. Hay pocos sitios en la India donde reine una atmósfera tan hostil y desagradable como en Manikaran, a pesar de la hermosura de los parajes que rodean esta localidad sucia y espesa. Varios *sadhus* quieren convencerme para que fume con ellos, pero me resisto y a lo más que accedo es a visitar algunos templos y santuarios.

El sagrado lago de Rewalsar

En lugar de ir a Dharamsala he preferido desplazarme hasta un lago considerado muy sagrado y conocido como Rewalsar. Llovizna. Luego llueve. Una densa cortina de agua se desploma sobre el lago y sus bellos parajes de los alrededores.

Este lugar, recoleto y apartado, lejos de cualquier circuito turístico, apenas conocido ni siquiera por las agencias de viajes, es un pequeño paraíso. En un minúsculo valle, entre montañas riquísimas, en una atractiva y verde vegetación, hay un lago apacible y a su alrededor varias casas, dos monasterios tibetanos, un templo hindú y un santuario sij. Es desde antaño un lugar de peregrinación para hindúes, budistas tibetanos y sijs. En este lugar, el célebre personaje del budismo tibetano y destacado mago tántrico Padmasambhava meditó y obtuvo altos grados de iluminación. Él introduciría el budismo tántrico en el Tibet. Por esta razón muchos tibetanos peregrinan a este rincón del Himachal Pradesh una vez al año para recitar mantras, hacer penitencias y abismarse en profunda e inspiradora meditación.

Visito detenidamente los monasterios budistas, en la confianza de que, como es habitual, seré bien recibido; tal es la proverbial hospitalidad de los monasterios tibetanos. En la mayoría de ellos uno se siente en casa. No son sólo corteses, sino sinceramente afectivos hasta hacerse entrañables, aunque, por desgracia, esto está cambiando en algunos de ellos.

El más grande de los monasterios tibetanos es Nyingmapa, la escuela más esotérica y antigua del budismo tibetano, de marcado carácter tántrico. Converso con algunos lamas de diferentes edades y, finalmente, entro en la celda del lama Sonam Tsering y departimos sentados en su cama. Es un lama joven, excepcionalmente cariñoso, digno, con una media sonrisa encantadora en sus labios. Hablamos de la naturaleza de la mente y su trasfondo de clara conciencia que puede percibir la última realidad. Me informa sobre la vida en el monasterio y me ofrece algunos bollos y una especie de pan quemado edulcorado. Luego salimos al porche y nos sentamos con otros lamas. Uno de ellos, rechoncho y muy serio, reconcentrado, está cosiendo túnicas y mantos, con admirable minuciosidad. La lluvia se intensifica. De repente, por la puerta del patio del monasterio, calado hasta los huesos, aparece un lama enjuto, rostro inafectado, cabeza rapada, fibroso y muy erguido. Camina lenta y apaciblemente, casi como si formase parte de un espectáculo de ballet, como si flotase en el aire más que pisar el suelo.

—Se trata de un yogui. Es un lama que tiene un gran dominio del yoga —me explica el joven lama Sonam Tsering.

El lama-yogui me mira desde la distancia y sonríe. Es delgado pero fuerte, de edad avanzada, aunque se mantiene joven. La lluvia cae torrencialmente sobre él. Entonces, parsimoniosamente comienza a danzar, los movimientos muy lentos y armónicos. Se desliza como una gacela, fluye como la suave brisa del aire, gira como las aspas lentas de un molino. Es una danza yóguica, prestas todas las energías, convirtiendo el cuerpo en una dinamo cósmica. Su danza es una especie de taichí, pero con muchos más giros. Es el yoga de la danza, la danza cho que nos conecta con la energía cósmica, que nos convierte como en un bambú hueco por el que la misma circula libremente. Después, el lama-yogui se quita la ropa, se queda en taparrabos y se introduce bajo un gran chorro de agua que cae por uno de los tejados del santuario. Con las manos frota su cuerpo. Se le ve feliz, muy satisfecho.

Escampa; así es el monzón: llueve torrencialmente y, de súbito, el cielo se abre en claros luminosos. Aprovecho para rodear todo el lago. Es bello, apacible, inspira equilibrio y paz. Me cruzo con una mujer de Mandi, tiene los ojos rasgados, tan claros como un firmamento despejado. Lleva un pañuelo rojo ocultándole el cabello y una especie de dorada lentejuela en el entrecejo. De sus lóbulos penden grandes aros como pendientes y en las aletas de su nariz, dos llamativos adornos. Un gran collar alrededor del cuello y otro que se extiende por su pecho hasta el ombligo. Mira como si no mirara y tiene la belleza de las montañas, el indescifrable encanto de una raza que se pierde en la noche de los tiempos. Se cubre con un chal de lana himalaya. Le sonrío; me sonríe. Allí en lo último de lo último, en el signo más allá del signo, allende la personalidad y por tanto el nombre y la forma, ella y yo somos uno. Nunca hemos dejado de serlo.

El profesor Sharma y el misterio de la India

Dolly, la jefa de recepción del hotel, me obsequia con su mejor sonrisa y coge mis manos entre las suyas cálidas y amorosas. Se alegra de verme. Siempre se alegra de verme y en sus labios brota una sonrisa de verdadero afecto. Lo mejor es darse una gran ducha y así lo hago. ¡Otra vez en Shimla, la mujer azul, donde podré deleitar atardeceres gloriosos, darme un atracón de anacardos y quedar con un personaje extraordinario, sorprendente y que es un verdadero caballero a la antigua. ¿A quién me refiero? ¿A quién va a ser sino al profesor Madam Sharma?

Es éste un hombre singular donde los haya. Es un Pitágoras a la india. Es un caballero como aquellos en los que se inspiraba Fellini para sus películas. Es un profesor de matemáticas, pero que también es un buscador del Divino y así va en pos de la última realidad por la vía de las matemáticas divinas o de la devoción constelada en operaciones matemáticas. Tiene alma de poeta y habla la lengua de los poetas: el urdu. Está retirado. Sufrió todos los espantos y avatares de la Partición, porque su familia vivía en Pakistán. Se radicaron después en este hermoso rincón del mundo. Y durante años ejerció como profesor de matemáticas, pero es un espíritu abierto, librepensador, vital e intenso. Yo lo he considerado siempre un personaje sumamente interesante y mis conversaciones con él siempre han resultado enjundiosas. Con él he paseado todo el Mall, con él he visitado el decadente y simpático Casino, con él he tenido la oportunidad de acceder al teatro, más decadente si cabe, pero hermoso, cuando estaba vacío, y bailar sobre el escenario. Es un caballero a la antigua, es corrección y a la par tiene un sentido excepcional del humor y una visión fina y perspicaz. ¡Hemos hablado tanto desde el día en que el azar o el destino quiso que nos encontrásemos!

Me dice:

—Dios es la gran paradoja. Es el uno, la dualidad, la trinidad y el todo y la nada. ¡La gran paradoja!

Tal vez él llega a Él por la matemática que está más allá de la matemática ordinaria y entonces Dios no es sólo dos y dos son cuatro, sino también tres o cinco. Es el gran *koan*. ¿Puede alguien resolverlo?

Me dice:

—Lo más esencial es el equilibrio, la ecuanimidad. Cada vez que uno pierde el equilibrio, hay que recuperarlo. En esta vida de alternancias, la ecuanimidad es lo más esencial, sí.

Si todo está sometido a la inexorable, invariable e ineluctable ley de la transitoriedad, ¿qué otra cosa queda que ser ecuánime? Si nada escapa a la ley de la impermanencia y lo único permanente es esa impermanencia, ¿qué otra cosa queda que tratar de mantener el equilibrio y al menos no añadir sufrimiento al sufrimiento y aprender a disfrutar sin apego?

Me dice:

—Es imposible conocer la India. Es inabarcable. Por eso es misteriosa y por eso llama tanto la atención de los viajeros. ¡El misterio de la India!

He disfrutado mi último atardecer en Shimla desde la terraza volada del templo de Kasar Devi, donde he asistido al *arati* y he tenido ocasión de contemplar, inmóvil como una escultura, a un *sannyasin* de avanzada edad, pero de gran belleza serena y que exhalaba compasión y ese equilibrio del que me hablaba el profesor Sharma. La noche ha ido cayendo y entonces Shimla, con sus casitas débilmente iluminadas y colgadas en la falda de la montaña, parece verdaderamente salida de las páginas de un cuento. El silencio se va haciendo cada vez más perfecto cuando las chicharras dejan de cantar y el cielo se torna un manto negro tachonado de estrellas fulgurantes. Y entonces a mi mente viene lo que en mi relato espiritual *El Faquir* dijera Hernan: «Soy un aprendiz. Y el deber de todo aprendiz es seguir aprendiendo».

XII

En pos del Buda

Mi amor por Buda viene de muy atrás. Que es uno de los hombres más lúcidos de todas las épocas sólo quien no le conoce puede dudarlo. Mi admirado y respetado amigo, el abad Narada Thera (que me dio el sobrenombre de Rahula), siempre decía que cuanto más se le conoce más se le ama. Por algo he escrito varias biografías sobre él. Su enseñanza pura, y no mezclada, es la que debe indagarse; la enseñanza de los antiguos sabios, de los *theravadines*. Lo demás es filosofía, metafísica y magia. Lo demás no es verdadero budismo.

Al tener yo desde adolescente tanta afección espontánea hacia Buda, ¿cómo no seguir sus huellas en la India, cómo no ir en pos de él, de aquel que tanto insistía en que somos nuestro propio refugio y que tenemos que encender nuestra lámpara interior?

Antes era la India y ahora es Nepal, el lugar donde nació Buda, llamado Siddharta Gautama, del clan de los Sakyas, hijo de Maya y Suddodhana, destinado a suceder a su padre como rajá del reino. Ese lugar se llama Lumbini y hasta él me he llegado para sentirlo, vivirlo y contemplar el lago en el que Maya se lavó tras el alumbramiento. Dio a luz a Siddharta de pie, apoyada en un árbol, cuando se desplazaba a casa de unos parientes para dar allí a luz. No tuvo tiempo de llegar y en pleno campo trajo al mundo al que en su día sería distinguido con el sobrenombre de Buda, que quiere decir Iluminado. Hoy en día, en las planicies del Nepal, donde Buda nació, hay varios monasterios y un bajorrelieve donde se representa a Maya dando a luz. Lumbini es un lugar apacible, entre arrozales, en el denominado Terai nepalí.

En Sarnath, que ya he mencionado, a una decena de kilómetros de Benarés, se encuentra uno de los lugares más representativos para los budistas o amantes de su enseñanza. En este hoy valiosísimo recinto arqueológico, Buda puso en marcha la denominada Rueda de la Ley, es decir, dio su primer sermón tras la iluminación. Ahí se reencontró con sus antiguos compañeros ascetas, que le habían abandonado cuando el Maestro decidió no seguir con las mortificaciones y dedicarse sólo a meditar. Este lugar, conocido como Parque de los Ciervos, escuchó los principios básicos de la enseñanza del Buda. Me encuentro aquí con dos monjes budistas a los que entrevisto: el venerable Yajananda y el venerable Guratana.

Buda en su sermón hizo referencia a las Cuatro Nobles Verdades: hay sufrimiento, el sufrimiento tiene una causa, el sufrimiento puede cesar y hay un sendero para alcanzar el fin del sufrimiento.

Tanto antes como después de su iluminación, Buda holló las tierras de uno de los estados más depauperados de la India, Bihar, que es vecino de Uttar Pradesh. Él, con sus discípulos, y ya antes de alcanzar el Nirvana, transitaba estos dos estados.

Desde Benarés cojo un coche y me voy desplazando por el estado del Bihar, fundamentalmente agrícola y con numerosos poblados y pequeñas aldeas muy primitivas, con sus casitas de adobe. Hay algunos bosquecillos, infinitamente más densos y numerosos en la época de Buda, que durante cuarenta y cinco años estuvo propagando su Doctrina y que a veces, por estas tierras y todas las de la cuenca del Ganges, se hacía acompañar por cientos de monjes.

Bihar es uno de los estados más antiguos de la India, con una gran superpoblación, notables dificultades económicas y sociales, donde abundan los *dacoits* (bandidos) y los guerrilleros separatistas. Ha sido cuna no sólo del budismo, sino también del ajinismo. Su capital es Patna, una de las ciudades más antiguas de la India, junto al río Hagnes, la antiquísima y célebre Pataliputra, que fue la capital del estado de Magadha, testigo de dos de las más importantes corrientes espirituales de Asia: la budista y la jainista, asiento de las dinastías Maurya y Gupta, cuyos alrededores fueron tantas veces recorridos por el mismo Buda. En dos ciudades de este estado, Rajagriha (hoy Radjir) y Vaisali, pasaba con frecuencia el Buda la estación de las lluvias. También estas tierras fueron holladas por Mahavira, el asceta implacable, el refundador del jainismo, último maestro de esta religión. Bimbisara, rey de Magadha, fue el primer monarca que se convirtió al budismo. También en este antiguo estado estaba la celebérrima universidad de Nalanda, que ahora permanece como un lugar arqueológico de primerísima importancia. Y fue en Kasia, la antigua Kusinagara, donde el Buda dejó su envoltura carnal y sus restos fueron incinerados.

Varias veces he recorrido el estado de Bihar tras las huellas de Buda, a veces de Benarés a Patna y a veces de Patna a Benarés. No se encontrarán en este estado palacios, ni fuertes, ni ciudades hermosas y llamativas, ni monumentos colosales ni magníficos templos, pero sí planicies desdibujadas y sugerentes, pequeñas aldeas como en la época de Buda, bosquecillos y riachuelos, hombres y mujeres rompiéndose el espinazo en las labores campesinas y, en los meses invernales, una contumaz niebla que se agarra a los campos. Ésta es la otra India, no la de los maharajaes ni los rajputs, no la de las vistosas ciudades o los majestuosos hoteles, no la de los compuestos y atusados directivos o especialistas punteros en *software*. Ésta es esa otra India, la campesina, la que defendió a ultranza dando toda su vida el gran reformador social Bhinova Bhave, la de las escuelas pobres y los dispensarios de muy escasos medios, la de las personas que trabajan la tierra de sol a sol para sacarle algunos de sus frutos. Y esta otra India es la que incansablemente Buda holló, sin dejar de caminar día tras día, para expandir la doctrina de la lucidez de la mente y la compasión del corazón. Él insistía en aprender a «morar consigo mismo como una isla, consigo mismo como un refugio; morar con la Doctrina como Isla, con la Doctrina como Refugio, y no buscar refugio externo». Y gustaba de exhortar como sigue a sus discípulos: «No esperéis nada de los dioses despiadados, sometidos ellos mismos a la ley del karma, que nacen, envejecen y mueren para renacer, y no han conseguido superar su propio dolor. Esperadlo todo de vosotros mismos».

Patna es la capital del Bihar. La miseria se ve por doquier, también el hacinamiento y la desesperanza. Es, empero, una ciudad vital y activa, cuyas gentes saben de supervivencia y no se arredran. No es una ciudad especialmente atractiva, no lo es. En la misma se encuentran las ruinas, nada especiales, de la antigua Pataliputra, un túmulo que Ashoka elevó sobre el cadáver de su hermano y cuya muerte él había causado antes de convertirse al budismo. Aquí el mayor emperador de la historia de la India, arrepentido, estableció la capital de su reino. Visito el enorme y llamativo granero desde donde puedo ver el parque Maidan, donde Gandhi realizara en público sus plegarias; me dejo caer unas horas por la Biblioteca Oriental, hermoso edificio en el que se conservan manuscritos persas y árabes, así como volúmenes rescatados del saqueo de Córdoba, y charlo con el director del centro, que me muestra interesantes manuscritos en hoja de palma. Y acudo al templo sij, al que llego por una larguísima y estrecha callejuela a cuyos lados hay bazares y un tráfico infernal. Hay decenas de miles de devotos, porque tiene lugar el festival por el aniversario del maestro sij más belicoso, el décimo, llamado Govind Singh. Fue el último maestro sj y a partir de ahí el gran maestro es el Gran Libro, al que se rinde culto y en el que los sijs hallan inspiración religiosa. El templo está abarrotado hasta límites difícilmente creíbles. Los himnos sacros no dejan de sonar, y muchos sijs portan sus dagas o lanzas. Logro entrar en el santuario, donde el gentío es más espeso, y consiguió dar la vuelta de ritual al Gran Libro.

En Radjir, la antigua Rajagriha, me alojo en un hotel que se dice japonés, que dice tener encantadoras habitaciones al estilo más puro japonés, que dice tener baños japoneses y comida japonesa, que uno, en fin, imagina como el paraíso en el que reposar unas noches. Pues ni es japonés, ni las habitaciones son un poco mejor que sórdidas, ni hay comida japonesa y, para colmo, no funcionan los baños japoneses. O sea, que es un modesto, desolado, al menos algo monacal y feúcho hotel estilo indio que de japonés no tiene nada. Y aquí traen a grupos japoneses. ¡Pues vaya sorpresa ingrata, la suya! Pero el hotel está próximo a las colinas por las que paseara Buda y donde descansara, y está a unos pasos de un interesante monasterio tailandés, al que acudo por las noches para asistir a las ceremonias y charlar con el encantador abad, quien una y otra vez me insiste en la necesidad de que no deje en Occidente de impartir clases de meditación vipassana, que es imprescindible para mejorar la calidad anímica del ser humano y poder vencer en la mente las espinas de la ofuscación, la avidez y el odio. Esas ceremonias nocturnas reúnen a todos los monjes, y hay novicios de edad muy temprana que no pueden evitar dormitar, con unos rostros pacíficos y muy hermosos. Mientras les observaba yo recordaba esas palabras de Buda que decían: «Monjes, los que han abandonado la vida del hogar deben abstenerse de cultivar los dos extremos. ¿Cuáles? La complacencia en los goces de los sentidos y la automortificación, que no llevan a nada bueno. El camino del medio —aprehendido por el Perfecto—, que evita ambos extremos, proporciona visión y conocimiento, y conduce a la calma, la comprensión, la iluminación, el Nirvana».

Aunque me siento universalista, librepensador y adogmático, mi admiración por la enseñanza de Buda me había hecho «tomar refugio» en tres anteriores ocasiones con Kalu Rinpoché, el venerable Piyadassi Thera y el venerable Maninder. No quería robarle tiempo al abad de este monasterio y volver a «tomar refugio» allí, pero sí recibir sus *parittas* o bendiciones-protecciones. Y debo confesar que esas horas en las ceremonias nocturnas del monasterio dejaron una huella indeleble e inspiradora en mí, pero nunca tanta como la que siempre han dejado en lo más profundo de mi ser las horas pasadas en Bodh Gaya, allí donde el Buda se iluminó, cerca de la ciudad de Gaya.

En Radjir visito los lugares donde se supone que Buda pronunció discursos, en las colinas que rodean la ciudad. Buda acostumbraba a pasar en esta ciudad, rodeada de cinco colinas, la estación de las lluvias. También aquí estuvo durante cerca de quince años Mahavira y la ciudad obtuvo un gran florecimiento con la dinastía Gupta.

Unos días después, salgo en dirección a la universidad de Nalanda, y siempre que visito estos formidables y muy significativos restos arqueológicos quedo impresionado. El recinto es una maravilla para pasar unas horas de paz y meditación. Es un recinto arqueológico muy cuidado y de primerísima importancia, pues ésta llegó a ser la universidad budista más importante del mundo y donde surgieron grandes luminarias.

Parto para la ciudad de Gaya. En ruta, recuerdo las palabras del Iluminado que todos deberíamos observar; decían: «No os guiéis por lo que oigáis decir a otros, ni por la tradición, ni por meras afirmaciones, ni por las revelaciones de los llamados libros sagrados, ni por las abstractas deducciones lógicas, ni por los métodos sólo deductivos, ni por razonamientos basados en apariencias, ni por opiniones o suposiciones establecidas; no os guiéis por fenómenos aparentemente reales ni por las palabras de un asceta o de un maestro. Pero si vosotros mismos llegáis a comprender que esto es equivocado, que esto es irrecusable, reprobadlo entonces. Si, por el contrario, comprendéis que esto es justo, que esto es verdad, que esto, puesto en práctica, redunda en liberación y felicidad para vosotros y para otros, entonces aceptadlo y vivid conforme a ello».

Gaya es una ciudad desordenada y sucia. Su templo hindú es lo más interesante, pero no permite el acceso a los no hindúes. Atravieso un sórdido bar, plagado de moscas y moscones, en un día sumamente caluroso, y subo a la terraza para desde allí poder ver el templo. Después me aproximo a los campos de cremaciones, donde hay un buen número de piras funerarias, y cuyos restos se arrojan al río, pero como éste está por completo seco, ni un hilillo de agua, allí van quedando, en el cauce reseco, los montones de cenizas y otros restos con los que no han podido las llamas. El espectáculo es dantesco. La última vez que lo he vivido, sentido, reflexionado y metabolizado, estaba en compañía de mi amigo del alma el periodista y escritor Jesús Fonseca. La experiencia nunca es vana. Las palabras de Buda me vienen a la mente: «Que todo lo constituido tiende a decaer».

He visitado, a kilómetros de Gaya, la cueva de Nagarjuna, excavada en la montaña, y también las cuevas de Barabar, que se hicieron célebres debido a la obra *Pasaje a la India*, posteriormente llevada a la pantalla.

Y por fin Bodh Gaya, allá donde el Buda se iluminó, y entonces se dijo: «Sometido yo mismo al nacimiento, envejecimiento, enfermedad, muerte, pena y contaminación; apreciando el peligro que se cierne sobre cuanto está sujeto a estas cosas; anhelando aquello que no está sometido a nacimiento, envejecimiento, enfermedad, muerte, pena ni contaminación, la suprema emancipación, el Nirvana, lo alcancé. Nacieron en mí el conocimiento y la visión; mi liberación espiritual es inconmovible. Éste es mi último nacimiento, ya no habrá devenir ni renacer».

Tenía treinta y cinco años y durante siete días siguió bajo la higuera deleitándose con el gozo inconmensurable del Nirvana. Más adelante, por compasión, decidió consagrar el resto de su vida a propagar la Buena Ley.

En diferentes ocasiones he visitado Bodh Gaya, pero ha sido durante la última, en la Navidad de 2008, cuando más se apoderó de mí un profundo sentimiento de agradecimiento hacia las enseñanzas de Buda y los grandes de espíritu como él, que nos han legado métodos para transformar la mente y obtener lo más luminoso y bondadoso de ella. Llegué a Bodh Gaya cuando miles de monjes tibetanos estaban celebrando una *puja* y también había un gran número de monjes de Sri Lanka, Corea, Birmania y otros países asiáticos. El recinto es un foco de infinita paz y hay decenas de personas que están en profundísima meditación, ajenas a todo lo mundano. Se crea una energía, por decirlo de este modo, muy especial y que ayuda a conducir la mente al estado de calma más reveladora. He pasado aquí las horas más bellas y fecundas de mi vida. Alrededor del árbol de la Iluminación no dejan de circular los devotos y peregrinos, muchos de los cuales también se sientan frente al mismo a meditar. Se encuentra al lado del templo de la Mahabodhi, que dispone de una hermosa torre piramidal y en su parte superior cilíndrica, estando enmarcada por cuatro torres y alojando en su interior una colosal imagen de Buda orientada al este. Detrás está el bello lago llamado Muchilinda, lleno de nenúfares. Fuera del recinto hay monasterios de distintos países: japonés, birmano, tailandés, tibetano y otros. También me acerco al río en el que Buda se bañó, casi seco, y visito el lugar donde, cuando decidió poner fin a sus prácticas mortificantes, se alimentó con un tazón de leche con arroz. Las aldeas alrededor de Bodh Gaya son muy simpáticas y sencillas. Al anochecer, vuelvo una y otra vez al lado del Árbol y me quedo absorto en meditación. Qué coraje demostró el Bienaventurado cuando en su aguerrido afán por obtener la iluminación y antes de la misma, ya decidido como fuera a conquistarla, se dijo: «Aunque sólo queden mi piel, mis tendones y mis huesos, y aunque mi sangre y mi carne hayan de secarse y marchitarse, no me moveré de este lugar hasta que haya alcanzado la iluminación total».

Tenía Buda ochenta años de edad cuando, poco después de morir la que fuera su esposa, abandonó la ciudad de Vaisali y se puso en marcha en dirección al norte, hacia la ciudad de Kusinagara, hoy Kasia, hacia la que me dirijo.

Debido a una comida en venenosas condiciones, Buda enfermó de gravedad. Se encontraba a una veintena de kilómetros de Kusinagara. Buda apenas podía ya con su cuerpo y era el suyo un caminar lento. Tuvo que echarse a descansar. Estaba herido de muerte. Su cuerpo estaba muy decaído.

Asistido en todo momento por su fiel asistente y primo Ananda, y acompañado por un buen número de monjes, se iba aproximando lenta y forzadamente a esta ciudad en la que me encuentro, que es Kasia, y está en el nordeste de Uttar Pradesh. Aunque hoy en día es un paraje muy apacible, entonces sin duda lo era mucho más, pues debía de haber muchos bosques y bosquecillos, además de fértiles arrozales.

Cruzó Buda el río Hiraññavati y ya cerca de Kusinagara, en un bosque de árboles sala, le dijo a Ananda:

—Anda, mi buen Ananda, prepárame el lecho con la cabecera orientada al norte, entre los árboles sala. Estoy enfermo, Ananda, me acostaré.

Procedió a dar diversas instrucciones a Ananda e incluso sobre qué debía hacerse con su cadáver. Todavía tuvo fuerzas para escuchar al *sadhu* Subhana, que se presentó de improviso a hablar con él y le instruyó. Después se dirigió a los monjes para preguntarles si tenían alguna pregunta que hacerle. Dijo:

—Inherente a todo lo compuesto es que ha de descomponerse. Os exhorto a trabajar diligentemente por vuestra suprema liberación.

Se echó en la postura llamada del león, sobre el costado derecho, colocó un pie sobre otro y estuvo atento y consciente. Comenzó a meditar, entró en Nirvana y abandonó sus agregados.

En este lugar en el que Buda desencarnó, me he emocionado. Una gran imagen de Buda extendido se halla ante mí y hay varios monjes que están haciendo la ceremonia. Cerca de este santuario, está el campo donde el Buda fue cremado.

Paseo durante esos días de calma, en ese apacible lugar de la India, donde se han elevado distintos monasterios, siendo de gran belleza y muy acogedor el Tailandés, en el que paso las tardes lluviosas.

Unos días después estoy de nuevo sentado frente al Ganges, en Benarés, al lado de Baba Sibananda, escuchando cómo me dice:

—Es todo tan misterioso, tan misterioso. Ramiro, no comprendo nada, pero Él lo comprende todo.

Y nos cogemos las manos. Y nos miramos a los ojos. Y nos sentimos de corazón a corazón. Y nos abrazamos, mientras a lo lejos se escucha el mantra de los mantras, el mantra milenario: OM NAMAH SHIVAIA.

Epílogo: India, por Enrique Rico

Ramiro Calle me ha pedido que escriba un apéndice para su obra *100 viajes al corazón de la India*, ya que no sólo nos une una gran amistad sino el entusiasmo por ese país. He escrito el texto que sigue desde el corazón, porque es desde el corazón desde donde hay que vivir, entender y viajar por la India.

Se me hace muy difícil explicar de forma simple las razones por las que amo ese país (no es fácil poner en palabras las sensaciones). Fue un amor que se originó en el primer viaje con un flechazo a primera vista y luego, con el tiempo, en la medida que fui comprendiendo, el amor se ha vuelto mucho más atemperado, mucho más racional. En la medida en que he aceptado a la India tal como es, en la medida en que la he ido comprendiendo —si es que cabe la posibilidad de entenderla—, mi amor ha crecido. Hoy en día, siento un profundo respeto por sus gentes, que siempre me han tratado de una manera amable, humana, y las sensaciones experimentadas estando allí son las que busco repetir año tras año cuando allí regreso.

Aún hoy, no recuerdo desde cuándo tengo fijación con la India. Uno de los primeros discos que me compré —apenas tenía quince años— era de Ravi Shankar (las notas del sitar eran una evocación de lejanía, de Oriente, de antigüedad, de paz). Creo que los nombres de Varanasi y Benarés venían incrustados en mi celebro desde que nací.

Aún tardaría doce años en pisar la India. Antes había hecho cuatro viajes a Nepal, específicamente, para hacer *trekking* en Himalaya; caminando hasta los campamentos base de montañas de más de ocho mil metros, en invierno, solo y haciendo «curas de silencio». Con el tiempo, tú me lo has enseñado, me di cuenta de que también hacía meditación, y no se puede elegir mejores sitios para hacerlo que las montañas del Himalaya y la soledad como compañía.

Llegué a Delhi un 31 de diciembre de 1989 a las 4.00 horas de la mañana. Viajaba, cómo no, solo. No tengo palabras para explicar todas las sensaciones que pasaron por mi mente durante todo el viaje, pero cuando salía del aeropuerto en un viejísimo Ambassador camino de la agencia que tenía como contacto, de pronto todo cambió, todo me pareció normal, como si hubiese estado en ese país muchas veces antes, cualquier temor o miedo su esfumó instantáneamente, se puede decir que automáticamente, y empecé a disfrutar de la India. En unos pocos minutos me sentí como en casa.

Por supuesto, después de arreglar los vuelos y montar un pequeño itinerario, lo primero que hice fue volar a Benarés. Si Delhi me relajó y me hizo sentirme como en casa, en Benarés me sentía en una especie de «cielo terrenal». Estaba en un lugar, para mi, mítico, ancestral. Antes del amanecer (mi primer amanecer en Benarés, a los pies del Ganges), mi cabeza estaba en ebullición: la espiritualidad, el Ganges, los *ghats*, las ofrendas, los *rickshaws*, el frío, leprosos, mendigos, niños jugando con cometas, vendedores de cualquier cosa acosándome, el polvo de sus calles, sus laberínticas calles, estrechas, a veces malolientes, con sus vacas, sus inverosímiles puestos, sus mujeres lavando saris, santones, masajistas, mirones, pedigüeños disfrazados de *shadus*, barqueros, niños vendedores de ofrendas, barberos, quiromantes, viudas, peregrinos, y todo un ejército de seres humanos haciendo sus abluciones en el agua, purificándose, lavándose la ropa, acicalándose, toda una fila de hombres ufanándose en colocar los troncos de madera para incinerar cadáveres, cuyas cenizas serían depositadas en el río sagrado, muertos llevados en parihuelas, vendedores de *chai*, parlanchines, yoguis y un infinito etcétera. Fue en Benarés, inevitablemente, donde la India me abrazó, dulcemente, al principio y, posteriormente, me atrapó en sus garras, violentamente, y me dejé llevar y, si se puede decir así, me desclasé, mi mente se quedó en blanco, apenas llevaba cuatro días allí y me daba cuenta de que mi vida había cambiado; el resto de mis días ya no sería igual.

En la India, uno siente que el ego es una carga insufrible, estúpida, y descubre que si lo deja por las mañanas en el hotel, todo se hace más liviano, más nítido, más sensible; el ego es una barrera que nos impide comprender tantas cosas.

Es como esa campana que usan los buzos, que tapa toda la cabeza dejando ver, por una pequeña ventanita, sólo lo que está enfrente; un pesado impedimento. Hay que procurar no sólo dejar el ego, sino que si también se deja la experiencia, mucho mejor; si se va con los ojos bien abiertos y de manera «virgen» todo se graba mejor. Hay que ir con ojos de niño curioso.

Benarés no me defraudó. Me enganchó para siempre y con ella, la India; una India única, singular, de la que ya nunca podría desprenderme, se me iba metiendo por los poros. Una India que se ha ido ensanchando, poco a poco, no sólo a través de los viajes, sino, también, mediante la literatura, la música, la historia, y todo un verdadero ejército de «adictos» a los que frecuento en Madrid. Un país versátil, estático, contradictorio, amable, espiritual, materialista.

Ahora, contrariamente a lo que yo hice, recomiendo a las personas que viajan a la India, ir a Benarés al final del viaje, para estar curtidos y disfrutar de esta ciudad (debo decir que el Benarés que enseñan los tour operadores a los turistas, me parece insuficiente y, a veces, bastante patético). He vuelto en más de cinco ocasiones a esta ciudad y siempre he descubierto sitios nuevos, pero lo mejor para mí es que por muchas veces que vea amanecer nunca es igual. Jamás he sentido que vivía la misma situación. Debería recuperar los diarios de aquellos primeros viajes en solitario por la India, pero ¿dónde estarán?

Sí, después de esta primera visita a Benarés ya nada fue igual. Por supuesto, la continuación del viaje fue fascinante. El viaje iniciático a la India se convirtió en una infinita suma de microviajes: hacer un trayecto en *rickshaw* era, en sí mismo, un fantástico viaje; montar en un autobús para ir desde Agra a Fathepur Shikri, una película maravillosa; siempre me sentía transportado a tiempos lejanos, acompañado de lo mejor de la India, de sus gentes. Era una situación extraña; por un lado iba como perdido, errante, era un «pasota» y, sin embargo, miraba con los ojos como platos, no quería perderme ningún detalle, cada instante perdido era un desastre. Era una sensación tremendamente contradictoria (exactamente lo mismo que ocurría en mi interior).

Ésta es una sensación que aún hoy no he perdido. En la India se hacen miles de viajes en uno, pero uno de los más importantes es el interior, el personal, en el que, inevitablemente, uno se enfrenta a sí mismo sin poder esconderse y hay que tomar partido, porque es un país que no hace concesiones, al menos así lo veo yo. Exige mucho, pero, a su vez, regala mucha vida, y sólo he tenido esta sensación estando allí. Ésta es una de las razones por las que he repetido tantas veces la visita.

Es un tópico, pero es inevitable: la India cambia la vida. Cambia la manera de pensar, de ver, de sentir, de sufrir (siempre, cuando regreso, comparo las condiciones de vida de ambas sociedades y la mía me parece tremendamente «pobre y mísera»).

En la India, le gente lleva la riqueza dentro y nosotros, tan acostumbrados a juzgar por lo externo (lo efímero), pensamos en su pobreza; ¿cómo nos verán ellos? Siempre me he encontrado muy a gusto estando allí, hablando tranquilamente, sobre nuestras respectivas vidas y costumbres. Recíprocamente, nos envidiamos, ellos por lo que nosotros tenemos y nosotros por lo que ellos tienen, pero siempre veo mucha felicidad en sus ojos, alegría (sigo al respecto sin lograr entender cómo es posible que pasen tanto tiempo en cuclillas).

Incomprensiblemente, una de las cosas que más me ha enganchado a este país son los viajes en tren. Viajar en tren en horario nocturno es una de las experiencias más fascinantes que se pueden hacer en la India y, por supuesto, de las que se pueden tener en la vida. Quien no haya pasado alguna noche en alguno de sus trenes no conoce la India, un mundo, con su microclima incluido, todo un elenco de seres humanos, niños, mujeres, hombres, ancianos, vendedores de comida, periódicos, revistas, juguetes, ropa, saris, bolígrafos, libros, pasatiempos, alfombras, *chai*, café, carteristas..., se dan cita en vagones compartimentados a base de cortinas, en los que todo se oye, todo se huele, todo se siente. Cuando hace paradas, en mitad de la noche, todo se vuelve caótico, ruidos, voces, luces, un gran trasiego de gente que baja y otros que suben, cargados de niños, maletas, bolsas, hasta que se recobra la calma. Trenes siempre repletos, casi siempre con retraso, pero una manera muy segura y barata de viajar, y además se ahorra mucho tiempo si se viaja por la noche. Cuando uno sube al tren se da cuenta de que las medias tintas son para ellos; afuera pueden estar a 37 grados y dentro, por el aire acondicionado, tan apreciado por ellos, a 15. ¡Cuántas veces, antes de subir, con un calor horrible, he tenido que sacar el forro polar para entrar en el vagón (si te gusta la aventura, un viaje en tren por la India es tu destino, además puedes viajar durante más de treinta y seis horas seguidas. Yo lo he hecho).

Nunca puede haber una sola cosa que te enganche a un lugar y en la India menos; son millones de cosas, tantas como minutos pasas allí, las que te atraen. Además, es un inmenso territorio lleno de historia y contrastes, personas, religiones, paisajes, arquitectura, comidas... La India es, en muchos sentidos, inabarcable, absolutamente maravillosa, cuando se viaja por allí las primeras veces, se tiende a comparar el norte con el sur, con el este, el oeste, pero poco a poco uno se da cuenta de lo erróneo de esta postura, porque cada sitio, cada persona, forma parte de un todo inseparable; para mí no es un problema geográfico, me siento en la misma India estando en Leh que en Madurai, estando en Darjeeling o en Puri, en Rameswaram o en Junagadh.

Probablemente se pueda explicar por qué me quedé enganchado a este país contando cualquier día pasado allí; debería ser más que suficiente, pero, inevitablemente, se requiere la complicidad de alguien que también conozca la India y que le guste viajar, porque en cuestión de viajes, comprender es, muchas veces, visualizar, y la imagen que mayoritariamente tiene la gente de la India es bastante errónea («pobreza y miseria»). Y no siempre los reportajes que vemos en la televisión contribuyen, precisamente, a mejorarla.

Indudablemente, en la India existe mucha pobreza. Éste es un factor que a mí se me hace muy difícil de explicar. Se ve a mucha gente durmiendo en la calle, fundamentalmente en las grandes ciudades, sobre todo en los suburbios. Se ve cómo muchísima gente trabaja por salarios miserables, se ve una brutal explotación de niños, que en lugar de estar en las escuelas, están trabajando, cuando no mendigando por las calles y en los semáforos.

La India tiene una parte nada ilustrativa (como en casi todos los países del mundo, no hablemos ya de África), pero yo creo que, poco a poco, va levantando cabeza, va emergiendo, y espero que con el tiempo, efectivamente, la riqueza está mejor repartida.

Todos estos factores, a mí siempre me han despertado un sentimiento de solidaridad (algo que me ha unido aún más a la India). La India es un país con múltiples contradicciones y hay muchas cosas que deberían cambiar para mejorar la calidad de vida. A veces sus políticos no son, precisamente, los más honestos; hay tensiones religiosas y la India tiene unas peculiaridades que en Occidente nos cuesta mucho comprender: el sistema de castas, los «intocables», los matrimonios pactados, desde niños, en muchos casos, y muchas cosas que sería muy largo de explicar. Pero, en términos generales, se ama la India tal cual es.

Una de las cosas que me impresionó en la India fue la luz. Me gusta la pintura y la fotografía y para mí la luz es fundamental porque resalta los colores y, si hay una población a la que le guste el color, ésa es la India, especialmente las mujeres, con ese vestido atemporal que es el sari, con una infinita combinación de colores y tonalidades, combinaciones, a veces, inverosímiles, pero siempre maravillosas. ¡Con qué porte lo llevan! Nunca me canso de mirarlas. Especialmente en el sur de la India, las mujeres son bellísimas, con ese aroma a jazmín entrelazado en su coleta..., ¡cuántas veces me he quedado embelesado mirando y oliendo!

Al igual que me pasó en varias ocasiones en Nepal, cuando después de muchas horas caminando en condiciones penosas, llegaba a un *lodge* a dormir en una pequeña aldea perdida entre majestuosas montañas, de manera incontrolada, viendo estas montañas, me embargaba una emoción súbita y se me saltaban las lágrimas, en la India en varias ocasiones me pasó lo mismo. No podía controlar la emoción y, con ella, tampoco las lágrimas.

Una de las primeras cosas que recuerdo en Delhi fue la cara de los niños; yo vivía en un pequeño y modestísimo hotelito en Old Rajinder Nagar, en las afueras de la ciudad. Allí veía jugar a los niños al críquet con sus pelotas hechas de cuerdas, veía sus caras radiantes, sus sonrisas y me recordaban mi infancia, exactamente igual que ellos, sin apenas juguetes, pero viviendo una infancia divertida y despreocupada, jugando con los amigos en la calle.

Hoy en día, hace más de veinte años que viajo por la India (los diez últimos de manera ininterrumpida) y veo —vivo— y siento la India de manera muy distinta. Busco el contacto con sus gentes, su sabiduría. Es donde más tranquilo me siento, el tiempo transcurre de una manera distinta, otros ritmos, otras costumbres, eso me atrae, deambular despreocupado, dejándome llevar, sin dirección fija, sin ningún fin, «buscando ser encontrado». Muchas veces me he sentido embriagado de espiritualidad viendo las *pujas* en los templos, en el Ganges, en los monasterios budistas. Es una sensación de serenidad, de paz, de alegría infinita, de solemnidad, una experiencia imborrable. Todos estos lugares tienen algo mágico, algo que atrapa. Benarés al amanecer, Amritsar, a cualquier hora del día, Nizamuddin, en Delhi, Haridward, Risikesh, el templo de Jagannath en Puri, cualquiera de los templos de Tamil Nadu, Kachimpuram, Rameswaran, el de Meenakshi, en Madurai, el santuario de Kali, en Calcuta, la colina de Palitana en Gujarat . En fin, son tantos y tantos los lugares que se hace imposible reseñarlos todos. Pero también hay un sinnúmero de templos naturales, el Himalaya, Ladakh, Cachemira, los Backwaters de Kerala, las playas de Goa, los Sunderbans en Bengala, las montañas de Himachal Pradesh, los campos de té en Darjeeling.

Tanto amo la India que viviría allí, pero soy consciente de que nunca dejaría de ser un extranjero. Por tanto seguiré, como Ramiro Calle, viajando incesantemente a la India, tantas veces como mi alma me lo pida y el cuerpo aguante. Y espero que todavía hayan de ser muchas.

Enrique Rico Corrales

Made in United States
North Haven, CT
10 November 2026

22084223R00196